中国社会科学院大学文库

本书系2021年国家社会科学基金项目一般项目
"基本权利限制的合宪性审查方法研究"（21BFX040）的阶段性研究成果；
出版获中国社会科学院大学中央高校基本科研业务费大学文库建设项目经费支持

合宪性解释原则：
原理和应用

柳建龙　著

中国民主法制出版社

图书在版编目（CIP）数据

合宪性解释原则:原理和应用/柳建龙著.—北京:中国民主法制出版社,2022.4

ISBN 978-7-5162-2819-7

Ⅰ.①合… Ⅱ.①柳… Ⅲ.①宪法—法律解释—中国 Ⅳ.①D921.05

中国版本图书馆 CIP 数据核字（2022）第 059508 号

图书出品人:刘海涛

出 版 统 筹:贾兵伟

图 书 策 划:张　涛

责 任 编 辑:周冠宇

书名/合宪性解释原则:原理和应用

作者/柳建龙　著

出版·发行/中国民主法制出版社

地址/北京市丰台区右安门外玉林里 7 号（100069）

电话/（010）63055259（总编室）　83910658　63056573（人大系统发行）

传真/（010）63055259

http://www.npcpub.com

E-mail:mzfz@npcpub.com

开本/16 开　710 毫米×1000 毫米

印张/14　字数/203 千字

版本/2022 年 4 月第 1 版　2022 年 4 月第 1 次印刷

印刷/三河市宏达印刷有限公司

书号/ISBN 978-7-5162-2819-7

定价/62.00 元

谨将此书献给芳蕾和元宝。

"中国社会科学院大学文库"
总　序

　　恩格斯说："一个民族要想站在科学的最高峰,就一刻也不能没有理论思维。"人类社会每一次重大跃进,人类文明每一次重大发展,都离不开哲学社会科学的知识变革和思想先导。中国特色社会主义进入新时代,党中央提出"加快构建中国特色哲学社会科学学科体系、学术体系、话语体系"的重大论断与战略任务。可以说,新时代对哲学社会科学知识和优秀人才的需要比以往任何时候都更为迫切,建设中国特色社会主义一流文科大学的愿望也比以往任何时候都更为强烈。身处这样一个伟大时代,因应这样一种战略机遇,2017 年 5 月,中国社会科学院大学以中国社会科学院研究生院为基础正式创建。学校依托中国社会科学院建设发展,基础雄厚、实力斐然。中国社会科学院是党中央直接领导、国务院直属的中国哲学社会科学研究的最高学术机构和综合研究中心,新时期党中央对其定位是马克思主义的坚强阵地、党中央国务院重要的思想库和智囊团、中国哲学社会科学研究的最高殿堂。使命召唤担当,方向引领未来。建校以来,中国社会科学院大学聚焦"为党育人、为国育才"这一党之大计、国之大计,坚持党对高校的全面领导,坚持社会主义办学方向,坚持扎根中国大地办大学,依托社科院强大的学科优势和学术队伍优势,以大院制改革为抓手,实施研究所全面支持大学建设发展的融合战略,优进优出、一池活水,优势互补、使命共担,形成中国社会科学院办学优势与特色。学校始终把立德树人作为立身之本,把思想政治工作摆在突出位置,坚持科教融合、强化内涵发展,在人才培养、科学研究、社会服务、文化传承创新、国际交流合作等方面不断开拓创新,为争创"双一流"大学打下坚实基础,积淀了先进的发展经验,呈现出蓬勃的发展态势,成就了今天享誉国内的"社科大"品牌。"中国社会科学院大学文库"就是学校倾力打造的学术品牌,如果将学校之前的学术研究、学术出版比作一道道清澈的溪流,"中国社会科学院大学文库"的推出可谓厚积薄发、百川归海,恰逢其时、意义深远。为其作序,我深感荣幸和骄傲。

高校处于科技第一生产力、人才第一资源、创新第一动力的结合点,是新时代繁荣发展哲学社会科学,建设中国特色哲学社会科学创新体系的重要组成部分。我校建校基础中国社会科学院研究生院是我国第一所人文社会科学研究生院,是我国最高层次的哲学社会科学人才培养基地。周扬、温济泽、胡绳、江流、浦山、方克立、李铁映等一大批曾经在研究生院任职任教的名家大师,坚持运用马克思主义开展哲学社会科学的教学与研究,产出了一大批对文化积累和学科建设具有重大意义、在国内外产生重大影响、能够代表国家水准的重大研究成果,培养了一大批政治可靠、作风过硬、理论深厚、学术精湛的哲学社会科学高端人才,为我国哲学社会科学发展进行了开拓性努力。秉承这一传统,依托中国社会科学院哲学社会科学人才资源丰富、学科门类齐全、基础研究优势明显、国际学术交流活跃的优势,我校把积极推进哲学社会科学基础理论研究和创新,努力建设既体现时代精神又具有鲜明中国特色的哲学社会科学学科体系、学术体系、话语体系作为矢志不渝的追求和义不容辞的责任。以"双一流"和"新文科"建设为抓手,启动实施重大学术创新平台支持计划、创新研究项目支持计划、教育管理科学研究支持计划、科研奖励支持计划等一系列教学科研战略支持计划,全力抓好"大平台、大团队、大项目、大成果"等"四大"建设,坚持正确的政治方向、学术导向和价值取向,把政治要求、意识形态纪律作为首要标准,贯穿选题设计、科研立项、项目研究、成果运用全过程,以高度的文化自觉和坚定的文化自信,围绕重大理论和实践问题展开深入研究,不断推进知识创新、理论创新、方法创新,不断推出有思想含量、理论分量和话语质量的学术、教材和思政研究成果。"中国社会科学院大学文库"正是对这种历史底蕴和学术精神的传承与发展,更是新时代我校"双一流"建设、科学研究、教育教学改革和思政工作创新发展的集中展示与推介,是学校打造学术精品,彰显中国气派的生动实践。

"中国社会科学院大学文库"按照成果性质分为"学术研究系列"、"教材系列"和"思政研究系列"三大系列,并在此分类下根据学科建设和人才培养的需求建立相应的引导主题。"学术研究系列"旨在以理论研究创新为基础,在学术命题、学术思想、学术观点、学术话语上聚焦聚力,注重高原上起高峰,推出集大成的引领性、时代性和原创性的高层次成果。"教材系列"旨在服务国家教材建设重大战略,推出适应中国特色社会主义发展要求,立足学术和教学前沿,体现社科院和社科大优势与特色,辐射本硕博各个层次,涵盖纸质和数字化等多种载体的系列课程教材。"思政研究系列"旨在聚焦重大理论问题、工作探索、实践经验等领域,推出一批思想政治教育领域具有影响力的理论和实践研究成果。文库将借助与中国社会科学出版社的战略合作,加大高层次成果的产出与传播。既突出学术研究的理论性、学术性和创新性,推出新时代哲学社会科学研究、教材编写和思政研究的最新理论成果;又注重引导围绕国家重大战略需求开展前瞻性、针对性、储备性政策研究,推出既通"天线"、又接"地气",能有效发挥思想库、智囊团作用的智库研究成果。文库坚持"方向性、开放式、高水平"的建设理念,以马克思主义为领航,严把学术出版的政治方向关、价值取向关与学术安全关、学术质量关。入选文库的作者,既有德高望重的学部委员、著名学者,又有成果丰硕、担当中坚的学术带头人,更有崭露头角的"青椒"新秀;既以我校专职教师为主体,也包括受聘学校特聘教授、岗位教师的社科院研究人员。我们力争通过文库的分批、分类持续推出,打通全方位、全领域、全要素的高水平哲学社会科学创新成果的转化与输出渠道,集中展示、持续推广、广泛传播学校科学研究、教材建设和思政工作创新发展的最新成果与精品力作,力争高原之上起高峰,以高水平的科研成果支撑高质量人才培养,服务新时代中国特色哲学社会科学"三大体系"建设。

历史表明,社会大变革的时代,一定是哲学社会科学大发展的时代。当代中国正经历着我国历史上最为广泛而深刻的社会变革,也正在进行着人类历史上最为宏大而独特的实践创新。这种前无古人的伟大实践,必将给理论创造、学术繁荣提供强大动力和广阔空间。我们深知,科学研究是永无止境的事业,学科建设与发展、理论探索和创新、人才培养及教育绝非朝夕之事,需要在接续奋斗中担当新作为、创造新辉煌。未来已来,将至已至。我校将以"中国社会科学院大学文库"建设为契机,充分发挥中国特色社会主义教育的育人优势,实施以育人育才为中心的哲学社会科学教学与研究整体发展战略,传承中国社会科学院深厚的哲学社会科学研究底蕴和40多年的研究生高端人才培养经验,秉承"笃学慎思,明辨尚行"的校训精神,积极推动社科大教育与社科院科研深度融合,坚持以马克思主义为指导,坚持把论文写在大地上,坚持不忘本来、吸收外来、面向未来,深入研究和回答新时代面临的重大理论问题、重大现实问题和重大实践问题，立志做大学问、做真学问，以清醒的理论自觉、坚定的学术自信、科学的思维方法，积极为党和人民述学立论、育人育才，致力于产出高显示度、集大成的引领性、标志性原创成果，倾心于培养又红又专、德才兼备、全面发展的哲学社会科学高精尖人才，自觉担负起历史赋予的光荣使命，为推进新时代哲学社会科学教学与研究，创新中国特色、中国风骨、中国气派的哲学社会科学学科体系、学术体系、话语体系贡献社科大的一份力量。

（张政文　中国社会科学院大学党委常务副书记、校长、
中国社会科学院研究生院副院长、教授、博士生导师）

自　序

一

在几年前的一次学术会议上，一位同行劈头盖脸将我批了通，大意是：你(们)整天研究什么合宪性解释理论或者合宪性推定，不关注现实……实务中有那么多需要关注的问题，却置若罔闻。或许性格使然，面对此类质问，我第一反应便是试图辩解，于是便问他是否看过我的文章，特别是评析具体法律规范的文章。他摇了摇头，我只好苦笑。

相较其他人而言，自己评析具体法律规范的文章虽然不多，也不算少，且其中不乏杨建顺老师所批评的"钻牛角尖"之作。——尽管自己对该批评未必能欣然接受，不过，也明白老师用心良苦，毕竟此类文章欠缺理论广度和深度，难获学界认同。在强调理论"创新"的氛围下，即便写出来也不易发表，发表了也未必有人看，不啻自言自语；何况琐碎的研究多了，不仅容易限制自己的学术视野，徒费精力，还容易给人以"东一榔头，西一棒子"缺乏专注力的印象，这无疑是做学问的大忌。

不过，纵然知晓个中利害，自己到底未能作出太多改变：法学本身是实践科学，或多或少都有点实践指向，况且"经世致用"也是多数"读书人"的理想，无论自己是否配称为"知识分子"，自己也未能免俗；此外，毕竟能力有限，一时间要改弦更张并不容易。为此，懒散如我，十多年间竟也有几篇文章，勉强可以凑成一册。

二

这些文章的写作过程中得到了韩大元老师、李元起老师、杨建顺老师、胡锦光老师、莫于川老师，张翔教授、杜强强教授、王贵松教授、刘素华教授、王晓滨法官、夏正林教授、江登琴副教授、郑磊教授等诸多师友的帮助。韩老师甚至多个场合反复推荐其中几篇文章，谬赞有加。老师原希望我就此类主题作深入研究，只是柴米油盐酱醋茶，虽不至于般般都在别人家，我却也要考虑的生存问题，终于也未能朝着这些方向作更进一步的研究。"只缘五斗米，辜负一渔竿"，不免有些愧对老师的期望。

三

收入书中的文章都已公开发表，只是彼时囿于版面，多有删改，此处采用较完整的版本并对部分标题作了调整。为感谢杂志、编辑及编者给我一吐为快的机会，特将出处罗列如下：

1.《〈行政诉讼法司法解释〉第五十二条之评析——在节约司法成本与追求司法正义之间抉择》，《南阳师范学院学报》2007 年第 2 期。《诉讼法学、司法制度》2007 年第 7 期全文转载。

2.《死刑合宪性审查的法理：演化中的合宜行为基准》，《南阳师范学院学报》2007 年第 5 期。

3.《判决前刑事诉讼被告或者犯罪嫌疑人死亡者不赔？——〈国家赔偿法〉第 17 条第 3 项之合宪性质疑》，《法律适用》2007 年第 12 期。

4.《合宪性推定原则：一个被误解的概念》，《浙江社会科学》2009 年第 10 期。《法学文摘》2010 年第 1 期摘要转载。

5.《中华人民共和国人身损害赔偿计算标准之探讨——"国家上年度职工日平均工资"的"上年度"之意涵》，《南阳师范学院学报》2011 年第 1 期。

6.《合宪性解释原则的本相与争论》，《清华法学》2011 年第 1 期。《宪法学、行政法学》2011 年第 5 期全文转载。

7.《任建宇案：言论自由与劳动教养》，胡锦光主编：《2012 年中国十大宪法事例评析》，法律出版社 2013 年版。

8.《布洛克多夫案判决与集会自由》，陈戈、柳建龙等著：《德国联邦宪法法院典型判例研究：基本权利篇》，法律出版社 2015 年版。

9.《〈国家赔偿法〉死亡赔偿金条款的合宪性分析》，《哈尔滨工业大学学报（社会科学版）》2016 年第 5 期。《宪法学、行政法学》2016 年第 12 期全文转载。

10.《为生命定价——国赔法上死亡赔偿金条款的合宪性问题及其出路》，陶凯元、柯汉民主编：《国家赔偿办案指南（2017 年第 2 辑）》，法律出版社 2018 年版。

11.《人大主席团产生办法的合宪性分析》,《中国法律评论》2019 年第 6 期。

需要特别说明的是,文中所涉及的法律许多已修改甚至修订。所谓"立法者三句修改的话,全部藏书就会变成废纸(基希曼)",何况拙文几篇。不过,倘若仔细检视修改后的法律,可以发现上述问题仍在,为此,尚难谓这些文章全无价值,且其旨在展示自己关于宪法案例分析方法的一点思考,其或许可以超越一时的规范体系,故自己对文中所涉法律规范也未作进一步调整。此外,对一些引文和脚注因时作了处理。

四

此书能够顺利出版得到了学校领导王新清教授、林维教授和前辈学者马岭教授以及诸位同事的帮助,尤其在与孙远教授、陈鑫教授、王莉君教授等的交流中,个人获益良多。此外,学校科研处蒋甫玉、李会两位老师,他们在项目申请以及出版资助等事宜上提供了诸多帮助,在此一并致以谢意。

最后,尤其需要感谢的是周冠宇编辑,他在书稿的编辑和审校上十分细心,颇让向来马虎的我有些汗颜。

当然,毋庸讳言的是,文责自负。

柳建龙
2022 年 2 月 6 日

目　录

第三部分　域外经验

第一部分　合宪性解释原则的原理

合宪性解释原则

问题的提出

由于宪法具有最高性,在位阶上高于其他法律规范,故而一般法律规范一旦与宪法规范和原则相抵触则无效。[①] 然而,一般认为,为维护法的安定性和表示违宪审查机关这一相对非民意机关对作为民意机关的立法机关的充分尊重,应当尽量回避宪法问题(avoidance of constitutional issues)。其中较为常用且为大陆学者所关注的方法是合宪性解释与合宪性推定。但是,倘若对公开发表的相关论著进行粗略分析,不难发现:不仅就何为合宪性解释存在多种不同见解,以致众说纷纭、无法达成共识;其中一些研究甚至存在实质性误解。这可以从合宪性解释概念的不同表达方式得到一定程度体现,如合宪性解释[②]、限定合宪性解释(einschränkende Interpretation)[③]、合宪限定解释[④]、合宪

[①] 参见【德】卡尔·拉伦茨著:《法学方法论》,陈爱娥译,商务印书馆 2003 年版,第 217 页。此处卡尔·拉伦茨教授之表述为:"在位阶上宪法规范高于其他法规范,因此,抵触宪法原则之一般的法律规范将归于无效。"笔者以为,就一般的宪法裁判而言,首先判断的是系争法律是否违反宪法的具体规定,只有在没有具体规定或者具体规定不明确或者明显已经发生变迁的情形下,才会进而衡量系争法律是否与宪法的原则相抵触。从这一点上讲,将抵触宪法规范的一般情形排除在外,考虑似乎有欠周延。可比较 *Wolf-Dieter Eckard* 教授的相关论述。Wolf-Dieter Eckard, Die verfassungskonforme Gesetzesauslegung, Duncker & Humblot, 1964, S. 14.

[②] 李辉也采用了这译法。见【德】康拉德·黑塞著:《联邦德国宪法纲要》,李辉译,商务印书馆 2007 年版,第 633 页。不过,问题在于虽然其在"术语名词索引"部分采用这一翻译,但在正文中第 55 页(边码:79)以下用"合宪解释"一词,在第 249 页(边码:305)则用"合宪解释"。可以说,其对两个词是交替使用的。

[③] Eckardt 教授主张,对这一概念应做进一步的区分限定合宪性解释中的部分无效判决(Teilnichtigerklärung)与合宪性解释。Wolf-Dieter Eckard, Die verfassungskonforme Gesetzesauslegung, Duncker & Humblot, 1964, S. 57.

[④] 翟国强著:《宪法判断的方法》,浙江大学宪法学与行政法学专业 2007 年博士学位论文,指导老师:林来梵教授,浙江大学图书馆馆藏,第 18 页;李辉在翻译康拉德·黑塞的《联邦德国宪法纲要》时,也用了这一翻译,见该书第 55 页。

解释①、合宪法律解释、符合宪法的解释②、"宪法附和的法律解释（die verfassungskonforme Auslegung des Gesetzes）"③，等等；或者甚至将之等同于合宪性推定（the presumption of constitutionality，die Vermutung der Verfassungsmäßigkeit der Gesetz）④。

鉴于其在宪法理论研究和实践中的重要性以及研究中所存在的误解，本文拟从以下三个部分对合宪性解释进行探讨：（一）合宪性解释的概念。对合宪性解释的产生与发展进行简单地梳理，并对其概念和内涵进行界定，进而明确其并非是一种独立的法律解释方法；（二）合宪性解释的本相。对合宪性解释的两种理论——（合宪的）体系解释和"过度简化"的合宪性解释进行检讨，并试图还原合宪性解释，或者说提出一个更接近真实的合宪性解释理论；（三）合宪性解释的争论。对合宪性解释相关的几个争论，司法谦抑或司法能动主义、合宪的法律解释抑或合乎法律的宪法解释以及宪法、法律具体化优先权等进行探讨，为其存在的正当性进行辩护。

一、合宪性解释的概念

当下大陆关于合宪性解释的研究所以存在诸多误解，大多是因为未能准确地把握合宪性解释的概念及其内涵所致，故而厘清其概念与内涵对今后研究的展开具有重要意义；而要准确地理解和把握合宪性解释的概念，无疑应先对其产生与发展史进行考察，因为任何一种法律制度（方法）的产生都与其历史紧密相关，也只有将其置于历史背景中考察才能够予以理解和把握。为此，本部分首先对合宪性解释的产生与发展史进行考察，而后再对

---

① 李建良在翻译 Christian Starck 的"宪法解释"一文时，也采用这一译法。翟国强著：《宪法判断的方法》，浙江大学宪法学与行政法学专业 2007 年博士学位论文，指导老师：林来梵教授，浙江大学图书馆藏，第 18 页。

② 《联邦宪法法院判例集》，第 64 卷，第 261（280）页。转引自【德】克劳斯·施莱希、斯特凡·科里奥特著：《德国联邦宪法法院：地位、程序与裁判》，刘飞译，法律出版社 2007 年版，第 455 页。

③ 韩大元：《论宪法解释程序中的合宪性推定原则》，《政法论坛（中国政法大学学报）》2003 年第 2 期，第 5 页。

④ 王书成同样也认为："在德国，这一概念被表述为'合宪的法律解释'或法律的宪法一致解释。在日本，有的学者把这一原则表述为'合宪的限定解释'或者'合宪的限制解释'。"（王书成：《论合宪性推定之政治基础》，《第二届全国公法学博士生论坛论文集》，中南财经政法大学 2007 年，第 288 页）；张翔则认为在合宪性解释之要求在违宪审查时，为避免司法与立法的对立，应尽可能地对法律作合宪的解释这一层面上，合宪性解释实际与合宪性推定是同一含义（张翔：《两种宪法案件：从合宪性解释看宪法对司法的可能影响》，《中国法学》2008 年第 3 期，第 112 页），这些见解实际上也混淆了合宪性推定原则与限定合宪性解释原则，将二者等同起来。

其概念与内涵进行界定;最后,为了更准确地把握合宪性解释的性质,对合宪性解释是否一种独立的法律解释方法进行探讨。

(一)合宪性解释的产生与发展

一般认为合宪性解释最早起源于美国,德国制度是借鉴美国的结果①,但是,美国法学论著中并不存在与之相应的专门概念(缺乏公认的英语术语足资为证),而是将其视为回避宪法问题原则的子方法之一②。虽然有论者主张美国联邦最高法院在很早以前就已经开始使用这一方法③,但从目前学者的研究成果来看,多数认为其最早是由 Brandes 大法官在 1936 年 *Ashwander v. TVA* 案的不同意见(dissenting)④中提出来的。⑤ 他指出:"一旦国会制定的法律有效性受到质疑,即便其合宪性存在相当疑问,最高法院仍应首先确定是否可能存在某种解释以避免违宪判断。"⑥不过,这种方法在 1950 年代以后便从美国人的视野中消失了。⑦ 为此,合宪性解释原则之作为独立的宪法裁判原则毋宁说是德国联邦宪法法院判例和相关学说发展和完善的结果;⑧就实质而言,它是德国法上的概念:一方面,早在 20 世纪 20 年

① Klaus Schleich, Das Bundesverfassungsgericht, 2 Aufl., C. H. Beck, 1991, S. 229, in: Rob Bakker, *Verfassungkonforme Auslegung*, in Rob Bakker, Aalt Willem Heringa, Frits Stroink(ed), *Judicial Control:Comparative Essays on Judicial Review*, MAKLU Uitgevers Antwerpen-Apeldoorn(1995), p. 9.

② 【口】芦部信喜著、高桥和之增订:《宪法》(第三版),林来梵、凌维慈、龙绚丽译,北京大学出版社 2006 年第 1 版,第 334 页。

③ 【德】克劳斯·施莱希、斯特凡·科里奥特著:《德国联邦宪法法院:地位、程序与裁判》,刘飞译,法律出版社 2007 年版,第 455 页;韩大元:《论合宪性推定原则》,第 51 页;Harald Bogs, Die verfassungskonforme Auslegung von Gesetzen,Kohlhammer,1966,S. 15。

④ 297 U. S. 288(1936).

⑤ T. Koopmans, Vergelijkend Publiekrecht, 2. Aufl., Kluwer, 1986, p. 63, in Rob Bakker, Verfassungskonforme *Auslegung*, in Rob Bakker, Aalt Willem Heringa, Frits Stroink(ed), *Judicial Control:Comparative Essays on Judicial Review*, MAKLU Uitgevers Antwerpen-Apeldoorn(1995), p. 11; Tim Koopmans:*Courts and Political Institutions:A Comparative View*, Cambridge University Press(2003), p. 119;芦部信喜,高桥和之,第 334 页。

⑥ Gerald Gunther, *Constitutional Law*, The Foundation Press(1985), p. 1640.

⑦ T. Koopmans, Vergelijkend Publiekrecht, 2 druk, Kluwer, 1986, p. 63, in Rob Bakker, *Verfassungskonforme Auslegung*, in Rob Bakker, Aalt Willem Heringa, Frits Stroink(ed), *Judicial Control:Comparative Essays on Judicial Review*, MAKLU Uitgevers Antwerpen-Apeldoorn(1995), p. 11; Tim Koopmans:*Courts and Political Institutions:A Comparative View*, Cambridge University Press(2003), p. 119.

⑧ 韩大元教授认为"合宪性推定原则(Presumption of *constitutionality*)是在宪法解释中产生和发展的,在不同的宪法文化背景下有不同的内涵与表述。最初源于美国的司法审查制度的实践,并通过德国的宪法判例得到发展和完善"。然而,究其上下文之间的逻辑和论点,此处当指的是合宪性解释而非合宪性推定。关于合宪性解释和合宪性推定的差别,拙文《合宪性推定原则:一个被误解的概念》对于二者的区分作了进一步的展开。

代末,*Carl Schmitt* 便在"作为宪法守护者的帝国法院(Die Reichsgericht als Hüter der Verfassung)"一文中提出了类似的概念;① 另一方面,在判例史上,合宪性解释方法的使用最早可以追溯至 1953 年 5 月 7 日的关于德意志民主共和国(DDR)难民进入西德之迁徙自由(Freizügigkeit)案判决②。③ 随着德国的实务和学说的发展,其作为一种裁判或者解释技术也越来越受到其他国家的关注和借鉴:韩国宪法裁判所、日本最高裁判所及"司法院大法官会议"亦有采用这一方法作出判决;此外,借鉴这一方法,欧盟法院并发展出了合欧盟法解释④。

(二)合宪性解释的概念与内涵

基于前述理由,毋庸置疑,对合宪性解释概念的界定应以德国宪法学的实践和理论为出发点。从德国的宪法判例与理论来看,合宪性解释系指,如果一项法律存在多项解释可能,其中一些解释可能导致违宪的结果,而另一些可能导致合宪的结果,则宪法法院不能认为该规范是违宪的,而应对之作与宪法相一致的解释。⑤ 除此之外,也有将合宪性解释界定为:对一项法律内涵的解释不得违反宪法,而应作与宪法一致的解释;或者系指在宪法规范的帮助下确定法律规范的内涵。⑥ 一般认为其包含如下两方面涵义⑦:

1. 作为解释目标(Interpretationsziel),其旨在于在法律上没有争议的效力范围内对特定法律予以维持。

---

① Philipos C. Spyropoulos,*Die Vermutung der Verfassungsmäßigkeit der Gesetz und die verfassungskonforme Gesetzesauslegung*, im Georg Kassimatis/Michael Stolleis, *Verfassungsgeschite und Staatsrechtslehre:Griechisch-deutsche Wechselwirkungen*, Vittorio Klostermann Frankfurt am Main(2001),S. 284.

② BVerfGE2,266. Philipos C. Spyropoulos,S. 285.

③ Rob Bakker, *Verfassungskonforme Auslegung*, in Rob Bakker, Aalt Willem Heringa, Frits Stroink (ed), *Judicial Control*:Comparative *Essays on Judicial Review*, MAKLU Uitgevers Antwerpen-Apeldoorn (1995),p. 9.

④ Friedhelm Hufen,Staatsrecht II:Grundrechte,C. H. Beck,2 Aufl,2009,S. 38. Martin Franzen,*Privatrechtsangleichung durch die Europäische Gemeinschaft*,De Gruyter,1999,S. 343.

⑤ Rob Bakker, *Verfassungskonforme Auslegung*, in Rob Bakker, Aalt Willem Heringa, Frits Stroink (ed), *Judicial Control*:Comparative *Essays on Judicial Review*, MAKLU Uitgevers Antwerpen-Apeldoorn (1995),p. 9.

⑥ Edouard Campiche, *Die verfassungskonforme Auslegung:Stellung in der Auslegungslehre und Abgrenzung zur Normenkontrolle*,Schulthess Polygraphischer Verlag(1978),S. 1.

⑦ Friedrich Schoch, *Übungen im Öffentlichen Recht:Verfassungsrecht und Verfassungsprozeßrecht*, De Gruyter,2000,S. 71.

2. 作为解释方法（Interpretationsmethode），其旨在对已首先通过一般解释标准而查明的系争法律的涵义进行限缩解释（restriktive Interpretation）以达致前揭目的。

（三）合宪性解释是否一种独立的解释方法

然而，是否应将合宪性解释视为和其他传统解释方法一样的独立的法律解释方法，学界尚存在一定分歧。大致有如下三种见解：

1. 肯定说。此为主流观点。其认为，只有在特殊情况下才有合宪性解释适用的余地，即只有在采用常规解释方法对系争法律进行解释，均可能导致系争法律违宪并应予无效的结果的情形下，才能将其作为一种规范保全规则予以适用并拘束适法者，进而以一种更为复杂的解释方法取代平义解释对系争法律作与宪法一致的解释，于此解释范围内并应视系争法律被为有效（gültig）的法律。① 就上述观点而言，其实质似乎更倾向于将合宪性解释视为与文义解释、体系解释、历史解释、目的解释及比较解释并列的第 6 种法律解释方法。②

2. 否定说，就目前笔者所掌握的资料而言，这似乎是一种少数说。其将合宪性解释视为在传统解释方法所提供的解释可能中进行的一种选择。Christian Starck 教授在 *Verfassungsauslegung* 一文中，便指出：合宪性解释的结果须在传统解释方法容许范围内，始得为之。Pieroth 教授和 Schlink 教授则强调说，就合宪性解释而言，不得赋予被解释的法律规范以全新内容。如果被解释法律规范的合宪性需要如此方能达成，则应当宣布系争法律规范违宪。究竟是否赋予其全新内容属于法律保留的范畴，立法者可以决定是否对被宣布违宪的法律规范进行修改。③ 另外，也有学者指出，就合宪性解释的特性而言，其是一个规范保全原则：即在依据传统的解释方法对法律进行解释，即，在既在存在违宪解释可能的同时也存在合宪解释可能时，始得对法律进行合宪性解释。④ 换而言之，其是在传统解释方法所提供的多种解释可能中进行选择。⑤

3. 综合说。持此种观点者认为，合宪性解释本身同时包含了"选择（Au-

① Michael Sachs：Verfassungsrecht Ⅱ：Grundrecht，2. Aufl.，Springer，2003，S. 49.
② Friedhelm Hufen，Staatsrecht II：Grundrechte，2 Aufl.，C. H. Beck Verlag，2009，S. 41.
③ *Pieroth/Sclink*，Grundrechte · Staatsrecht Ⅱ，24. Aufl.，C. F. Müller，2008，S. 23.
④ *Jörn Lüdemann*，Die verfassungskonforme Auslegung von Gesetzen，JuS 2004，28.
⑤ *Jörn Lüdemann*，Die verfassungskonforme Auslegung von Gesetzen，JuS 2004，30.

slesefunktion）"和"后援（Stützfunktion）"两种功能。前者即将合宪性解释视为在传统解释方法所提供的解释可能中进行的一种选择方法；而后者则将其视为一种独立的法律解释方法。并认为后一种功能较为多见。① 除此之外，还有一些学者认为，合宪性解释是在无法通过其他狭义的法律解释方法得出唯一妥当结论后运用的方法。如果通过其他解释方法能够得出唯一的结论，就无须诉诸合宪性解释。只有在出现了复数解释，且其中部分解释可能导致违宪结论时，才有必要运用合宪性解释，加入作为决定判断标准的宪法论点。② 其虽然未明确合宪性解释究竟是在传统解释方法所给出的解释可能中进行选择，抑或是作为一种新的解释方法而予以适用，从而增加（创设）新的解释可能，但就其主张而言毋宁也是一种综合说。

就以上三种见解而言，笔者赞成第二种观点，即合宪性解释，毋宁是在运用传统的解释方法之一种或者数种对法律进行解释时可能导致违宪疑义的情形下，由违宪审查机关在诸多解释可能中进行斟酌，或者将与宪法不一致的解释排除出去③，或者选择其中之一与宪法一致的解释，以厘定系争法律规范的内涵。这一点与德国联邦宪法法院之"法官对于一个文字及意义都极清晰的法律，不得以'合宪解释'之方式，为相反意义之解释"的见解也相契合。

二、合宪性解释原则的本相

就作为法律解释规则的合宪性解释的性质而言，德国学者多从是否涉及违宪疑虑的消除将其区分为两种规则：一是作为基于宪法的法律解释。对于此一意义上的合宪性解释，有的学者认为，其实际上是向对适法者发出的一种呼吁（Appell），是作为拘束法律解释的一种宪法原则。④ 其要求释法者在采取各种方法，尽最大的努力以容许法律本身存在多重涵义，同时又确保宪法上的重要内容——特别是基本权的有效性，即对法律与宪法一

---

① Harald Bogs, Die verfassungskonforme Auslegung von Gesetzen, Kohlhammer, 1966, 34.

② Müller, Juristische Methodik, 3 Aufl., Berlin 1989, S. 65. 转引自王利明：《法律解释学导论——以民法为视角》，法律出版社 2009 年版，第 392 页。

③ *Martin Franzen*, Privatrechtsangleichung durch die Europäische Gemeinschaft, De Gruyter, 1999, S. 343.

④ 张翔博士所主张的合宪性解释或者基于宪法的解释（verfassungsoriente Auslegung）。参见张翔：《两种宪法案件：从合宪性解释看宪法对司法可能的影响》，《中国法学》2008 年第 3 期；张翔：《合宪性解释的两个面向——答蔡琳博士》，《浙江社会科学》2009 年第 10 期，第 60 页以下。

致的解释。① 二是将视为一种保全规则,或者对立法者表示尊重的一种解释方法②。即在法律出现多种解释可能且其中存在一种或者多种违宪解释的情形下,应选择其中与宪法相一致的作为法律的解释,以避免宣布系争法律违宪。③ 相比之下,瑞士学者如 Campische 与 N. Müller,则整理出三种规则:一是单纯的解释规则(Auslegunsregel),指宪法相关规定应在法律解释时直接发生一定影响;二是冲突规则(Kollisionsregel),指在数种可能的法律解释中应优先选择与宪法内容相符者;三是保全规则(Erhaltungsregel),指当法律有违宪法疑虑而有数种解释可能性时,应选择不违宪的解释。就这两种不同的分类而言,学者以为并不存在实际的分歧,因为:一方面对于单纯的解释规则,两种见解是一致的;另一方面,尽管后一种分类中比前一种多出一种,但正如学者所主张的"冲突规则"和"保全规则"可以进一步概括为"冲突规则"。而无论是作为冲突规则抑或保全规则,在实际的适用过程中实际上都是作为规范控制的。故而,二者并不存在实质性的差别。

然而,有意思的是:一方面,大陆的一些学者在介绍合宪性解释时,显然带有"明修栈道,暗渡陈仓"的意图。张翔博士认为在大陆的语境下对作为"冲突规则"的合宪性解释是无法进行讨论的,或者对其进行讨论是没有意义的 。④ 但其实际毋宁是试图对作为所谓的法律解释规则的"合宪性解释"原则——合宪的体系性解释——的证成,从而使得普通法院享有实质的违宪审查权。这意图在他的《两种宪法案件:从合宪性解释看宪法对司法的可能影响》则至为明显。⑤ 而另一方面,有些学者则试图完全排除合宪性解释的规范控制的功能,而将之还原为一种单纯的解释规则。⑥ 然而,个人以为,第一种意图虽然可取,然而未免可能导致学说上的误解,毕竟,尽管各国情况不同,以至于很难说清楚哪一种是合宪解释的"原型",不过,在专设宪法法院的国家,一般使用显以第三种情形为多。至于第二种观点而言,个人

---

① *Jörn Lüdemann*,Die verfassungskonforme Auslegung von Gesetzen,JuS 2004,28.

② *Jörg P. Müller*,Der Verfassungsgerichtbarkeit im Gefüge der Staatsfunktionen,in:*Martin Bullinger*,Veröffentlichung der Vereinigung der Deutschen Staatslehrer,Bd. 39,De Gruyter 1981,S. 88.

③ *Jörn Lüdemann*,JuS 2004,S. 28-29.

④ 张翔:《合宪性解释的两个面向——答蔡琳博士》,《浙江社会科学》2009 年第 10 期,第 61 页。

⑤ 张翔:《两种宪法案件:从合宪性解释看宪法对司法的可能影响》,《中国法学》2008 年第 3 期,第 110 页以下。

⑥ 谢维雁:《论合宪性解释不是宪法的司法适用方式》,《中国法学》2009 年第 6 期,第 168 页以下。

以为完全是无视合宪性解释产生与发展的历史及其功能而得出的一种结论，且这一意义上的合宪性解释毋宁就是体系解释之谓。为此，下文将对广义的合宪性解释以及目前两岸一些学者对合宪性解释的界定进行批评，并试图还原合宪性解释的本来面目。

（一）合宪的体系性解释概念之否弃

所谓的（合宪的）体系性解释，要求透过预备性的方法论①消除法律解释出现歧义的可能性。它要求将单个规范置于其所属的法律规范整体和宪法规范之下理解，与此同时，对宪法规范的理解也不是孤立地进行的，它同样要求将宪法规范置于宪法的体系中加以理解。这一解释方法乃是法律位阶和法制统一性的规定。依照法律位阶理论和法制统一原则的要求，低位阶规范应当与高位阶规范的规则、原则及价值保持一致。② 就目前的相关论述而言，大多属于此种观点，无论是张翔博士之基于宪法的解释，或者那些视合宪性解释为单纯的法律解释规则的见解。

就发挥宪法的规范效力和保障功能或者法官在法律适用过程中的能动性而言，毫无疑问，这些主张具有相当诱惑力。然而，倘若认真检讨，不难发现其在理论与实务上都存在严重缺陷：

首先，这些见解在一定程度上混淆合宪性解释与体系性解释（systematische Auslegung），从而使合宪性解释本身成为一个多余的概念。尽管将"与宪法相一致"作为体系性解释之重要一环加以强调，能够突出宪法的重要性及其在确保法制统一性上所具有的重要作用。然而，即便如此，也不能因而就认为将其独立出来是妥当的：一者，在这一意义上，体系性解释本身当然包含了所谓的合宪的体系性解释，为此，似乎并无将（合宪的）体系性解释从体系性解释分解出来的必要，况且此种强调可能使得适法者直接诉诸宪法而忽视其他层级的规范，从而弱化其他法律规范在体系性解释中的规范功能并损害其权威；二者，将合宪性解释视同体系性解释，不仅忽视了它本身作为一种新的法律制度在弥补和纠正旧的法律制度存在的制度性缺陷上所具有的重要价值和功能③，并在一定程度上成为体系性解释无意义的反复。

其次，导致逻辑上的自相矛盾。在这一解释方法之下，若肯认法律解释

---

① 【德】汉斯-格奥尔格·伽达默尔著：《哲学解释学》，上海译文出版社 2004 年版，第 12 页。

② Joachim Vogel, *Juristische Methodik*, De Gruyter, 1998, S. 122.

③ Harald Bogs, Die verfassungskonforme Auslegung von Gesetzen, Kohlhammer, 1966, S. 16.

和宪法解释本身绝对的客观性,则可以认为法律解释和宪法解释本身是解释者无涉的,即无论解释者是立法机关、行政机关抑或是司法机关,都只存在着惟一的解释方法,只要因循这一方法也就可以发现存在的、惟一正确的解释结果,①那么,则不致有违宪情形的出现。换而言之,适用这一解释方法时,对法律规范内涵的解释本身是置于解释者对宪法规范内涵的理解的框架之内而展开的,其解释的运作是自上(宪法)而下(法律)的,在这种情形下,法律解释本身至少应为符合宪法规范的某一种解释。(如下"图1→图2"所示)就此而言,倘若肯认合宪性解释同体系性解释一样是一种法律解释方法——即解释者在解释法律时所应遵循的一项原则,同时又肯认在这一原则下法律解释本身可能存在违宪情形②,那么,在这一概念内部就存在着自相矛盾——违宪解释的不可能性和违宪解释的确实存在。

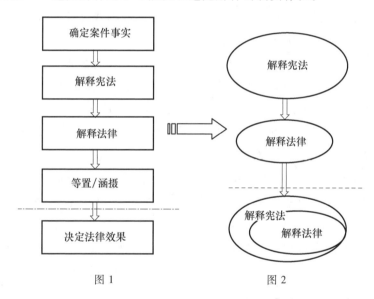

图1   图2

再次,应当注意的是,(合宪的)体系性解释的实施是以适法者对于充分了解现行法律体系并掌握法律解释技术为其前提。其作为一种理论假设虽然在某种程度上能够成立,但是,如果将之置于法律实践中则难谓没有疑问:

第一,所谓合宪性解释并不等同于体系解释,故而即便是将之作为体系

---

① Frederic Schauer,The Occasions of Constitutional Interpretation,72 B. U. L. Rev. 730.

② 上官丕亮:《德国联合抵制电影案:宪法在私法中的间接适用》,《法制日报》2008 年 7 月 18 日第 3 版。

性解释要求，其本身在一定意义上已然蕴含着对系争法律规范的否定评价。就此而言，它赋予适法者以一种主观的质疑法律或者立法者的立法行为的合宪性的宽泛权力，其结果可能会削弱法律和立法者的权威，并使得作为适法者行政或者司法机关凌驾于立法机关之上，成为实质的立法者，而这与民主原则毫无疑问是相左的。

第二，即便作为一种体系性解释方法而言，合宪性解释也并非仅仅是体系性解释方法的运用，它要求解释者充分运用各种解释方法对法律进行与宪法相一致的解释。然而，由于宪法规范本身的高度抽象性和概括性（或者不确定性），也就使得解释者享有较大解释空间；换言之，合宪性解释本身受到较少限制，在某些情形下甚至允许法律解释结果违背立法者的意思。① 就此而言，一旦放纵行政机关和司法机关对法律的合宪性进行质疑，则不仅可能损害立法机关的权威，破坏民主制度，也可能减损成文法的可预见性，损害法律的权威，并损害行政机关和司法机关权威。

第三，应当进一步指出的是，行政官员和法官各自的教育背景迥异，即便就法官群体而言，通常更高级别的法院法官对法律体系会有更为宏观的把握并且也具有较高的法学理论修养，在这种情况下，毫无疑问无法避免法律解释结果上可能存在差异，甚至冲突；二则，在这种背景下，允许行政官员或者一般法官将更为不确定的宪法作为标准从而去确定法律规范的涵义，在某种程度上而言，毋宁是赋予他们更大裁量空间，法律解释的恣意性风险毫无疑问，也会相应地增加。而这很可能会进一步侵蚀法制统一性，进而妨碍平等原则的实现。

与此相反，采取狭义的合宪性解释概念则不会导致这一矛盾，因为它是作为违宪审查过程的一个环节而非一种贯穿始终的解释方法而存在的。为此，它真实地反映了法律的制定和适用过程：

首先，就立法而言，虽然在一定程度上立法者基于其对宪法的忠诚会将关涉的法律规范纳入法律体系整体和宪法规范的背景下进行考量，然而这种仅仅基于立法目的或者法律原则的考量通常不是特别审慎，甚至非常粗糙，很难避免法规范之间的冲突，特别是在在立法当时缺乏对法律整体足够了解和把握的情况下更是如此。

---

① 参见【德】迪特尔·梅迪库斯著：《德国民法总论》，邵建东译，法律出版社 2001 年第 2 版，第 234 页。

其次,在法律实施的实际过程中,执法者通常只针对当下发生的法律事实援引相关法律的条文,并进一步做出决定,即便法官在审理案件也是如此。此种立场在一定意义上也体现了行政机关和司法机关对立法机关的尊重,即在没有相当的理由认为相关法律抵触宪法之前,应当秉持相关法律合宪的确信而予以援引适用。换而言之,只有当可适用的规范的内涵模糊或者存在明显疑问的情形下,行政官员和法官才会进一步考量所援引规范的妥当性问题。

(二)过度简化的合宪性解释理论之否弃

当下学者对于合宪性解释原则的定义多采取如下或者类似的表述:“合宪解释原则(Prinzip der verfassungskonformen Interpretation),是指在解释普通法律时,如果有 A、B、C、D 四种解释可能,采取 A、B、C 会抵触宪法,而采取 D 则不会抵触宪法。此时,采取 D 种解释,该法律才合宪,则应尽可能采取 D,以使该法律合宪。也就是说,在解释宪法时,应尽量把法律推定为合宪(Katz,2005:Rn. 124)。”尽管这一定义或者类似的定义为多数学者所采用,但是,应当指出的是,此种界定本身过于简化。因为:

首先,它忽略了宪法解释的必要性。尽管一般认为合宪性解释直接指向的是法律解释而非宪法解释,然而,应当指出的是,其与宪法的具体化和据以对系争法律进行判断的宪法基准存在直接、紧密的关联。[1] 在合宪性解释框架中,宪法规范不仅停留在作为一种“审查性规范”,同时也作为确立简单法律内容的“事实性规范”而存在。[2] 为此,通常情况下学者对于合宪性解释的定义和探讨都是在建立在一个潜在的假设的基础之上的:宪法规范本身的语义是明确的。但现实中,宪法规范往往过于概括和抽象,其语义在多数情形下可能是不清晰的、模糊的,甚至存在多义,而非不言而喻的。故而,“合宪解释”不仅对作为被审查对象的法律内容提出了问题,同时也对作为“审查性规范”的宪法内容也提出了问题。[3] 以宪法为取向的法律解释,其前提在于解释宪法,为此,宪法的解释亦为合宪性解释所当然应予关注的

① Friedrich Schoch, *Übungen im Öffentlichen Recht: Verfassungsrecht und Verfassungsprozeßrecht*, De Gruyter, 2000, S. 71.

② 【德】克劳斯·施莱希、斯特凡·科里奥特著:《德国联邦宪法法院:地位、程序与裁判》,刘飞译,法律出版社 2007 年版,第 56 页。

③ 【德】克劳斯·施莱希、斯特凡·科里奥特著:《德国联邦宪法法院:地位、程序与裁判》,刘飞译,法律出版社 2007 年版,第 59 页。

课题。也就是说它不仅提出了解释法律的要求,也提出了解释宪法的要求。①

其次,它忽略了法律解释的多种可能性。因为即便忽略该过程中对宪法规范进行解释的必要性,也应当注意到,对法律文本的解释本身并非是以多(违宪解释可能)对一(合宪解释的可能)作为其根本形态的;在解释的过程中,也有一(违宪解释可能)对多(合宪解释的可能)和多(违宪解释可能)对多(合宪解释的可能)的情形存在的可能性。就此而言,也有人将合宪性解释表述为,就合宪性解释的特性而言,其并非仅仅允许对法律规范的涵义作不同的解释,更为重要的是,其本身就意味着在这些解释当中至少应有一个是违宪的。② 这一点体现在部分国家宪法法院判决书的形式上,则为在一个判决中,同时存在一个或者多个的偕同意见和反对意见。

最后,除以上两点之外,仍需要进一步强调的是,宪法规范的解释可能性也未必是单一的。一旦将此纳入考虑的范围,可以发现合宪性解释理论其实要比这一过度简化了的理论所表明的要复杂得多,就此而言,如果要厘清合宪性解释的概念与理论,当然也就需要一种更为复杂的并且也更接近真实的宪法——法律解释理论。

(三)一种更接近真实的合宪性解释理论

如上所述,在宪法案件中,通常情况下都不会仅仅要求对宪法或者系争法律规范之一进行解释,而是要求对二者都作出解释。而一旦对法律适用的实际过程进行考察,可以发现,在一定程度上法律解释和宪法解释通常是分开地、独立地进行的,也就是说,有权法院在处理争议时,分别对宪法和法律进行解释。这是因为在法律规范之间存在一定的位阶,通常而言,只有先经过合法性审查之后,才可能进入到合宪性的程序中。而至于一般的法规或者规章,则通常仅检视其是否合乎上位规范的规定。③ 只有在其所依据的法律规定本身存在明显不合理或者就个案而言可能导致明显不合比例的结果的情形下,有关法律的合宪性问题才会被提出来,而在此前,解释者为探知法律规范本身涵义依然作了相当努力。换而言之,通常情况下,合宪性解

① 【德】克劳斯·施莱希、斯特凡·科里奥特著:《德国联邦宪法法院:地位、程序与裁判》,刘飞译,法律出版社2007年版,第59页。
② *Jörn Lüdemann*:Die verfassungskonforme Auslegung von Gesetzen,JuS 2004,28.
③ Pieroth/Sclink,Grundrechte·Staatsrecht Ⅱ,24.Aufl.,C.F.Müller,2008,S.4.

释方法的适用本身是以系争法律的解释存在疑问为其前提的,即法律解释先于宪法解释而发生。在这种情形下,可以说对相关宪法和法律规范的解释是分别进行的,在完成对其各自规范涵义的界定之后,从而选取宪法与法律规范的交集以确定法律规范的涵义。(如图3)

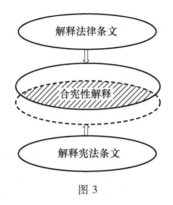

解释法律条文

合宪性解释

解释宪法条文

图 3

然而,此种确定的交集方法须以相关宪法和法律规范的交集惟一为前提,即在系争法律规范的可能解释与相关宪法法律规范的可能解释中只存在惟一的对应关系,才可能实现。而无论是就理论还是实践而言,只存在惟一对应关系,毋宁是一种奢望①,一方面因为宪法、法律规范本身可能具有高度的抽象性和模糊性,从而使得其具有相当大的型塑空间;另外一方面则因为解释者本身所持的解释理念,无论是主观主义抑或客观主义,保守主义抑或自由主义,都会对解释的结果产生巨大的影响,更何况在同一"主义"内部其解释结果也可能存在较大分歧。为此,合宪性解释方法的适用必须进一步考量存在多重对应关系情形下的选择问题。

在存在多重对应关系的情形下(如表1②),倘使对法律规范可能存在与宪法完全不一致的解释(法释3)则毫无疑问首先予以排除,对此并无疑问。

---

① 此一主张可以从 Michael L. Eber 的论证中得到进一步的印证。他在文章中指出:"从性质上讲,每一个多数判决要求就以下两个问题达成逻辑上的一致:一是所要适用的法律(rule of law),二是法律对案件事实的涵摄。通常情况下,多数联盟(the majority coalition)在两者之上都达成一致。然而,在某些情形下,可能形成两个多数,一个多数就所要适用的法律达成一致——称之为规则多数(the rule majority),另一组成人员不同的多数则法律规则对于事实的涵摄达成一致——称之为结果多数(the result majority)。这被称之为双重多数(dual majority),因为其中一个多数决定规则,另一决定判决结果。"See, Michael L. Eber, When the Dissent Creates Law:Cross-Cutting Majorities and the Prediction Model of Precedent,58 Emory Law Journal 212~214(2008).

② 应当说明的是表1只是一种相对简单的假设。

问题在于,如果系争法律既存在与宪法各解释(解释各方面)相契合的解释,也存在某些与宪法某一解释(或解释的某一方面)不完全一致的解释或者只存在某些与宪法某一解释(或解释的某一方面)不完全一致的解释时下应如何决定?

表 1

	法$_{释1}$	法$_{释2}$	法$_{释3}$	法$_{释4}$
宪$_{释1}$	×	√	×	√
宪$_{释2}$	√	×	×	√

纵、横向分别宪法、法律规范的可能解释;"×"表示法律解释与宪法解释不一致;"√"表示法律解释与宪法解释一致。

就前一种情形而言,选择系争法律与宪法各解释(解释各方面)相契合的解释(法$_{释4}$)似乎最为妥当,因为它能够使得宪法各解释(解释各方面)都有效;然而,这也并非绝对稳当的做法,因为在由于在法$_{释1}$、法$_{释2}$和法$_{释4}$之间并非是所谓合宪或违宪的选择,就此而言,正如学者所主张的,应当在它们中间选择一个更为合乎宪法的价值判断的解释。[1] 后一种情形应依次在法$_{释1}$和法$_{释2}$之间进行选择。不过,应当特别的强调的是,如果关涉两个以上宪法价值,难以选择或者其选择可能造成不必要误解,或者法律解释之选择可能导致司法能动倾向而致侵害立法权或者窒碍法律发展,解释者也可能基于司法最小化主义(judicial minimalism),仅将其审查范围限于个案情形,在判决结果方面寻求共识,而将法律解释问题暂时搁置。[2] 而这在一定程度上也可以视为一种合宪性解释。

最后,除上述情形外,也不排除在特定情形下,法律虽然具有多义性,但其各自涵义相对清晰、明确,需要藉之确定宪法规范涵义则由于其本身的抽象不确定性而需要以法律的涵义进一步确定宪法涵义,再藉宪法规范以确定系争规范的合宪性,从而形成所谓的"合乎法律的宪法解释",以达致保全

---

[1]　Wolf-Dieter Eckard, Die verfassungskonforme Gesetzesauslegung, Duncker & Humblot, 1964, S. 13.

[2]　以印度之 Kesavananda Bharati 为例,关于基本特征基准为何,最高法院的 11 名法官们可谓众说纷纭。在他们所列举的基本特征中,最多只有 5 个法官对于某个特征持相同的见解,最少的则只有两个,均不构成最高法院的多数(7 名以上)的意见。为此,最高法院最后决定以一个非常简短的"Summary"对长达数百页的判决进行总结,其间便忽略了对何为"基本特征"进一步解释的必要性。这一种方法在美国亦有适用。相关论述见柳建龙:《宪法修正案的合宪性审查:以印度为中心》,中国人民大学 2008 年博士论文,中国人民大学图书馆馆藏。

法律的目的可能性。①　不过,此是否属于合宪性解释,实务和理论上存在不同见解。在联邦行政法院(BVerwG)1957 年 1 月 24 日作成的医师执业法(*Heilpraktikergesetz*)案判决②与联邦宪法法院1958 年 11 月 12 日作成的价格法(*Preisgestz*)案判决③中均认为这是"合宪性解释"。对于此,Eckardt 教授则主张,就实质而言,这毋宁是对宪法作了一种对法律友好的解释(gesetzesfreundliches Auslegung der Verfassung),而非合宪性解释。④个人以为,此种区分虽然有一定道理,然而并不能因此就将之排除在合宪性解释范畴外,一方面法律解释本身对宪法解释只有参考意义而无拘束力,违宪审查机关在解释宪法时仍然是独立的;另一方面,因为在违宪审查时,解释者的目光总要在法律和宪法之间往返流转,如果以此而将之排除在合宪性解释的探讨范围之外,则合宪性解释这一概念亦丧失存在基础。故此,笔者在后文中仍将之置于合宪性解释框架范围内进行讨论。

三、关于合宪性解释原则的争论

如前所述,合宪性解释概念之争本身并不仅限于概念问题,其更多涉及的是这一制度本身存在的正当性和合理性问题。从当下的研究成果来看,这一方面的争论主要包含了以下几个问题:一是能否认为合宪性解释是司法谦抑的一种表现而证成违宪审查的正当性,抑或应将之视为有违民主原则的一种司法能动而予以否定;二是合宪性解释中法律(解释)与宪法(解释)的关系问题;三是在宪法和法律的具体化过程中究竟立法机关、普通法院与违宪审查机关何者享有优先权的问题。由于这些问题攸关合宪性解释原则的存立基础,下面分别对之进行探讨。

（一）司法谦抑或司法能动

现代国家多为民主国家,其权力来源于人民,而人民行使统治权的方式大多通过直接或者间接选举他们的代表组成代议机关。为此,基于民主和权力分立的原则,作为非民意机关的违宪审查机关应当对作为民意机关的立法机关保持充分的尊重,否则,其权力行使就可能构成对民主原则的违反

---

① 这一问题在后面有比较详细的探讨。

② BVerwGE 4,250(1957).

③ BVerfGE 8,274(1958).

④ Wolf-Dieter Eckard, Die verfassungskonforme Gesetzesauslegung, Duncker & Humblot, 1964, S. 45f.

从而失去正当性和合法性基础；但另一方面考虑到立法机关也可能为非，即多数人也可能表失理性而行"暴政"侵害少数人的权利，为此，又不得不对立法权设防。于此，违宪审查权作为一种"补强民主"（reinforcement of democracy）的措施才在一定程度上获得存在基础。然而，为避免违宪审查机关成为"超级立法者"，乃要求其在行使权力时应当保持对立法和行政机关的充分尊重，或者自我克制，即所谓司法谦抑。这也是违宪审查存立的重要基础之一。

正是基于合宪性解释本身表明了解释者在对法律存在作与宪法一致解释可能的情形下踟蹰于判定立法机关的立法违宪无效的特征，它被认为是违宪审查机关具有"保守性"的表现，体现了其对立法机关的尊重，从而被视为司法谦抑之一种。引入合宪性解释在一定程度上强化了违宪审查机关的谦抑立场，进而为违宪审查制度提供了正当化支撑；而反过来，毫无疑问司法谦抑本身与保全法律规范的需求一道也为合宪性解释提供了存立基础。[1]

然而，在某些情形下，将立法者固定在某种特定解释上的做法，相对于以自始无效性宣告撤销法律而言，对立法性的形成性自由权的干涉更大。换而言之，在尽可能地尊重立法意志这一点上，已经出现了以违宪审查机关的意愿代替立法者意志的危险。[2] 正如学者所指出的，在合宪性审查过程中，倘若违宪审查机关有所僭越，透过合宪性解释对法律内容予以修改，以至于立法意旨因而遭到更正，则原本有意藉由合宪性解释的方式来确保对立法者尊重，将变成违宪审查机关对立法者的监护。此外，一旦过度适用合宪性解释，也可能出现另外一种危险，即使得法律本身存在的问题长期被一种"合宪"的假象掩盖，致使某些争议长期无法得到有效解决，而窒碍法律的发展，特别是在肯定普通法院也享有合宪性解释权的情况下更是如此。

这两种批评的确都在不同程度上切中了合宪性解释原则的要害。然而，倘若进一步从违宪审查发展史看，合宪性解释的发展本身在某种意义上可以说是为应对，对违宪审查制度危机而自觉采取的一种措施，至少在美国如此。[3] 在引入该制度时，违宪审查与民主原则的紧张关系已为人们所熟

---

[1]　Jörn Lüdemann：Die verfassungskonforme Auslegung von Gesetzen，JuS 2004，29.

[2]　【德】克劳斯·施莱希、斯特凡·科里奥特著：《德国联邦宪法法院：地位、程序与裁判》，刘飞译，法律出版社 2007 年版，第 455 页。

[3]　1936 年罗斯福再度当选美国总统并试图打包最高法院。

知,故早在 20 世纪 50 年代中期德国法学家如 *Reinicke*、*Klaus Stern*、*Menger*、*Haak* 等便已经开始撰文探讨合宪性解释的界限并不断提出警告①,正因此德国联邦宪法法院才会在判决中不断重申合宪性解释的边界。另外,所以有一项新的法律制度的产生,往往是因为法律制度中存在一定结构性缺陷(Strukturmangel der Rechtsordnung)。在传统违宪审查制度之下,违宪审查机关或推翻或维持系争法律。然而,一旦推翻系争法律,则一方面法的安定性受到损害(Rechtsunsicherheit)自不待言,另外一方面在等待立法者重新制定规范期间,所出现之法律真空可能造成难以估量的负面影响。② 就此而言,采取这一方法,能够避免法律被宣布违宪无效后出现的法律真空状态,避免社会或者法律秩序处于一种"无序"的危险之中,并维持法的稳定性和安定性。再者,需要强调的是,正如德国联邦宪法法院所强调的,合宪性解释不得超出法律规范的文义和立法者的明确意图。如果系争法律规范的文义或者所明确体现的立法者意图明显与宪法相抵触,则应予以宣告无效。故而合宪性解释并不排除违宪审查机关宣布系争法律规定违宪的可能性。最后,应注意到,随着合宪性解释的理论和实践的发展,它已经为越来越多的国家和地区的违宪审查机关所采用,并且为多数的学者所肯定,这或许也可以作为对前述两项批评一有力的反证。

(二)合宪的法律解释抑或符合法律的宪法解释

合宪性解释,不能不使人联想起另一命题,即符合法律的宪法解释(*gesetzeskonforme Auslegung von Verfassung*,*gesetzeskonforme Verfassungsauslegung*)。特别是当宪法和法律的规范本身都具有相当的抽象性,而要求解释者对法律和宪法规范同时作出解释,解释者的目光不得不在法律——宪法之间往返流转时更是如此。就此而言,美国联邦最高法院 2005 年所作的 *Roper v. Simmons* 案判决③就是一个以法律解释宪法的典型案例。围绕着对已满 16 周岁但未满 18 周岁的人适用死刑是否构成了宪法第八修正案所谓的"残酷而且非常(cruel and unusual)"的刑罚,美国联邦最高法院多数意见通过对美国各州法律对于此种死刑的态度的"加减"(或者说"数人头")分析得出了一个结论,认为美国全国已经就此达成共识,即宪法第八修正案中所禁止的"残酷

---

① Wolf-Dieter Eckard, Die verfassungskonforme Gesetzesauslegung, Duncker & Humblot, 1964, S. 51.

② Harald Bogs, Die verfassungskonforme Auslegung von Gesetzen, Kohlhammer, 1966, S. 16.

③ 543 U. S. 551(2005).

且非常"的刑罚包括了对已满 16 周岁但未满 18 周岁的人科以死刑这一情形,进而认定系争法律违宪。① 对此种情形下之宪法解释的理由,康拉德·黑塞教授指出,由于实体法与功能法意义上的彼此联系都共同指向了维持与保护法律,所以对于那些被解释的宪法规范来说,只有按照立法者的在法律具体化时所做的那样进行解释的做法才真正属于合宪性解释。②

然而,这种以低位阶规范为基础而解释高位阶规范,或者使高位阶规范合乎低位阶规范是否具有妥当性并非毫无争议。虽然,也有学者认为,国民的共识(national consensus)本身代表的就是人民对于正义和公平的认识,就此而言,较低位阶的规范乃是作为当代主权者的人民的意志的反映。虽然实践中并不能排除也不排斥以法律规范的涵义为参照而明确宪法规范的涵义的可能性,然而,应当注意的是法律规范本身并不能作为宪法解释的标准,否则,无异本末倒置,亦将损害宪法的至上权威。另外,如果以法律规范的涵义决定宪法规范的内涵,无疑会侵蚀法律的位阶制度,进而破坏法制的统一性——而这二者都是法治的基本构成要素;也会使得违宪审查制度的规范控制功能成为"空谈",无法实现其控制立法机关的宗旨③。

这一批评虽然不无道理,但是,未免夸大其辞。因为:首先,即便法官真的试图用法律规范的涵义曲解宪法规范,然而,应当注意的是,不仅法律的语言文字涵义的射程是有限的,更何况,随着法律实务和理论的发展,在大多数法治国家都存在一套相对成熟的解释规则来拘束释法者。即便此种规则有欠完善甚至存在颇多争议,但是,这些规则在相当程度上会迫使那些心怀不轨的人不得不表现出自己并无任何恶意,并非在曲解法律。就此而言,即使不能保障法律得到精确的解释,但至少会减少曲解的程度。④ 其次,与私法或者刑法领域不同,在公法(宪法、行政法)领域大陆法国家与普通法国家在司法制度上存在更多的相似性,其也在一定程度上承认和采用

---

① 柳建龙:《死刑合宪性审查的法理:演化中的合宜行为基准》,《南阳师范学院学报(社会科学版)》2007 年第 5 期,第 18 页。

② 【德】克劳斯·施莱希、斯特凡·科里奥特著:《德国联邦宪法法院:地位、程序与裁判》,刘飞译,法律出版社 2007 年版,第 59 页。

③ Wolf-Dieter Eckard, Die verfassungskonforme Gesetzesauslegung, Duncker & Humblot, 1964, S. 41.

④ Per Sir James Frizjames Stephen, *In re Castioni*, (1891) 1 Q. B. 149, in H. M. Seervai, *Constitutional Law of India: A Critical Commentary*, Vol. 1, Universal Law Publishing Co. Pvt. Ltd. (1991) (4), p. 172.

判例法制度。就此而言,违宪审查机关对宪法和法律的解释都受到相当的限制,判例的梳理及其所具有的引导作用与作出不同判决时对区分的要求(distinctions),可以在相当大程度上减少其决策的非理性成分;另外,即便违宪审查机关对法律的解释存在较大的偏差(Abweichung),在现有的制度下,不仅违宪审查机关可以自行纠正这一错误,有权机关也可以通过修改系争法律或者制定新法律,甚至启动修宪程序而予以纠正。最后,法律和宪法的发展之间存在交互作用。不仅宪法的发展会作用于法律,从而促进法律的发展和完善;同样,法律的发展也会促进宪法的发展,并不断丰富宪法的内容,特别就基本权的种类和内容而言更是如此。就此而言,将二者的立场绝对化毋宁是一种过于极端的法实证主义的立场,而这无论是在理论上还是在实务上都已为人们所扬弃。

(三)宪法和法律具体化优先权之争议

所谓的宪法或法律之具体化是指通过解释确定待解释的宪法或法律规范的内涵;[1]具体化优先权(Konkretisierungsprimat)则指,一旦不同机关对宪法和法律规范涵义所作的解释存在龃龉的情形下,应以何者的解释为标准而予以优先适用。在采用合宪性解释的情形下,基于解释对象——宪法或者法律——的不同,可能会导致不同的具体化优先权争议问题:

1. 宪法规范具体化优先权争议

在采用合宪性解释的情形下,一旦所涉宪法规范涵义本身并非明确,需要对之进行解释并在其多种解释可能中选择其一,以厘定系争法律规范的涵义,则可能引发一个宪法政治上的问题,即在立法机关和违宪审查机关中究竟何者享有宪法规范之"具体化优先权"的问题。[2] 而所谓的宪法规范之"具体化"或者宪法具体化,与宪法解释权之由违宪审查机关专享不同,乃是包括立法机关、行政机关在内的所有宪法机关的任务。[3] 而根据法治国原则和民主原则,在宪法的具体化过程,立法机关相比其他宪法机关享有首要的权限(Erstzuständigkeit des Gesetzgebung),这也是赖以支撑该二原则的法律

---

① *Matthias Jestaedt*, Grundrechtsentfaltung im Gesetz, Mohr Siebeck, 1999, S. 156.

② 【德】齐佩利乌斯著:《法学方法论》,金振豹译,法律出版社 2009 年版,第 58 页。

③ *Siegfried Schwab*, Äußerung " Durchgeknallter Staatsanwalt" stellt nicht zwingend eine Bleidigung dar, GRIN Verlag, 2009, S. 5. *Friedrich Müller and Ralph Christensen*, Juristische Methodik (Band I): Grundlegung für die Arbeitsmethoden der Recthspraxis, Duncker & Humblot, 10 Aufl. , S. 178.

优先和法律保留原则的具体规定。① 换而言之，宪法具体化首先是通过立法机关的立法实现的。而宪法在其下位规范层面上的具体化，或者说宪法在法律层面上的具体化（Konkretisierung im Gesetzsrang）本身与宪法的适用并无不同。② 就此而言，法律本身应被视为立法者以法律的方式对宪法所作的具体化或者解释，其与法官对宪法所作的包括合宪性解释在内的具体化并无不同。

与此同时，立法必须受宪法秩序（die verfassungsmäßige Ordnung）的拘束。这既是立宪主义国家的基本特点，也是宪法的优越地位（den Vorrang der Verfassung）规定。换而言之，立法者不得作恣意规定，即便所谓的立法者"自治（Selbstherrlichkeit）"也有其宪法上的界限。无视这一限制的法律，无论是有意为之还是无意为之，都欠缺法律效力。③ 就此而言，除非系争法律规范本身明显违宪，否则宜认定其合乎宪法文本的规定以及宪法或者制宪者的意图。

一旦肯认上述两点见解，则立即可以得出如下的结论：即宪法解释（违宪审查机关对宪法的具体化）无论是在形式上、效力上还是内容上都不比法律（立法者对宪法的具体化）具有优先权，在具体化的优先顺序甚至可以说，其是居于从属地位的。这一点可谓与上世纪美国宪法学之关注与强调非司法机关之宪法解释权的趋势④不谋而合，即试图构建一种所谓更为广泛的宪法解释学，并主张宪法的解释存在一种确定的、客观的解释，对此三个机关各自对宪法都有权力和能力依照一定的方法发现这一解释。⑤ 其或许也可以进一步从政治问题理论或者分权原则得到印证。

尽管对于这一批评要做出致命的回击可能相当困难，然而，也不妨试着从以下几个方面去略作反驳：首先，如果承认立法机关、行政机关和违宪审查机关各自在宪法具体化处于平等地位，那么，将使得宪法或者法律的解释与适用陷入一种混乱的状态，并且缺乏一权威的仲裁者——这无疑也就意味着制宪者所构建的规范控制的意图无法得以实现，其与宪法相悖；其

---

① *Georg Hermes*, Verfassungsrecht und einfaches Recht-Verfassungsgerichtbarkeit und Fachgerichtbarkeit, im *Jörn Ipsen*.

② *Matthias Jestaedt*, Grundrechtsentfaltung im Gesetz, Mohr Siebeck, 1999, S. 152.

③ Wolf-Dieter Eckard, Die verfassungskonforme Gesetzesauslegung, Duncker & Humblot, 1964, S. 11.

④ Johnathan O' Neil, *Shaping Modern Constitutional Theory*: Bickel and Bork Confront the Warren Court, 65 The Review of Politics 325(2003).

⑤ 可见 Frederick Schuaer 教授关于宪法解释客观性问题的探讨。

次,倘若退而承认立法机关或者行政机关所在宪法具体化时相对其他机关而言享有优先权,则其不得不面对一个基本的问题——"自己不得当自己的法官",其不仅难以实现规范控制的目的,亦与法治国或者法治原则相悖。最后,"权力导致腐败,绝对的权力导致绝对的腐败",正是基于对权力本身的怀疑,人们才选择了分权制度。而倘若没有违宪审查权,则既不控制钱袋也不掌握刀剑的司法权将是三权中最弱的一环,无法和其他机关抗衡。就此而言,将宪法具体化的结果优先权给予司法机关毋宁是一种次优的选择。

2. 法律规范具体化优先权争议①

尽管论者主张合宪性解释的适用虽然在一定程度上缓和了司法机关和立法机关之间的紧张关系,但是在采取德国模式的违宪审查制度的国家却又导致新的问题,使得宪法法院和普通法院之间的关系紧张,即在具体化法律时,究竟是宪法法院还是普通法院具有优先权限②?换而言之,基于宪法、法律的明文规定,或者在宪法、法律未有明确规定的情况下,基于对分权理论的一般理解,认为法律解释权属于普通法院,宪法解释权属于宪法法院;而在合宪性解释情形下,不仅联邦宪法法院,并且其他法院都有权并有义务对其所适用的规范作合乎宪法的解释。③ 这也就意味着,无论是宪法法院抑或是普通法院都可以对宪法和法律进行解释。

然而,一旦允许违宪审查机关在实施违宪审查时采用合宪性解释的方法对法律进行具体化且肯认其解释效力,特别是对普通法院的拘束力,则将篡夺普通法院之最高法院的法律解释权,事实上并使得最高法院从属于宪法法院;在某种程度上也意味着宪法上分权原则的破坏。基于这种主张,韩国最高法院在过去的近15年里,曾经三次宣布其不受宪法裁判所就系争法律或者条款所作的合宪解释判决的拘束。其指出④:限定违宪判决只是一种

---

① 应当注意的是,这一种紧张关系在普通法模式的违宪审查制度下并不存在,因为在该制度下法律解释权和宪法解释权其实都由普通法院统一行使。

② 【德】克劳斯·施莱希、斯特凡·科里奥特著:《德国联邦宪法法院:地位、程序与裁判》,刘飞译,法律出版社2007年版,第58页。

③ Ulrich Ramsauer, Die Rolle der Grundrechte im System der subjecktiven öffentlichen Rechte, 111 Archiv des öffentlichen Rechts 527.

④ 韩国最高法院1996.4.9. 宣告95nu11405判决(대법원 1996.4.9. 선고 95 누 11405 판결);韩国最高法院2001.4.27. 宣告95jeada14判决(대법원 2001.4.27. 선고 95 재다 14 판결);韩国最高法院2009.2.12. 宣告2004du10289判决(대법원 2009.2.12. 선고 2004 두 10289 판결)。特别感谢李星燕博士提供的帮助。

特定的法律或者法律条款解释标准,其并未改变系争法律或者其条款语言。就此而言未改变系争法律或者其条款语言的限定违宪判决只是决定法律条款意义、内容及适用范围的法律解释。可是在具体的案件中决定法律或者其条款的意义、内容及适用范围的权限,即法令的解释、适用的权限是司法权的本质内容;因此该权限属于最高法院。其法理根据是宪法中所规定的国家权力分立基本原理与最高法院在法院中居于最高地位。无论何者侵犯法院的这一权限,就构成对宪法 101 条以及 103 条的违反。在德国也存在这一争论。对此一问题,德国学者康拉德·黑塞认为,要给出一个清晰的界限是不可能的,因为在联邦德国基本法第 95、96 条规定的司法制度设置中,基本法虽然明确了原则上它将简单法律的解释权配给各个层级的法院,但与此同时,基本法中并没有彻底取消联邦宪法法院对于任何一个简单法律的解释权。这是因为联邦宪法法院所具有的规范审查权限,必须建立在它能够进行这种解释的前提基础上。① 康拉德·黑塞教授关于基本法并未明确排除联邦宪法法院解释权的观点虽然在一定程度上缓解了对宪法法院采取合宪性解释裁判方法的批评,然而这种批评毫无疑问是以基本法(宪法)规定的不明确性为前提;因此,它的基础并不牢靠,故而并无法排除普通法院的挑战。换而言之,它仅使用于德国,而不能使用于那些明确把一般法律解释权赋予普通法院的国家。不过,即便如此有一点仍然是成立的,即如果违宪审查机关不享有法律解释权,那么,它也就无法对之进行审查;换而言之,法律是否违宪是以其最后的机关,普通法院的见解为其前提或基础的,在这种情况下实质的违宪审查机关毋宁是普通法院而非违宪审查机关,即经由对违宪审查机关法律解释权的否认使得普通法院劫持了违宪审查机关。

结语

综上所述,合宪性解释并非独立于传统解释方法的一种新的法律解释方法,其毋宁是在传统解释方法容许的范围内,对运用传统解释方法而获得的可能解释进行选择的一种解释规则。通常情形下,它不仅要求对系争法律进行解释,也要求对相关宪法规范进行解释。它试图在法律的诸多解释

① 【德】克劳斯·施莱希、斯特凡·科里奥特著:《德国联邦宪法法院:地位、程序与裁判》,刘飞译,法律出版社 2007 年版,第 58 页。

可能中确定一在文义、价值上与宪法最相契合的解释,不过,这也并不排除,解释者在必要的情形下,绕开宪法问题,"就事论事"。就此而言,无论是将之视为一种"体系性解释"或者"过于简单化的合宪性解释"都是错误的。

尽管合宪性解释本身也受到了诸多批评——侵害分权原则、导致"合乎法律的宪法解释"、造成宪法和法律具体化优先权的争议,而且这些批评在不同程度上切中了要害。但从合宪性解释产生与发史而言,这些批评毋宁过于极端、片面。恰恰相反,合宪性解释的提出恰恰是为了表示对立法机关的尊重,何况在其发展过程中,违宪审查机关也进一步设定了这一解释规则的界限,从而充分地发挥了其补强民主的功能;而另外一方面鉴于法律和宪法之间的交互作用,它也促进了宪法的发展,进一步巩固宪法权威。故其存在无疑有正当性基础。

合宪性推定原则

问题的提出

一般而言,合宪性推定原则是违宪审查机关裁判宪法问题时所应遵循的一个重要原则;有的学者甚至主张,其应是分析一切宪法问题的逻辑起点[1]。但是,正如学者所指出的,目前没有哪个学说会像推定学说这样,概念如此混乱,[2]研究又如此薄弱[3]:就国内而言,目前关于该原则的研究只有寥寥数篇,并且其中部分文章也非无可商榷之处,它们通常将合宪性推定与(限定)合宪性解释[4]相混淆。[5] 本文将试图对该原则进行简要介绍与分析,以期进一步厘清合宪性推定原则的概念,并就该原则所存在的争论作简要分析。

一、合宪性推定原则的概念

(一)合宪性推定原则的概念

合宪性推定原则(Doctrine of presumption of constitutionality),是指违宪

---

[1] Michael L. Strokes, *Judicial Restraint and the Presumption of Constitutionality*, 35 U. Tol. L. Rev. 347 (2004).

[2] 【德】莱奥·罗森贝克著:《证明责任论——以德国民法典和民事诉讼法为基础撰写》,庄敬华译,中国法制出版社 2002 年版,第 206 页。

[3] 即使在英美国家,专门研究合宪性推定原则的文章亦不多见。

[4] 目前,中国大陆的一些年青的宪法学者提出了一些新的宪法学概念,仍冠以"合宪性解释",试图以之取代传统的司法审查的概念,但与之不同,传统的"合宪性解释"仅是宪法裁判中的一个阶段,而不能涵盖其全部过程;故而,笔者认为就这种新创的"合宪性解释"的内容而言,实为"明修栈道,暗渡陈仓"。窃以为"(限定)合宪性解释"乃是宪法学研究中所普遍公认的术语之一,其有既定的涵义,不宜混淆视听。故对于新近提出的这种"合宪性解释",大概冠以"合宪法性解释"或者"合宪法律解释"相类似的术语以示区别,或者更好些。

[5] 参见翟国强著:《宪法判断的方法》,浙江大学宪法学与行政法学 2007 年博士论文,指导教师:林来梵教授,浙江大学图书馆馆藏,第 19 页。如,许中华、熊燕华:《合宪性推定原则的宪政功能探析》,《经济与社会发展》2007 年第 5 期;欧爱民、陈红梅:《论法律合宪性推定原则》,《湖南医科大学学报(社会科学版)》2004 年第 1 期,第 17 页以下。翟氏此文对于其中存在的问题已然有明确的认识,惜乎浅尝辄止,未能予以进一步展开。

审查机关在实施违宪审查时,原则上应当推定系争的法律合宪,推定支持该立法的事实是存在的,详言之,在未经判明有"相当可疑"的理由足以证明相关法律确系抵触宪法前,应当推定系争法律合宪。①

一般认为合宪性推定原则始于 19 世纪,最早由美国联邦最高法院首席大法官 John Marshall 在 *Fletcher v. Pecks* 案判决中②提出。③ 在该案判决中,他指出:"法律是否应违反宪法而无效,一直以来都是一个敏感问题,在存有疑问的案件中应尽量不作出肯定判断……只有当法官非常清晰且强烈地感觉到宪法和法律之间的冲突时,才得作出相反判断。"④虽然在该案中他并未明确使用"推定(presumption)"一词,但对于有关原理已经有相当阐述。⑤ 不过,也有学者不同意此种见解,因为 Livingston 法官在 1817 年的 *Adams v. Story* 案判决⑥中在维持被攻击的某邦《破产法》(Insolvency Act)中的破产条款(the Bankruptcy Clause,第 1 条第 8 项第 4 段)时便指出,所作推定

---

① 参见王峰峰著:《日本违宪审查之司法消极主义》,中国人民大学法学院宪法学与行政法学 2007 年博士学位论文,指导教师:胡锦光教授,中国人民大学图书馆馆藏,第 76 页;也可参见 Note:*The Doctrine of Presumption of Constitutionality Reconsidered*,36 Columbia Law Review 284(1936)。这里值得指出的是,新近笔者所看到的几篇文章,如前及许中华和熊燕华合作的文章认为:"合宪性推定原则是指在适用宪法、出现两种解释即违宪解释和合宪解释时,除非有明显的根据和理由,首先推定法律或行为合宪,作合乎宪法的解释。"(第 100 页);韩大元教授在《论合宪性推定原则》一文中同样也将合宪推定原则等同于"合宪的限定解释"或"合宪的限制解释"(第 51 页);同样的,欧爱民和陈红梅合作的《论法律合宪性推定原则》(这里不讨论这一翻译的适切性问题)也认为"1)法律合宪性推定原则主要是指宪法审判机关应运用各种方式、技术规避法律出现宪法性问题;2)在对法律存在两种以上解释时,其中一种解释是法律合宪有效,另一种解释是法律违宪无效,则宪法审判机关应当采纳使法律合宪有效的解释;3)除法律违宪明显而充分外,宪法审判机关不能宣布法律违宪无效"。(第 18 页)这些见解实际上都混淆了合宪性推定原则与限定合宪性解释原则,将二者等同起来;朱伟竞博士在其论文中将合宪性推定等同于合宪性解释原则。

② 6 Granch 87(1810).

③ 韩大元教授在《论合宪性推定原则》一文中指出,合宪性推定原则"最初源于美国的司法审查制度的实践,并通过德国的宪法判例得到发展和完善";在注释中并指出德国宪法法院关于合宪性推定原则最初的判例是 1953 年,并于 1973 年联邦宪法法院法的修改中得到了最终确认。(韩大元前揭文,第 51 页)——笔者在《宪法修正案的合宪性审查:以印度为中心》一文中未详加思考也引用了这一表述。参见柳建龙:《宪法修正案的合宪性审查:以印度为中心》,中国人民大学宪法学与行政法学 2008 年博士论文,指导老师:韩大元教授、M. P. Singh 教授,中国人民大学图书馆馆藏,第 161 页。——然而,究其上下文内容,此处的合宪性推定原则仍然指的是(限定)合宪性解释;而且就笔者目前所掌握的资料而言,即使韩老师所指非(限定)合宪,也并无任何其他的资料足以佐证他的这一判断,且《联邦宪法法》并未明确使用合宪性推定这一短语,故此存疑。

④ 10 U. S. 87, 128 (1810), in Henry Burmester, *The Presumption of Constitutionality*, 13 Fed. L. Rev. 279(1983).

⑤ *Notes:The Presumption of Constitutionality*,31 Columbia Law Review 1136(1931).

⑥ 1 Fed. Cas,No. 66,at 141.

应偏向于认定系争法律合宪,不应轻易地认为那些和法院一样受宪法同样庄严规定拘束的并应尊重之的立法者会误解宪法涵义并故意超越自己的权限。同样地,Washington 大法官在一个相似的场合下,在 1827 年的 *Ogden v. Saunders* 案判决①中所发表的反对意见(dissenting),指出,合宪性推定不过是对于立法机关的智慧、尊严以及爱国情操的适当尊重,不过是作出有利于法律的推定,除非系争法律违宪已然达到排除合理怀疑的标准,应当认为系争法律合宪。② 不过,学者认为,很难认为"合宪性推定"的主张对于这两个案件最后的结果有任何影响。③

(二)合宪性推定不是法律推定

为了更好理解合宪性推定,事先有必要厘清其中"推定"的涵义。④ 就其字面而言,合宪性推定原则似乎其应当是法律推定(Presumption of Law)之一种;但是值得注意的是,正如刑事诉讼法上的"无罪推定"和我国行政诉讼法上的"违法性推定"⑤一样,合宪性推定并非一般意义上的法律推定。因为法律推定是指从某事实推认出其他事实的行为,法律推定是指按照适用法规的法规化方式进行的推认,又可以分为两种类型,即分别是"对事实进行推定的事实推定"与"对权利或者法律关系本身进行推定的权利推定"。⑥法律推定的趣旨在于,原本需要当事人对难以证明的推定事实或者推定权利的发生原因事实的证明,通过这样的规定就转化为,只要当事人对易于证明的前提事实作出证明即可。⑦ 但是,无论是合宪性推定还是无罪推定和违法性推定都不存在这样的前提事实——与其说其是根据前提事实作出的,毋宁说其乃基于一定政策作出的。

---

① 25 U. S. 213(1827).

② Footnote 2, in *Notes*: *The Presumption of Constitutionality*, 31 Columbia Law Review 1136(1931).

③ Footnote 2, in *Notes*: *The Presumption of Constitutionality*, 31 Columbia Law Review 1136(1931).

④ Louis A. Warsoff, *The Weight of the Presumption of Constitutionality Under the Fourteenth Amendment*, 18 B. U. L. Rev. 319(1938).

⑤ 我国行政诉讼法并未明确规定"违法性推定原则",然而,该法第三十二条规定:"被告对作出的具体行政行为负有举证责任,应当提供作出该具体行政行为的证据和所依据的规范性文件。"学界和实务界一般认为所采用的乃是举证责任倒置原则,就此而言,一旦被告无法提供能够证明作出的具体行政行为合法的情形,则应认定系争具体行政行为违法。这实际上预设了一个前提,即对于系争行政行为的合法性的一般怀疑,从这意义上,可以认为我国在行政诉讼上实际采行的是"违法性推定原则"。

⑥ 【日】高桥宏志著:《民事诉讼法:制度与理论的深层分析》,林剑锋译,法律出版社 2003 年版,第 457 页。

⑦ 【日】新堂幸司著:《新民事诉讼法》,林剑锋译,法律出版社 2008 年版,第 401 页。

不过,这一见解也并非不言而喻的;也有学者对于其提出了质疑。认为,就合宪性推定原则发展初期而言,其只是单纯地表现为一种逻辑上的推定(presumption of logical),即法院在处理法律合宪性问题时保持对立法机关和行政机关,首先假定系争的法律合宪。然而,随着司法实践以及宪法学理论的发展,到了1931年,美国联邦最高法院 Brandeis 大法官在 O'Gorman & Young,Inc v. Hartford Fire Insurance Company 案判决①中对于合宪性推定原则便作出了一定的修正,认为事实问题可能会决定法律的合宪性,但是在那些缺乏事实以推翻法律的情形,应当优先适用合宪性推定。② 基于此种区分(distinction),学者认为所谓的合宪性推定并非逻辑上的一种假设,相反,它是最高法院在对有关事实进行初步审查之后而作出的一种选择,应当认为其是一种事实的推定,尽管其可以为相反的事实所推翻。

而且,随着1938年 United States v. Carolene Products Company 案判决③的脚注四的提出,甚至在更早之前的 Stromberg v. California 案判决④和 Lovell v. Griffin 案判决⑤中,便有一定类型案件被排除在合宪性推定原则的适用范围之外。在 Carolene 案判决中,Harlan Fiske Stone 大法官脚注四中指出⑥:

当一项立法由表面观之,乃是宪法所明文禁止者时,例如宪法增修条文第1条至第10条,推定为合宪此一原则的适用范围,可能就会受到限缩;同时,因为宪法增修条文第14条的涵摄功能,宪法增修条文第1条至第10条的规定,也适用于各州……

现在无需考量的是,限制了那些我们通常期待用以废止不满意之法律的政治程序的立法,由于增修条文第14条的概括限制,凡是涉及限制上述政治程序的法律,将受到较诸其余多数类型的立法更为严格的司法审查。

惟本案也无需探究的是,针对特定的宗教、国族或者种族少数所制定的法律,可能需要相对上更为缜密严格的司法审查;针对孤立而对外隔绝的少

---

① 282 U. S. 251(1931).

② Louis A. Warsoff, *The Weight of the Presumption of Constitutionality Under the Fourteenth Amendment*,18 B. U. L. Rev. 321(1938).

③ 304 U. S. 144(1938).

④ 283 U. S. 359(1931).

⑤ 303 U. S. 444(1938).

⑥ 304 U. S. 152(1938);【美】John Hart Ely 著:《民主与不信任》,刘静怡等译,商周出版社2005年版,第113—114页。

数所形成的偏见,是否可能是一种特殊的状况,极为可能严重削弱和少数的保障紧密相关的政治过程的运作,因而相对而言也需要比较缜密严格的司法审查。

但是,联邦最高法院这一立场在20世纪六七十年代也发生了一定变化:一方面处理平等权案件时,其对于法律合宪性问题则要暧昧得多,尽管在多数情形下,仍然适用合宪性推定原则,但在一些情形下也适用违宪推定原则;另一方面在有关正当程序的案件中,联邦最高法院的立场发生了逆转,其再次对系争法律采取强的合宪性推定。在 *Usery v. Turner Elkhorn Mining Co.* 案判决[1]中,最高法院指出,"到目前,(我们已经)很好地确立了这样一项原则,即系争调整经济生活之负担和受益的法律应受合宪性推定,为此,主张该法律违反正当程序规定者负有证明该法律乃是恣意和不合理的责任。"[2]不过在有关宪法上基本权利的案件中,如宪法第一修正案所保障的表达自由的案件中,联邦最高法院采取了完全相反的路径,适用违宪推定原则。美国联邦最高法院在 *City of Mobile, Alabama v. Bolden* 案判决中便指出:"那些侵犯宪法所明确或者潜在保障的基本权利的法律理所当然应被推定是违宪的。"[3]就这一阶段联邦最高法院关于合宪性推定的适用的见解而言,很显然存在一个前提条件,即首先必须对案件进行分类,根据其所属的分类来决定对其是否适用合宪性推定原则;另外,应当注意的是,系争法律明显抵触宪法或者侵犯宪法所保障的基本权利在某些情形下仍决定联邦最高法院是否适用合宪性推定。就此而言,可以认为合宪性推定是一种法律推定,而非逻辑推定,其是基于一定事实而作出的。

不过,以上主张对于合宪性推定是法律推定的论证并不具有说服力,可以从以下几个方面予以反驳:

一是,在这两种情形下,法院在推定系争法律合宪时无需有充分的证据支持,或者说其与法律推定相比,其并不符合证据规则关于法律推定的要求:其一,一般而言,在适用法律推定时,推定事实和被推定事实之间应当存在合理的联系,即能够从推定事实中推导出被推定事实,否则所作推定不能

---

① 428 U. S. 1(1976).

② 428 U. S. 15(1976).

③ 346 U. S. 449(1953).

成立。^①但是在合宪性推定中对于推定事实和被推定事实——系争法律合宪——的要求并不严格;其二,相比之于法律推定而言,合宪性推定对于证据的证明力要求较低。例如在刑事诉讼中,只有当检方所给出的证据能够排除合理怀疑时,法院才能够对于刑事被告人进行定罪。联邦最高法院大法官约翰·哈兰(John Harlan)在1970年温绪(Winship)一案判决时便指出:"在刑案中,我们要求必须达到没有任何合理怀疑的证明,才能定罪。这项要求是基于因为我们的根本价值观认为,误判一个无辜的人比错放有罪的人更糟。"^②相比而言,合宪性推定并不要求有相关的证据可以排除对于系争法律可能存在违宪的合理怀疑,甚至根本不需要相关的证据,只要表面上(prima facie)看起来如是,法院也可推定系争的法律合宪。或者反过来说,其对于主张系争法律违宪的申请人课加了非常重的举证责任,只有当其所举证据能够排除系争法律合宪的任何怀疑时,系争法律才可能被判定违宪。

二是,所谓的法律推定是基于特定的事实而作出的,但是在上诉的后一种情形中,合宪性推定则是基于案件所属的类型做出的,其毋宁是一种政策性的选择。

最后,合宪性推定在很大程度上受到了法院对于立法机关和行政机关态度的影响。一般而言,当法院采取司法消极主义时,会更多地适用合宪性推定。而一旦法院采取司法能动主义时,则会更多地适用违宪推定。而法律推定乃是基于特定事实之上,经由严密的论证推导而出的,其通常不受法院的司法能动主义态度的影响。

(三)合宪性推定不是(限定)合宪性解释

目前我国大陆的学者多数错误地认为:合宪性推定等同于或者包含合宪性解释。^③究其原因,或者因为合宪性推定与合宪性解释具有某种程度上的相似性,二者都体现了一定程度的司法谦抑,即违宪审查机关对立法机关表现出充分的尊重,避免作出违宪的判断。然而,若将合宪性推定与(限定)合宪性解释放到宪法裁判的过程中去考量,我们就可以发现二者之间实

① *Constitutionality of Statutory Presumptions in Criminal Cases*, 48 Harv. L. Rev. 104(1934).
② 【美】亚伦·德萧维奇著:《合理的怀疑:从辛普森案批判美国司法体系》,高忠义、侯荷婷译,商周出版社2001年版,第55页。着重号为笔者所加。
③ 如前揭欧爱民等文。

际上存在的某种程度上的递进的关系。合宪性推定是先于(限定)合宪性解释而存在的。也就是说,违宪审查机关在处理宪法问题时,首先推定系争法律违宪。然而,正如此前所提出的,这种推定是可以证伪的。于是,就会出现以下几种情况①:

1. 系争法律的文字及意义清晰。在这种情形下,只要有充分的证据证明系争法律存在违宪的情形,则应裁定系争法律违宪,不得对其作相反的解释;反之,则作出合宪判决。

2. 系争法律的文字及意义模糊。只有在这种情形下,才可能出现合宪性解释的可能。也就是说由于系争法律的文字及意义模糊,可能会出现多种解释。这时只要人民一方所给出的证据无法充分有效地证明系争法律违宪或者其违宪情节轻微,那么,基于司法谦抑,违宪审查机关应当选择对系争法律的诸多解释中合宪的解释。此即一般意义上的(限定)合宪性解释;反之,则应当作出违宪判决。

故此,合宪性推定不是合宪性解释,亦是当然之理。

二、合宪性推定原则的内容

合宪性推定原则的内容主要包括如下几个方面:

(一)合宪性推定是司法谦抑(Judicial self-restraint)的一种表现

1936年,大法官 Harlan F. Stone 于一则关于农产品加工税的规定是否违宪的 *United States v. Bulter* 案判决中,提出不同意见书,主张法院对于法律违宪性的确认,应有所节制,其谓:"法院宣告法律违宪的权力,应受到两项基本原则的拘束,此二原则应始终存于法官的信念中,不可或忘。其一,法院仅能审究制定法律的权限问题,而不能审查法律的内容是否睿智。其二,行政部门及立法部门于违宪行使国家权力时,如应受司法的抑制(judicial restraint),则对于法院行使管家权力的唯一牵制,应是本院法官的自我抑制意识。至于诉请将不智的法律从法典中除去,则非可由法院未知,而应诉诸选票或循民主政府的程序为之。"为此,有权法院在受理有关宪法法律的合宪

---

① 基于本文的目的和文章长度的限制,此处对于合宪性推定和合宪性解释的区别将采取一种过度简单化的二分模式进行考察。不过,应当提醒的是,一旦试图基于此而对合宪性推定和合宪性解释进入更为深入的考察,将会发现这种过度简单化的模型存在诸多弊病,此不可不察。当然,其就本文之目的而言,已经足够。

性纠纷的案件时,除了遵循案件性原则,严格限制就宪法修正案的合宪性问题的争讼,以避免滥诉之外,在审理过程中还应首先推定系争宪法修正案是合理的、合宪的,①即:一方面应推定立法机关在行制定和修改法律时是善意的(bona fide)、负责的(responsible),并且未超越宪法所赋予的修宪权限②;另一方面,还应尊重立法机关的政治智慧,推定其根据其理解与判断而制定和修改的法律正是合理的。③ 非有重大且明确的理由不得判定系争法律违宪。正如有的法官所指出的,"永远不要忘记,(合宪性)推定倾向于推定系争法律合宪有效。仅当立法机关明显越权、法律与宪法明显相冲突,法院才不得宽恕之。只要此存在任何疑问,则法院不得干预之"④。

（二）合宪性推定原则主要体现在证明责任分配上

一般认为,推定的重要作用之一就是科以争讼一方以证明责任;⑤同样地,合宪性推定也对宪法诉讼中的举证责任进行了分配,即主张系争法律违宪的人民一方有责任出具证据(Production of evidences)对推认系争法律合宪的推定进行反驳,证明系争法律确实存在违宪的情形。而通常而言,在诉讼中,申请人⑥和提出相反的主张者负有证明责任,⑦就此而言,在宪法性诉讼中,相对于国家一方,人民负有较重的证明责任。在人民一方为申请人时,根据案件性原则,其不仅应当证明自己的权利确实因为系争法律而受到侵害,还必须证明立法机关在立法过程中违反法定的程序或者超越宪法所赋予其的修宪权限,或则系争法律明显不合理,从而应导致系争法律的无效;而在其为被申请人的情况下(此处主要指的上诉案件),其亦有必要证明系争法律违宪。⑧

---

① *Kesavananda Bharati v. State of Kerala*, para. 951, MANU 1973 SC 0445.

② *Kesavananda Bharati v. State of Kerala*, para. 1253, MANU 1973 SC 0445; *Smt. Indira Nehru Gandhi v. Raj Narain*, para. 436, MANU 1975 SC 0304.

③ *Kihota Hollohon v. Zachilhu*, para. 21, MANU 1993 SC 0101.

④ *The Cincinnati, Wilmington & Zanesville R. R. Co. v. Comm'rs of Clinton County*, 1 Ohio St. 77, 82-83 (1852), in Michael L. Strokes, *Judicial Restrain and the Presumption of Constitutionality*, 35 U. Tol. L. Rev. 354(2004).

⑤ Louis A. Warsoff, *The Weight of the Presumption of Constitutionality Under the Fourteenth Amendment*, 18 B. U. L. Rev. 320(1938).

⑥ *A. K. Gopalan v. State of Madras*, 1950 SCR 95.

⑦ *Kesavananda Bharati v. State of Kerala*, para. 1746, MANU 1973 SC 0445.

⑧ *Chiranjit Lal Chowdhuri v. Union of India*, para. 10, MANU 1950 SC 0009.

三、关于合宪性推定原则的争论

（一）合宪性推定原则与违宪审查

合宪性推定原则正当化的最为重要基础乃是司法谦抑，在一定程度上也可以说是对于反民主困境的审慎回应，小心地回避由司法机关这一非民选机关对于民选的立法机关通过民主程序所制定的法律作出违宪判断可能导致的诘难。

然而，正如批评者所指出的，在许多情形下合宪性推定原则很有可能被滥用，从而和"政治问题原则"（Doctrine of political questions）一样，成为违宪审查机关援以回避某些宪法争议的藉口，而使人民曝露于因公权力滥用而受侵害的危险之中。且权力必然导致腐败，绝对的权力必然导致绝对的腐败，这乃是一个基本常识。正是基于这一经验，各国的制宪者在起草宪法时，多数对立法机关的权限予以限制①，并赋予人民以抵抗公权力侵害的基本权利。② 为此，不应过分地强调"合宪性推定"，将判断系争法律的合宪性问题交由立法机关自行处理或者交由人民处理，否则，不仅失却了宪法设制分权制衡原则的意义，而且严重者，亦可能导致社会秩序的混乱、造成宪法的破毁，这无疑是违背制宪者的意图的。

不过，个人以为，批评者所主张的乃是一种十分极端的情形，其在实践中并非一种常态，并且忽视了某些可能适用违宪推定的情形，从这一点上讲这种批评即使并非没有足够现实依据，仍有失片面。另外，即便采取合宪性推定，并不排除法院在必要的情形下对系争的法律的合宪性问题作出违宪判断的可能性。③ 最后，应当注意的是，就各国的实践而言，违宪审查机关的负担日益繁重，故而，为避免讼累亦有采用合宪性推定以为过滤的手段的必要；况且，频繁启动违宪审查程序，不仅可能损害国家机关的权威，也会损害宪法本身的权威，并可能过度束缚立法机关和行政机关的手脚，使之从属于司法，战战兢兢，而致阻碍社会发展。

---

① 各国对于立法权的限制主要表现在如下几个方面：一、明定立法机关的权限，对其立法事项采用列举方式予以规定；二、规定立法程序；三、设立违宪审查机关或者其他补救措施。

② *Kesavananda Bharati v. State of Kerala*, para. 1190, MANU 1973 SC 0445.

③ *In Re. the Hindu Women's Rights to Property Act*, 1941 FCR 12.

（二）是否违反司法中立原则

一般认为，恪守中立乃是司法客观、公正的应有之义；即有权法院在处理宪法问题时，应秉持客观、公正的态度，依据有关的事实和推理进行裁判，而不能怀有肯定立法者合宪的预设立场，否则将违反司法的客观性和公正性，也破坏违宪审查制度。而合宪性推定原则乃公然地宣称作为裁判者的法院将偏袒立法机关一方，而推定系争法律合宪，既不公正也不客观，未免令人齿冷。

从表面上看，采用合宪性推定原则，确有偏袒作为当事人一方的立法机关之嫌。但是，对于此，也存在不同的主张。有的人便指出，实际上一旦其主张对某个宪法争议的管辖权或者受理了某宪法争议，就意味着其对于立法机关存有怀疑，认为可能存在越权或者权力滥用的情形，即其是以系争法律可能违宪为前提的，从这一点上讲，其所采用的实际上是违宪推定。倘若联邦最高法院最后维持了系争法律的合宪性，所谓的合宪性推定只是作为合理化最后所达致的结果的一种手段；而倘若联邦最高法院最后判定系争法律违宪，则合宪性推定原则的论辩不过是对于败诉方的一种无足轻重的安慰。① 换而言之，所以张扬合宪性推定，不过是违宪审查机关为其对于立法实施审查寻求正当化藉口而已。

笔者认为，上述两种批评从一定意义上讲都是正确的。然而，应当注意的是，合宪性推定作为一种假定，只要有充分的证据，是可以予以推翻的，从这一点上讲，合宪性推定并未违背司法的客观原则；至于其是否违反中立原则，从司法审查的实践来看，只是在主张合宪性推定的案件中，仍不乏裁定系争法律违宪的情形，故此，适用合宪性推定原则是否有违司法中立必须就个案加以考察，不宜断然而下结论。

（三）是否不利于个人基本权利的保障

对于合宪性推定原则的另一个比较有力的批评，便是认为这一原则的适用不利于人民基本权利的保障。该主张认为，由于合宪性推定原则的适用，使得人民一方负有比立法机关更重的证明责任；而法谚有云："证明责任之所在，败诉风险之所归。"人民很有可能因为证明责任的分配而处于劣势；何况，相对于国家而言，在多数情况下，人民既无财力也无以对抗国家。此外，学者还指出，由于合宪性推定原则的适用，特别是在书面审判过程中，那

① *Notes：The Presumption of Constitutionality*，31 Columbia Law Review 1137（1931）.

么,人民一方将不能充分有效地对政府一方的主张进行反驳,因此,也很可能会处于不利地位。①

此外,应特别指出的是,合宪性推定原则与无罪推定原则之间存在一定的龃龉。设若宪法诉讼的内容包含系争刑法的实体规定的合宪性问题,那么,在这一情形下,适用合宪性推定则要求刑事被告人负责证明该系争规定违宪,就其逻辑而言,则意味着推定刑事被告人依照刑法的规定应为有罪,即实际上采行的是有罪推定。是故,在与刑事诉讼相关的宪法诉讼中一旦采行合宪性推定,将导致有罪推定,这与无罪推定相矛盾,不利于刑事诉讼被告人的权利的保护。

以上两个批评,对于合宪性推定原则而言,可以说都击中痛处,不过,并不足以致命:

就第一个批评而言,确实可以认为,由于合宪性推定原则的适用增加人民一方的证明责任,然而,这也只是指在上诉案件中人民为被申请人的情形;在一般情形中,根据"谁主张、谁举证"这一原则,人民理应负有证明责任;另外,保持一定稳定性乃是维系法律的生命和权威的重要因素,从而是维持社会秩序的重要手段之一。倘若完全舍弃合宪性推定原则,而采取所谓"有利于人民基本权利保障"的违宪推定,不仅法律的生命和权威会因之受到损害,社会秩序亦将因为法律关系所赖以存立的基础处于飘忽不定的疑问状态而亦处于不稳定状态。就此而言,其最终受害的仍然是人民本身。

至于第二个批评,早在 1934 年的 *Morrison v. California* 案判决②中,美国联邦最高法院便已经有明确的回应。当时加利福尼亚州的《外国人土地法》(*The Alien Land Law of California*)禁止将土地租借或者出售给外国人或者不具归化资格的人,一旦违反此项规定则可能构成谋叛罪。该法同时规定,由被告(承租人)应证明其具有国籍或者归化的资格。在判决中,最高法院指出:一方面,该法推定承租人不具美国国籍或者归化的资格,同时,因租赁关系的存在而推定承租人知道这一点,是十分武断或者恣意的;③另一方面也

---

① Louis A. Warsoff, *The Weight of the Presumption of Constitutionality Under the Fourteenth Amendment*, 18 B. U. L. Rev. 319(1938).

② 291 U. S. 82(1934).

③ 291 U. S. 90~92(1934).

无必要免除检方证明承租人为外国人或者不具归化资格的人的义务。[①]

另外,应当特别注意的是,随着 Carolene 案所提出的固化和细化,这一个问题可以说已经得到根本的解决。正如学者所指出的,基于宪法保护人民基本权利之本旨,当基本权利之保障范围受到国家权力之限制或者侵害时,吾人必须进一步检验该项国家行为是否合乎宪法意旨,亦即国家必须为其侵害行为提出"阻却违宪事由"。质言之,国家行为若侵及人民基本权利之基本范者,吾人通常可以视为一种违宪之征兆,从而,除非国家能够提出宪法上正当之理由,否则即构成对人民基本权利之违法侵害,换言之,国家负有提出合宪理由之"举证责任",此为基本权利规范作用之当然解释。就此而言,这种担心根本是多余的。

(四)合宪性推定原则有无存在的必要

除以上几点批评外,学者还指出:随着现代司法对于证明责任的要求日益提高,只要"互为联系、互相结合的一系列因素"[②]确能证明系争立法存在不合理(irrational)的情形而应予以宣布违宪无效,就可以据之而定系争法律违宪,从这一点上讲,由于合理性基准(doctrine of rationality)的适用,根本无违宪推定适用的余地,在那些宪法问题的解决完全决定于事实问题的情形下更是如此;换言之,合理性基准取代或者排除了合宪性推定原则。

这种主张和 Richard A. Posner 法官所主张的法律实用主义(pragmatism of law)或者说法律经济学可以说有异曲同工之效,二者均强调对于法律的实效或者效益展开考察,并主张只要根据有关的成本分析即可以作出有效的判断。故此,对于法律实用主义的批评基本上也可以适用于此类主张。就此而言,我认为可以提出如下几点反驳意见:

一是,这种见解将法律转化为所谓成本效益分析,然而,应当记住的是,多数法官的智识有限,并不能有效地完成成本效益分析,为此,其不具有可行性和普遍的可操作性;

二是,这种主张实质上将法官置于立法者的地位,使法官成为决策者。由于违宪审查机关所作判决或者解释在很大程度上具有接近于宪法文本本身的效力。故此而言,一旦将此种方法运用于宪法裁判过程中,将使得违宪

---

① 291 U. S. 93~96(1934).

② 澳门高等法院 1993 年第 005 号诉讼案,载澳门高等法院编:《司法见解 1993 年》,官印局 1996 年版,第 11 页。

审查对于立法进行全面的渗透和干预，从而使立法机关附丽于违宪审查机关。这无疑是对分权原则的破坏；

最后，需要指出的是，这种做法，多数情况下会将宪法搁置一旁，使之成为无用的摆设，这无疑会严重损害宪法的权威，而这与违宪审查机关作为宪法守护者的身份无疑是自相矛盾的。

综上而言，随着证明责任负担的加重和合理性基准的提出，合宪性推定原则的适用范围，的确在一定程度上受到了限缩①。但是，这也并非意味着即可以以合理性基准取代合宪性推定。因为在某种程度上，或许可以说，合宪性推定是宪法裁判的一种前提或者立场，而合理性判断毋宁是一种实质的审查过程或者证明过程，二者之间存在一定的交叉和重合，但并不能以之取代合宪性推定。

另外，此处仍应强调的是，对于立法机关所制定的法案，违宪审查机关给予并且应当给予一强的合宪性推定。这不仅仅是一个礼貌的姿态，它是对于立法机关以宪法规定的多数而作出的，认为某项法律乃是属于法律所授予其的权限范围之内，或者该法律乃是执行此项权力所必需的而且是妥当的审慎（*deliberative*）判断的尊重（*deference*）。但仅当在看起来立法机关对于系争的问题已经予以考量，并且其明显已经得到审慎的解决的情形下，此时合宪性推定的理论上和实践上的证明力最强。②

---

① 关于这一点，美国最高法院对于死刑的合宪性问题的处理即是一个力证。在诸多案件中，最高法院案件通过所谓的"合宜行为基准"统计人民对于死刑的态度而去确定死刑是否宪法第八修正案所禁止的"残酷且非常的刑罚"。不过，在 2005 年的 Roper v. Simmons 案判决中，543 U. S. 551（2005），Scalia 大法官在由其执笔与时任首席大法官的 Rehnquist 与 Thomas 大法官不同意见书即指出，所谓的演化中合宜行为基准是一个十分荒唐的概念，如果 Hamilton 时至今日还活着，那么最高法院的此一主张将令其瞠目结舌，因为：最高法院不是说其此前有关死刑是否合宪的判决错了，而是说这十五年来宪法变了；最高法院并非根据宪法第 8 修正案的原意（Original meaning），而是根据我们的国家目前所谓合宜行为观作出了其判决。为此，有学者主张，应当对联邦最高法院此种解释的野心进行适当的限制，尽管许多学者赞同 Charles Evans Hughes 所说的"我们在宪法之下，但法官所说的即是宪法"这样一种过激的观点。但是，更多的学者则主张，即使此种见解在某种程度上反映了普通法中法官造法的传统，但是这种造法依然是受到文本本身的限制的。John Hart Ely 则强调，无论一个人对于系争的法律条款有多讨厌，但是即使如此，法院亦无权适用一条非文本所有的规则。参见柳建龙：《死刑合宪性审查的法理：演化中的合宜行为基准》，《南阳师范学院学报》，2007 年第 5 期。

② *United States v. Five Gambling Devices*，346 U. S. 441，449（1953）.

结语

正如此前所指出的,合宪性推定原则是宪法学,特别是宪法裁判的一个重要的概念;然而,在中国大陆,一则宪法学研究仍属蹒跚学步阶段,二则早期由于各种文献缺如,学者的研究仍不免存在诸如缺漏。故而,对于其进行重新梳理极有必要。故此,拙文一方面试图对于合宪性推定原则的概念及内容作了简单的梳理,俾能明确合宪性推定原则与(限定)合宪性解释之间的差异与合宪性推定原则的性质与内涵;另一方面试图对厘清合宪性推定的有关争议,从而明确合宪性推定原则的存立基础以及该原则本身所存在的不足,进而明确其适用的范围。不过,正如读者所看到的,拙文的研究仍只是一个初步的、较为宏观的研究,而如合宪性推定原则的理论基础及其适用,其与司法谦抑、举证责任、无罪推定等的关系各个问题,仍然有待于将来的进一步深入和展开。

第二部分　**合宪性解释原则的应用**

人大主席团产生办法的合宪性

问题的提出

各级人大会议主席团（以下简称主席团）在民主政治生活，特别是人民代表大会制度的运作过程中发挥着重要作用，在各级人大开会期间主席团有主持人大会议，决定议案、罢免案、质询案的审议程序，提出议案和罢免案，人事提名、许可对人大代表的逮捕和审判，主持宪法宣誓等多种职能。宪法第六十一条第二款、全国人民代表大会组织法第十一条第一款、地方各级人民代表大会和地方各级人民政府组织法（2015 年修订）第十三条第一款、全国人民代表大会和地方各级人民代表大会代表法（2015 年修订；以下简称代表法）第十一条第五款等对各级人大会议主席团产生办法作了规定，全国人民代表大会议事规则第五条和第八条以及众多地方人大议事规则则作了进一步具体化规定。依照规定，主席团应在各级人大召开会议时由预备会议选举产生，实际上却是由预备会议以一揽子表决方式通过的，这事实上将主席团产生办法由"选举"变更为由"决定"，从而产生了合法性和合宪性疑问，但是，无论是理论界抑或是实务界，均未予以充分关注。

从现有资料来看，较早关注主席团产生办法的合宪性和合法性问题的主要是人大工作人员。余潮坤的《注意人大主席团产生的合法性》一文对某些地方人大议程"通过大会主席团和秘书长名单"的表述以及实践中以通过人选代替选举的办法产生主席团的做法提出质疑，主张此类做法可能违法。[1] 其后，武春也有批评指出，《举手选举主席团有悖于代表法的规定精神》；[2] 江山市、凤阳县、贤进县、金华市、舟山市等地人大常委会工作人员陈道斯、武春、徐建华、唐宇荧与冯国海关于《人代会主席团成员要不要投票表

---

① 余潮坤：《注意人大主席团产生的合法性》，《人大研究》1996 年第 3 期，第 15—16 页。
② 武春：《举手选举主席团有悖于代表法的规定精神》，《人大研究》2012 年第 8 期，第 19 页。

决?》的笔谈也对相关问题作了简要的讨论,形成了正反两种意见;张玉华的《人民代表大会会议主席团发挥作用的实践与思考》也有涉及。① 此外,一些较具体系性的硕士论文②对主席团产生办法的合法性或者合理性也提出了批评。这些研究成果都较明确地指出,现有主席团的产生办法与宪法、法律规定不一致,在一定程度上可能侵害了代表的选择权,以致违反民主原则,滋生合宪性和合法性疑问,但同时指出,考虑到主席团的虚权性、在确定主席团名单时已作广泛协商以及效率原则的要求,这在一定程度上起到了阻却违宪性或者违法性的作用,因此主张主席团产生办法的变更并不违宪、违法。不过,需要指出的是,一些问题尚有进一步拓展和深化的空间,例如主席团职权的性质,主席团产生办法是否应遵循民主原则和效率原则以及在多大程度上遵循了这两个原则,能否以效率原则正当化主席团产生办法之违反民主原则,是否应当对不同层级人大的主席团作出区别对待,等等。为此,本文将试图进一步拓展和深化相关讨论,具体而言:首先拟介绍主席团的职能和产生办法,明确主席团产生办法可能存在的问题,而后详细分析主席团产生办法是否违背民主原则和效率原则,进而提出可供选择的解决方案。

一、主席团的职能、产生办法及其问题

（一）主席团的职能

尽管主席团在性质上是人大会议的临时机构,不过,宪法、全国人民代表大会组织法、代表法、地方各级人民代表大会和地方各级人民政府组织法、立法法以及相关的人大议事规则等赋予了主席团多项职能,主要有:1. 主持和组织人大会议的权力,具体而言包括:决定会议进行、选举和表决议案的方式;③主持人大会议;④决定发言顺序和许可代表在大会全体会议上

① 张玉华:《人民代表大会会议主席团发挥作用的实践与思考》,《人大研究》2017 年第 11 期,第 33 页。

② 如刘玉新:《中国人大主席团制度研究》,中国人民大学硕士 2005 年硕士学位论文（指导教师:莫于川）;罗伟帆:《全国人大主席团制度探析》,南京大学政治学院理论硕士 2015 年硕士学位论文（指导教师:闾小波）;文学佳:《我国全国人大主席团的性质》,中国青年政治学院法学院 2016 年法律硕士（法学）学位论文（指导教师:马岭）。

③ 《中华人民共和国全国人民代表大会议事规则》第十条、第十九条。

④ 《中华人民共和国全国人民代表大会组织法》第十二条;《中华人民共和国地方各级人民代表大会和地方各级人民政府组织法》第十三条第三款、第十五条第一款。

作临时发言;主持大会选举和表决,宣布和公布选举或者表决结果;组织宪法宣誓;①决定议案、罢免案、质询案的审议程序,组织各代表团审议列入大会议程的议案;2. 提名权。提名应由人大选举产生的中央或者地方国家机关领导人和各专门委员会主任委员、副主任委员和委员的人选,经代表团酝酿协商后确定正式候选人名单;②3. 提案权。主席团可以向本级人大提出属于其职权范围内的议案③和罢免案④;4. 在人大开会期间,许可对人大代表的逮捕和刑事审判。⑤ 此外,需要特别指出的是,由于乡镇人大不设常务委员会,为此,法律赋予其主席团较之县级以上人大主席团更多职能,具体包括:召集下次人大会议⑥;"在本级人民代表大会闭会期间,每年选择若干关系本地区群众切身利益和社会普遍关注的问题,有计划地安排代表听取和讨论本级人民政府的专项工作报告,对法律、法规实施情况进行检查,开展视察、调研等活动;听取和反映代表和群众对本级人民政府工作的建议、批评和意见。主席团在闭会期间的工作,向本级人民代表大会报告"。⑦

就上述职能而言,主席团并非通常所谓"虚权的"临时机构,其不仅承担程序性职能,也承担实质性职能,因此,有些人认为它是人大的领导机构⑧或者"微型代议机构",⑨实践中也有些人不自觉地将主席团凌驾于大会

---

① 如《全国人民代表大会常务委员会关于实行宪法宣誓制度的决定》第三条,《北京市国家工作人员宪法宣誓组织办法》第六条、第九条、第十一条,《山西省组织实施宪法宣誓办法》第四条,《青海省实行国家工作人员宪法宣誓制度办法》第四条、第九条,等等。

② 《中华人民共和国全国人民代表大会组织法》第十三条、第三十四条第三款;《中华人民共和国地方各级人民代表大会和地方各级人民政府组织法》第十八条第一款、第二十一条、第三十条第二款。

③ 《中华人民共和国全国人民代表大会组织法》第十六条;《中华人民共和国地方各级人民代表大会和地方各级人民政府组织法》第十八条第一款。

④ 《中华人民共和国全国人民代表大会议事规则》第四十四条;《中华人民共和国地方各级人民代表大会和地方各级人民政府组织法》第二十六条。

⑤ 《中华人民共和国全国人民代表大会组织法》第四十九条;《中华人民共和国地方各级人民代表大会和地方各级人民政府组织法》第三十五条。

⑥ 《中华人民共和国地方各级人民代表大会和地方各级人民政府组织法》第十五条、第十六条。

⑦ 《中华人民共和国地方各级人民代表大会和地方各级人民政府组织法》第十五条。

⑧ 刘玉新:《中国人大主席团制度研究》,中国人民大学硕士 2005 年硕士学位论文(指导教师:莫于川),第 17 页。

⑨ 文学佳:《我国全国人大主席团的性质》,中国青年政治学院法学院 2016 年法律硕士(法学)学位论文(指导教师:马岭),第 23 页。

之上，以之取代大会。① 不过，个人以为此类观点不无商榷的余地：首先，从人民代表大会制度的原理看，不能认为主席团和人大会议之间存在实质性隶属关系，否则，必然掏空各级人大作为"国家权力机关"的内涵，从而抵触人民主权原则；其次，无论是从理论还是从实践看，主席团虽然承担着诸多实质性职能，但主要职能仍是负责人大会议期间的程序性事务，这些实质性职能并未改变它的法律地位。就此而言，应当区分以下三种情形予以对待：（1）就提出议案或者罢免案等实质性权力而言，主席团的法律地位与人大常委会、"一府一委两院"、代表团或者代表联名等主体相当，且其提案也只具有启动立法程序或者罢免程序的功能，不能将之等同于人大最终的决定，故不能认为它具有凌驾于大会之上的权力；（2）就提名权而言，倘若仅从字面出发，似可以认为主席团承担着一定实质性职能，不过，该判断显然不符合实际的政治过程，毕竟主席团的提名权只是名义性的，候选人名单实际上是执政党经民主协商后确定的；（3）需要特别指出的是，从表面上看，就决定会议进行、选举和表决议案的方式，决定议案、罢免案、质询案的审议程序以及许可对人大代表的逮捕和刑事审判而言，主席团仍可对大会产生实质性影响，②但宪法、法律以及议事规则也对其作了相当严格限制，以质询案为例，全国人大常委会法工委在 1989 年 4 月 18 日对四川省人大财经委和 1989 年 9 月 16 日对四川省人大常委会的答复中已经明确指出，主席团只是决定对质询案答复的形式、场合，而不是决定质询案是否成立、交不交受质询机关答复，③这在一定程度上也使得上述职能趋向于"程序化"。综上，尽管主席团也承担一定实质性职能，但其主要职能仍是程序性的。

（二）主席团的产生办法

就实定法而言，宪法第六十一条第二款、全国人民代表大会组织法第十一条第一款以及地方各级人民代表大会和地方各级人民政府组织法第十三条第一款和第十五条规定：县级以上人大主席团由各级人大在举行会议前举行预备会议选举产生，乡镇人大主席团由乡镇人大举行会议时选举产生。

---

① 周怡、许锡珠：《大会主席团职权探讨之一》，《人大研究》1997 年第 2 期，第 5 页。

② 文学佳：《我国全国人大主席团的性质》，中国青年政治学院法学院 2016 年法律硕士（法学）学位论文（指导教师：马岭），第 23 页。

③ 刘玉新：《中国人大主席团制度研究》，中国人民大学硕士 2005 年硕士学位论文（指导教师：莫于川），第 36 页。

全国人民代表大会议事规则以及为数众多的地方人大议事规则对主席团的产生办法作了进一步具体化。实务上,各级人大主席团人选的产生则一般经历如下四个阶段:

1. 提出名单草案。县级以上地方人大一般先由党委组织部门和人大常委会有关工作机构提出主席团的人选,经主任会议讨论,报党委原则同意,再提请人大常委会(换届时则为上届人大常委会)会议讨论、确定名单草案。① 至于全国人大和乡镇人大主席团名单草案是如何形成的,并未找到直接相关的资料,不过,鉴于执政党在国家政治生活中的作用以及中央和地方政治过程的同构性,尤其是考虑到下级人大通常会参考和模仿上级人大的运作方式,②在这种情形下,或可比照县级以上地方人大主席团名单草案和国家机关组成人员候选人名单草案的形成过程推导全国人大和乡镇人大主席团名单草案的形成过程,换言之,有理由相信二者名单草案的形成过程与县级以上地方人大主席团形成过程大致相当。

2. 酝酿并形成最终名单草案。名单草案形成之后,则由县级人大常委会(乡镇人大则由主席团)在人大召开预备会议前提交各代表团讨论,提出意见,如果较多代表团对主席团名单草案有不同意见,县级人大常委会(乡镇人大则由主席团)可以提出调整意见。③ 县级人大常委会(乡镇人大则由主席团)可以根据代表的意见作出解释,在必要的情形下也可能对主席名单草案进行调整。不过,一般而言,代表并不提名主席团候选人。

3. 表决通过主席团名单草案。主流观点认为,由于主席团只是会议的主持者,所以主席团成员的选举不能过于繁琐,为此,一般采用一揽子表决方式而非选举方式产生主席团成员。易言之,最终名单草案形成后,常委会

---

① 舟山市人大常委会研究室冯国海等:《人代会主席团成员要不要投票表决?》,《浙江人大》2012 年第 9 期,第 59 页。

② 张玉华:《人民代表大会会议主席团发挥作用的实践与思考》,《人大研究》2017 年第 11 期,第 33 页;武春:《主席团主持人代会的实现形式》,《人大研究》2017 年第 11 期,第 32 页。

③ 乔晓阳主编:《中华人民共和国全国人民代表大会和地方各级人民代表大会代表法导读与释义》,人民出版社 2010 年版,第 78—79 页。

或者主席团提请预备会议对整个名单进行表决而非逐人表决。① 正因为如此，在官方文件和新闻报道中容易把预备会议选举人代会主席团报道为预备会议通过人代会主席团名单②，例如，《第十三届全国人民代表大会第一次会议主席团和秘书长名单》中就表述为"2018 年 3 月 4 日第十三届全国人民代表大会第一次会议预备会议通过"。至于主席团名单草案的表决方式也不一，主要包括鼓掌通过、举手表决或者电子表决器表决，个人至今未发现采用无记名投票的例子。

4. 公布主席团名单。相关法律和议事规则并未规定由谁公布主席团和秘书长名单，从实际情况来看，一般由预备会议予以公告。

（三）现有主席团产生办法引发的合宪性问题

从先前的介绍中可以发现，主席团的实际产生办法与相关规定之间存在冲突，由于实践中对主席团成员名单草案采用一揽子表决的办法予以决定，使得代表无从对其中的部分候选人表示赞同、反对或者弃权，更无从另选他人，大幅限缩了代表在"选举"时所享有的选择权，事实上将主席团产生办法由"选举"变更为"决定"，即，代表既不能提名候选人，也不能选择性地投票，只是对法定提名人提出的人员表示同意或者反对，③从而引发合法性或者合宪性疑问，此种做法是否不当限缩了人大代表的选举权，违反民主原则，从而违宪或者违法？尽管从表面上看，现行主席团的产生办法的确存在合宪性或者合法性疑问，但是否实质违反宪法和法律，则应综合考量主席团的产生办法是否会影响人大功能的有效发挥予以确定。易言之，主席团的产生办法应当兼顾民主原则和效率原则，即应当综合考量主席团权力的性质，主席团人选的确定过程，它对人大功能能力的影响，全国人大和主席团的规模、会期的长短以及代表的同质性和政党的影响力等多项因素予以判断。下文将就此予以讨论。

---

① 需要指出的是历史上最早的几次全国人大会议并没有预备会议，及至 1958 年 1 月一届人大五次会议始召开预备会议，此后成为惯例。1982 年 12 月修订全国人民代表大会组织法时，方将预备会议作为固定的制度明确地用法律规定下来。参见许崇德主编：《中国宪法》，中国人民大学出版社 2010 年第 4 版，第 155 页。

② 张玉华：《人民代表大会会议主席团发挥作用的实践与思考》，《人大研究》2017 年第 11 期，第 34 页。

③ 蔡定剑著：《中国人民代表大会制度》，法律出版社 2005 年第 4 版，第 346 页。

二、主席团产生办法与民主原则

就主席团产生办法的合宪性和合法性而言,核心问题在于它是否违反了民主原则。民主是宪法存在和发展的基础,[1]民主原则作为政治过程秩序的指导原则,[2]特别是在普遍实行代议制政体的现代社会中,更是构成了宪法体系运作的指导原理和基础,[3]因此各国宪法都以不同形式确认了民主的意义与功能,我国宪法亦然。它不仅在序言中申明民主是国家合法性的基础,追求的目标,更在正文中重申人民主权原则,规定和保障人民行使主权的方式,确立国家机关组织和活动的基本原则民主集中制原则。总而言之,"一切权力属于人民这是我国国家制度的核心内容和根本准则"[4],而人民代表大会制度作为我国的根本政治制度,也是人民当家作主的主要制度形式,必须坚持和体现民主原则。[5] 与之相应,作为人民行使国家权力的机关,各级人民代表大会是民主原则具象化的主要途径,唯有如人民代表大会本身以及其所属的各种常设或者临时性机构的组织和活动都坚持和体现民主原则,才能确保人民当家作主的实现,主席团也不例外。

不过,应依据什么标准认定主席团产生办法是否合乎民主原则呢?已故政治和民主理论泰斗罗伯特·A. 达尔指出"当且仅当作出统治的过程同人民主权的条件以及政治平等的条件相容时,一个组织才是民主的"。[6] 他同时也为判断政治过程是否民主提供了可资借鉴的标准。在《论民主》《民主及其批评者》等书中,他指出,民主过程的判断标准主要包括有效的参与、投票的平等、充分的知情、对议程的最终控制、成年人的公民资格等五项。[7] 由于此处所讨论的是主席团的产生办法,系代表机关内部的运作,不至于发生成年人的公民资格的疑问,且我国早已实行普选制,故对第五项标

① 韩大元、林来梵、郑贤君著:《宪法学专题研究》,中国人民大学出版社 2008 年第 2 版,第141 页。

② 【德】康拉德·黑塞著:《联邦德国宪法纲要》,李辉译,商务印书馆 2007 年版,第 104 页;Konrad Hesse:Grundzüge des Verfassungsrechts der Bundesrepublik Deutschland,20. Aufl. ,C. F. Müller,S. 59.

③ 韩大元、林来梵、郑贤君著:《宪法学专题研究》,中国人民大学出版社 2008 年第 2 版,第141—142 页。

④ 彭真著:《论新时期的社会主义民主与法制建设》,中央文献出版社 1989 年版,第 148 页。

⑤ 徐秀义主编:《乡镇人大建设的理论与实践》,中国人民公安大学 1995 年版,第 43 页。

⑥ 【美】罗伯特·达尔著:《民主理论的前言》,顾昕、朱丹译,生活·读书·新知三联书店1999 年版,第 50 页。

⑦ 【美】罗伯特·达尔著:《论民主》,李柏光、林猛译,商务印书馆 1999 年版,第 43 页。

准下文将不予涉及。具体展开如下：

（一）主席团名单草案的确定与民主原则。判断主席团名单草案的确定是否合乎民主原则，应当从两方面加以考虑：一是代表们对候选人是否充分知情，即在合理时间范围内，所有的代表是否有平等、有效的机会了解各种备选项及其可能后果；[①]二是代表们是否有效地参与了名单的设定，即，在作成决定之前，所有成员应有平等、有效的机会让其他成员知道其对政策应该是什么样的的看法。[②] 就实务而言，舟山市人大常委会研究室的冯国海认为，"从主席团成员候选人产生背景看，一般由党委组织部门和人大常委会有关工作机构提出，经主任会议讨论，报党委原则同意，再提请人大常委会会议讨论，确定名单草案。在人代会预备会议选举前，将名单草案提交各代表团酝酿，征求代表意见，确定正式候选人后，才提交预备会议表决选举。由此可以看出，主席团候选人的提出，程序上已经相当完美，对代表依法行使职权已有充分的保障。如果代表对其中个别候选人确有不同意见，人大常委会可以作出解释，甚至进行调整"。[③] 易言之，经由提出名单草案-讨论、酝酿-确定名单草案，代表对主席团候选人已有充分了解，同时也有平等、有效的机会就候选人名单发表意见，甚至提出替代方案——这在一定程度上也可以视为代表参与主席团候选人提名的一种方式。[④] 正是考虑到在确定主席团名单草案时，代表们在对候选人已有充分了解的情形下，并平等、有效地参与其他候选方案的讨论和名单草案的确定，这在一定程度上实现了选举的目的，并在相当程度上确保了主席团人选的民主基础，降低了一揽子表决方式的违法程度，也正是基于此，实务中有相当一部分人大研究工作人员主张可以采用"表决"方式，乃至鼓掌通过或者举手通过决定主席团人选。

不过，也有人指出，"在实践中，地方人代会预备会议一般安排时间较

---

① Robert A Dahl, On Democracy, Yale University Press(1998), p. 37；【美】罗伯特·达尔著：《论民主》，李柏光、林猛译，商务印书馆1999年版，第44页。

② 参见 Robert A Dahl, On Democracy, Yale University Press(1998), p. 37；【美】罗伯特·达尔著：《论民主》，李柏光、林猛译，商务印书馆，1999年版，第43—44页；【美】罗伯特·达尔著：《民主及其批评者》，曹海军、佟德志译. 吉林人民出版社，2006年版，第143页。

③ 舟山市人大常委会研究室冯国海等：《人代会主席团成员要不要投票表决?》，《浙江人大》2012年第9期，第59页。

④ 施友松、陈茨编著：《〈中华人民共和国全国人民代表大会和地方各级人民代表大会代表法〉释义及问题解答》，中国民主法制出版社2010年版，第18页。

短,选举大会主席团……先由工作人员宣读名单草案,再由主持人直接以同意、不同意、弃权等举手方式确定通过。……过程过于简单,有走形式之嫌。有些代表对名单草案中的人员并不了解,有分歧也不便表达,难以体现真实意愿。为了落实人大代表的知情权,体现选举人的意志,也为了体现于法周延、于事简便的原则,应在选举前增加介绍主席团构成和人选基本情况环节。先逐一介绍情况,说明推荐理由和选举方式,代表有不同意见可以当场发表,然后举手或按表决器进行合并表决,选举结果以简单多数表决同意通过"。[①] 倘若此种情形大量存在,将严重减损主席团名单的确定的民主基础,从而影响其合宪性和合法性,应当给予关注。

(二)主席团名单的表决方式与民主原则。一揽子表决虽然具有便利的优点,但也滋生疑问:这是否违反民主原则?代表法第十一条第六款规定:"代表对确定的候选人,可以投赞成票,可以投反对票,可以另选他人,也可以弃权。"就此而言,采用一揽子表决的办法,已将主席团的产生办法由"选举"变更为"决定",这无疑限缩了代表的选择自由,使得其无从实现"另选他人"的意愿。不过,这在实质上是否违反了民主原则呢?个人以为不无商榷的余地。恰如有的学者所指出的,"民主国家既系以人民为主而要求国家统治权限的行使,则民主政治当以获得多数的支持为基础,即政府统治的正当性应来自于多数人的支持"。罗伯特·A. 达尔更是明确地指出,在理论上和实务上,与人民民主唯一相容的规则是多数决规则,[②]即,由多数人决定管理自己的公共政策,它也是民主的核心特征之一。——在许多场合下,民主原则与多数决可以交替使用——为此,即便采取决定而非选举的方式产生主席团,只要仍然遵循多数决原则,则尚不能认为它实质性上违反了民主原则,因为:尽管它在一定程度上限缩了代表的选择自由,但是,在就主席团的人选进行表决时,它并未背离"一人一票,票权平等"的一般原则。易言之,它充分保障了所有代表表达其选择的平等机会,而且在确定结果时也予以平等考量。[③] 此外,如果代表不满意其中部分候选人,仍可以通过弃权或

---

① 张玉华:《人民代表大会会议主席团发挥作用的实践与思考》,《人大研究》2017 年第 11 期,第 34 页。

② 【美】罗伯特·达尔著:《民主理论的前言》,顾昕、朱丹译,生活·读书·新知三联书店,1999 年版,第 51 页。

③ 【美】罗伯特·达尔著:《民主及其批评者》,曹海军、佟德志译,吉林人民出版社,2006 年版,第 144 页。

者反对予以表示,并非完全丧失选择机会。

不过,即便抽象而言,一揽子表决方式未实质性抵触民主原则,但对其具体操作方式,尤其是鼓掌通过和举手表决,仍应保持高度警惕:1. 就鼓掌通过而言,平湘、锦长认为它①:(1)缺乏法律依据。人大组织法、选举法以及议事规则均未对之予以规定;(2)不符合人大工作的法治化、规范化的要求;(3)难以全面反映代表的意见。个人以为,除前述三点理由外,尚可以补充如下两点理由:(1)不利于树立正确的民主意识,尤其是监督和被监督意识。无论是从代表的角度看抑或是从主席团成员的角度看,强调大会和主席团之间的选举和被选举(或者决定和被决定)的关系,有助于提高代表的法律地位,摆正关系,②树立正确的民主意识,尤其是监督和被监督意识,确保对主席团的有效监督;尤其是在主要由党政领导担任主席团成员的情形下更是如此。而鼓掌通过不仅不利于前述意识的确立,在相当程度上会让人误以为大会从属于主席团,可能扭曲二者之间关系,进而损害人大的功能能力;(2)难以保障代表意思的真实表达。这是因为:一方面所谓鼓掌通过并不计算反对或弃权的情形,遮蔽了部分代表的真实意思;另一方面即便是代表,也不免和他人一样存在从众心理,接受来自提出名单的领导或者其他议员的暗示,背离自己的决定而投票,③而在民主化程度仍有进一步提升空间的情形下,这种情况尤其值得注意。此外,在这种情形下发生信息级联(information cascade),个人在观察他人先于自己的行为后,倘若认为随大流更加有利,也可能将自己已经掌握的信息弃之不顾。④ 易言之,即便是持不同意见的人未受到暗示影响而改变自己的立场,但在众目睽睽之下,要表示不同意见仍会有较大压力,更何况主席团人选的确定源于集体决定,在相当程度上分散了个人责任,为此,权衡利弊之后,其在裹挟之下表示同意的可能性很高。2. 至于举手表决,舟山市人大常委会研究室冯国海认为"由于会前已对主席团成员进行了充分酝酿……再进行投票表决,从实际操作层面来

---

① 平湘、锦长:《"鼓掌通过"质疑》,《楚天主人》2001年第4期,第22页。
② 胡锦光、韩大元著:《中国宪法》,法律出版社2016年第3版,第204页。
③ 【法】古斯塔夫·勒庞著:《乌合之众》,冯克利译,中央编译出版社2005年版,第160页。
④ Sushil Bikhchandani, David Hirshleifer & Ivo Welch, A Theory of Fads, Fashion, Custom, and Cultural Change as Informational Cascades, 100 The Journal of Political Economy 994(1992).

说,意义实在不大",用一次性举手表决就好。① 尽管较之鼓掌通过,举手表决可以统计反对和弃权的情况,可以全面反映代表的意志,对主席团形成一定压力,提示他们有向大会负责的义务。不过,在这种情形下,一方面同样可能产生信息级联的问题,代表同样可能由于存在从众心理,接受来自提出名单领导和其他议员的暗示,从而背离自己的决定而举手表示赞同;另一方面举手表示反对和弃权无异于记名表决而且更加突出,其面临的压力远大于鼓掌通过情形下的不鼓掌,而同样由于集体决定分散了个人责任,为此,个人权衡利弊之后,在裹挟之下表示同意的可能性也很高。综上而言,无论是鼓掌通过抑或是举手表决都违反了民主原则,为此,应该改采无记名投票或者秘密投票。它可以保守秘密,保证选举人能够消除顾虑,自由表达自己的意志,以便更好地发扬民主,②更何况它也是我国选举的基本原则之一。

(三)主席团构成与民主原则。近代以来民主制度主要采取代议制,我国亦然。就此而言,是否具有代表性在一定程度上成为判断议会的组成是否合乎民主原则的一个重要标准。而所谓代表性,从描述的角度看,即代表与其所代表的人民之人口统计学上的特征应当具有相似性。③ 为了确保人大的代表性,我国采用的是以地域代表制为主,与职业代表制相结合的原则。为此,只要主席团的构成符合前述原则,在一定程度上应可降低产生办法的违法性程度。而就实务而言,"充分体现广泛的代表性"也是有关部门在确定主席团名单时所应遵循的一项重要原则。④ 以全国人大主席团为例,其构成"可分为七个方面:(1)党和国家领导人(包括中共中央领导,国家主席、副主席,全国人大常委会委员长、副委员长);(2)各民主党派负责人、全国工商联负责人和无党派爱国人士;(3)中央党、政、军机关有关负责人、人民团体负责人;(4)全国人大各专门委员会负责人;(5)工、农、兵等方面的劳动模范、先进人物以及知识分子方面的代表和知名人士;(6)人口在

---

① 舟山市人大常委会研究室冯国海:《人代会主席团成员要不要投票表决?》,《浙江人大》2012年第9期,第59页。

② 秦前红主编:《新宪法学》,武汉大学出版社2009年第2版,第208页。

③ Kenneth Janda, Jeffrey Berry & Jerry Goldman, The Challenge of Democracy: Government in America, Houghton Mifflin Company(2009)(9), p. 335.

④ 参见王保存:《关于河南省第十二届人民代表大会第三次会议主席团、秘书长建议名单(草案)、议案审查委员会建议名单(草案)和列席人员名单(草案)的说明》——2014年1月7日在河南省第十二届人民代表大会常务委员会第六次会议上。

100 万以上的少数民族的代表；（7）各省、自治区、直辖市、香港特别行政区、澳门特别行政区和解放军代表团负责人"。① 地方人大主席团的构成与此相似，"以地级市为例，一般由市委书记、副书记，市人大常委会组成人员，市政协主席，各代表团团长（主要是县、区委书记），各县、区人大常委会主任或主持工作的副主任，个别有影响、有代表性的人大代表组成。除了换届时略有些变化，但大致都在这个框架内操作"。② 尽管个人不认同主席团较之人大具有更显著的代表性的判断③，但就前述主席团成员的构成而言，它充分体现了以地域代表制为主、与职业代表制相结合的要求，确保了主席团构成的代表性和民主性，为此，应该是可以接受的。

三、主席团产生办法与效率原则

政治制度的生存能力，不仅取决于合法性（民主性），也取决于效率性。④ 许崇德认为：效率是指国家机关及其工作人员决定和处理国家事务时能够达到正确、妥善、快速。⑤ 效率与活力原则是中央国家机关的组织和活动的原则。⑥ 黄锦堂认为，效率是指国家行为（含设定组织或者进行任何程序）之节约、合于经济计算；效能系指方向与手段间的正确，其规模或层级高于效率。效率一般指在目的已决定下之时间、人员、财政方面的节约，效能则涉及政策目标与政策手段之选定。⑦ 张庆福、高强认为，国家机关的建设应遵守效益原则，就是以最少的人、财、物与时间投入，取得最大成果，能够充分地实现宪法和法律赋予的职能，数量、质量、速度与效果是体现效益原则四个基本要素，效益则是这四个要素的有机统一。⑧ 就各种会议而言，一

---

① 蔡定剑著：《中国人民代表大会制度》，法律出版社 2005 年第 4 版，第 429—430 页；刘玉新：《中国人大主席团制度研究》，中国人民大学硕士 2005 年硕士学位论文（指导教师：莫于川），第 39 页。

② 陈道喜等：《人代会主席团成员要不要投票表决？》，《浙江人大》2012 年第 9 期，第 59 页。

③ 文学佳：《我国全国人大主席团的性质》，中国青年政治学院法学院 2016 年法律硕士（法学）学位论文（指导教师：马岭），第 6 页。

④ 周琪：《论西方国家民主和效率之间的平衡》，《欧洲》1995 年第 5 期，第 4 页。

⑤ 许崇德主编：《中国宪法》，中国人民大学出版社 2010 年第 4 版，第 147 页。

⑥ 许崇德主编：《中国宪法》，中国人民大学出版社 2010 年第 4 版第 147 页。

⑦ 翁岳生编：《行政法（上册）》，中国法制出版社 2000 年版，第 83 页。

⑧ 徐秀义主编：《乡镇人大建设的理论与实践》，中国人民公安大学 1995 年版，第 59 页。

般认为,效率性和组织性是应具备的要素之一。① 确保议会正常运行,对于国家而言极为重要,这也是宪法,尤其是民主原则的要求。② 此外,考虑到各级人大,尤其是全国人大的规模以及与此相关的食宿、交通、安保等各项开支巨大,都需要公共财政予以支持,于此只有提高人大运作效率,方能避免浪费、节约开支。③ 为此,较有说服力的观点在一定程度上承认,既有主席团产生办法虽然存在抵触民主原则的可能性,但是,由于主席团没有实质性权力,只有程序性和事务性权力,基于效率原则的考虑,主席团选举应当尽量简化,不宜过于繁琐,故而偏离宪法和代表法等有关规定而采取既有的办法产生主席团的做法具有正当性,存在阻却违宪事由。④ 不过,这一论证能否成立呢?考虑到主席团产生办法所具有的民主价值和宪法重要性,只有在为了同等重要或者更为重要的宪法价值而且不至于损害民主过程的固有或者本质内容的情形下,才能证成偏离宪法和法律规定的产生方式,否则,就可能构成违宪。于此而言,首先必须明确效率原则是否是宪法基本原则,或者至少是宪法所追求的重要价值之一。如果答案是肯定的,则设计和考量主席团的产生办法时可以在民主价值和效率价值之间进行适当权衡,即在不实质性损害民主原则的前提下,可以适当优先考虑效率原则。

那么,效率原则是否是宪法基本原则呢?一般而言,法学理论上较少直接主张效率原则是宪法的构成性原则,最多只肯定它是包含于法治国原则中的、值得追求的价值,各权力机关有义务衡量国家和社会的发展而作最适合的具体化。⑤ 不过,就公法领域而言,大陆学者立场与此迥异。尽管对效率原则在理论体系中的地位的认识存在分歧,论证方式也存在差异,但是,不管是在行政法学领域还是在宪法学领域,多数学者承认效率原则具有重要价值:行政法学理论上,或将效率原则作为行政法一般原则⑥,或将它作

---

① James Lochrie, Meeting Procedures: Parliamentary Law and Rules of Order for the 21st Century, The Scarecrow Press, Inc. (2003), p. 4.

② Pierre Thielbörger & Tobias Ackermann, On the Constitutionality of a Hauptausschuss (Main Committee) in the German Bundestag, 16(01) German Law Journal 13-14.

③ 比照 Robert Rogers & Rhodri Walters, How Parliament Works, Routledge(2015)(7), p. 57.

④ 李飞主编:《中华人民共和国全国人民代表大会和地方各级人民代表大会代表法解读》,中国法制出版社 2011 年版,第 63 页。

⑤ 翁岳生编:《行政法(上册)》,中国法制出版社 2000 年版,第 85 页。

⑥ 胡建淼、江利红著:《行政法学》,中国人民大学出版社 2015 年第 3 版,第 70—71 页。

为行政程序的基本原则①;在宪法学上,或认为它是作为一般原则的民主集中制的规定,②或认为它是作为国家机构组织和活动原则的民主集中制原则或者精简和效率原则的要求。③ 不过,与行政法学相比,在宪法学领域,除教材以外,较少有论文专门涉及这一原则。无论持何种见解,宪法学说上至少承认它是有宪法所确立的国家机构组织和活动应遵循的原则,具体而言:

首先,效率原则是宪法第三条第一款的规定。宪法第三条第一款规定:"中华人民共和国的国家机构实行民主集中制的原则。"主流观点认为:"民主集中制作为宪法的基本原则,体现了社会主义国家人民当家作主的根本要求,保证了国家机关构成的合理性及其高效运行,使得国家机关可以在权力运行中有效协调各个方面的不同利益关系,在决策中统筹民主与效率,保证了国家的政治稳定和经济社会发展,充分体现了社会主义民主政治制度的优势和特点。"④

其次,效率原则也是宪法第二十七条第一款的要求。张庆福、高强明确指出,"对国家机关效益的追求几乎是当今所有国家共有的特征。效益原则已成为各国国家机关建设的基本原则,虽然我国宪法未明确写效益原则",但其已经蕴含于宪法第二十七条第一款之中。⑤ 本款规定:"一切国家机关实行精简的原则,实行工作责任制,实行工作人员的培训和考核制度,不断提高工作质量和工作效率,反对官僚主义。"学理上一般将该条概括为精简和效率原则。应该说其本身贯穿着对效率目的的追求,因为无论是国家机构组织或者活动程序的精简,工作责任制或者培训和考核制度的实行,抑或是反对官僚主义,都必然包含着对效率的追求。

最后,效率也是国家权力分立或者分工原则所追求的重要目标之一。正如康德所指出的:"一切行业、手艺和技艺都因分工而受益,也就是说在分工中,并不是一个人做一切事情,而是每个人都限制在某种其处理方式上与其他工作有明显不同工作上,以便能够极为完善地和更为轻松地完成它。

---

① 马怀德主编:《行政法与行政诉讼法》,中国法制出版社 2015 年第 5 版,第 300 页。
② 《宪法学》编写组:《宪法学》,高等教育出版社、人民出版社 2011 年版,第 100 页。
③ 许崇德主编:《中国宪法》,中国人民大学出版社 2010 年第 4 版,第 147 页;蒋碧昆主编:《宪法学》,中国政法大学出版社 2007 年第 6 版,第 228 页、第 230—231 页。
④ 《宪法学》编写组:《宪法学》,高等教育出版社、人民出版社 2011 年版,第 100 页。
⑤ 徐秀义主编:《乡镇人大建设的理论与实践》,中国人民公安大学出版社 1995 年版,第 59 页。

在工作未经如此区分和分配的地方,在每个人都是万事通的地方,各行业还处在极为未开化的状态。"①在现代社会,尤其是随着科技、经济的发展,个人对政府的依赖日益加深,国家管理的事务也日益增多。在这种情形下,如果采用集中式的组织形态,统一管理,则一方面由于信息传递层次多,容易失真,从而导致决策的不科学,而且决策周期长,难以迅速作出决策;另一方面不仅难以及时将决策付诸实施,也容易走样。为增进效率需要分权或者分工。②

综上所述,尽管我国宪法并未明文规定效率原则,但是,从宪法第三条第一款、第二十七条第一款以及分工原则的要求来看,效率原则无疑是我国国家机构组织和活动必须遵循的一项重要原则,人大及包括主席团在内的人大机构的组织和活动也必须遵循该原则。

不过,就主席团产生办法的合宪性而言,应当兼顾民主原则与效率或者效能原则,充分考量各级人大会期的长短、代表和主席团的规模、主席团权力的性质和规模、人大和主席团的同异质性、政党的影响而予以决定。具体而言:

(一)会期的长短。虽然绝大多数情形下,法律对各级人大会议会期长短未作规定,不过,就实践而言,我国各级人大的会期较短,全国人大约11天,省级人大约7天,县级人大约3天,乡级人大通常1—2天。尤其需要指出的是,有些地方乡镇人大甚至缩短至半天,以至于人大会议流于形式,不得不通过地方性法规加以限制,《安徽省各级人民代表大会及其常务委员会执行地方组织法的若干规定》之"二"第二款规定:"乡镇人民代表大会换届选举本级国家机关领导人员时,从提名、酝酿候选人到选举开始的时间不得少于一天。"并且多数人大会议的会议安排甚密,在短短几天内需要听取和审议本级人大常委会、政府以及"两院"的工作报告,审查上一年度国民经济、社会发展计划和预算执行情况以及下一年度的计划,审议法律、地方性法规草案以及在换届或者需要补选时,选举相应国家机关领导人,等等,在这种情形下,倘若花大量的时间选举主席团的成员,无疑会进一步挤压人大的有效工作时间,进而影响人大功能的发挥,于此尚不能认为现有做法不当。

---

① 康德:《道德形而上学的奠基》,李秋零主编:《康德著作全集第4卷》,李秋零译,中国人民大学出版社2010年版,第395页。

② 应松年、薛刚凌:《行政组织法基本原则之探讨》,《行政法学研究》2001年第2期,第11页。

（二）人大和主席团的规模。主席团产生办法在一定程度上也受人大和主席团规模影响。虽然法律对各级人大规模作了统一规定，但对主席团规模却未作统一规定，为此，尽管有不少地方都经由人大议事规则对主席团规模作了规定，但无论上下级人大之间还是同级人大之间，主席团规模都存在相当大的差异。不过，鉴于实践中人大规模和主席团规模之间存在相当匹配性，为此，可以粗略地区分如下三种情形加以讨论：

1. 全国人大的规模自第一届会议以来几经变迁，最少时只有 1222 人（二届人大），最多时则有 3497 人（五届人大）。不过，自 1982 年宪法施行以来其就基本保持稳定，1983 年第六届全国人大第一次会议以来至今均维持在 2900 人至 3000 人之间，尽管直至 1986 年修正时，才将全国人大的代表名额上限由 3500 人减少至 3000 人。（见附表 1）全国人大主席团规模的变化轨迹大抵相似，最多时有 270 人（五届四次），最少时有 79 人（一届二次），自第六届全国人大一次会议以来基本维持在 160 人左右，除换届时主席团名额有所增加外，最近三届每次会议基本维持在 170 人左右。[①]（见附表 1）鉴于全国人大及其主席团规模都相当庞大，依一般经验而言，在这种情形下由大会预备会议逐一选举主席团成员，必然耗费大量人力、物力以及时间成本，而这无疑影响人大功能的发挥。需要特别指出的是，政治心理学的研究表明，候选人数量越多，选民需要处理的信息量越大，或者由于怠惰或者时间和精力的限制，其将越难以甄别候选人之间存在的差异[②]，表决因此更具恣意性，易言之，在这种情形下，逐一选举既不具有可操作性，也明显不符合效率原则，因此现有主席团的产生办法具有一定合理性。

2. 依照选举法（2015 年修正）的规定，省、自治区、直辖市人大的代表名额在 450 人至 1000 人之间，就 2018 年而言，最少的为宁夏（十二届一次），383 人，最多的为河南（十三届一次），902 人，除港澳特别行政区外，各省级人大平均有代表 652 人，至于主席团人数，最少的为山西（十三届一次），62 人，最多的为河南（十三届一次），149 人，各省级人大会议平均有主席团成员 79 人；设区的市、自治州人大代表的名额在 240 人至 650 人之

---

① 刘玉新：《中国人大主席团制度研究》，中国人民大学硕士 2005 年硕士学位论文（指导教师：莫于川），第 37—38 页。

② Richard R. Lau & David P. Redlawsk, How Voters Decide: Information Processing during Election Campaigns, Cambridge University Press(2006), p. 148.

间,就个人随机选样的情况来看,最少为拉萨(十一届四次),250人,最多的为成都(十七届一次),643人,至于主席团人数,最少的为三亚(七届四次),24人,最多的为长春(十五届二次),82人;而不设区的市、市辖区、县、自治县的代表名额依照选举法在120名至450名之间,人口不足五万的,代表总名额可以少于120名,就随机选样的情况来看,最少的为青海祁连县,97人,最多的为重庆市万州区(五届二次),447人,至于主席团,除了难以查核的各县以外,最少的为甘肃通渭县(十八届四次),27人,最多的为重庆市万州区,79人。(见附表2)从以上情形来看,省、市、县三级人大及其会议主席团的规模尽管比全国人大小很多,在一定程度上并呈逐级递减的趋势,但是各自的基数仍然较大,在这种情形下,与全国人大相似,由大会预备会议逐一选举主席团成员同样既不具有可操作性,也不符合效率原则。

3. 就乡镇人大而言,一方面根据选举法第十一条第一款第四项的规定,乡、民族乡、镇的代表名额在40名至120名之间,人口不足二千的,代表总名额可以少于40名;合并本条第三款解读,在例外情形下,至多可以有126名,较之县级以上人大而言,其规模适中;另一方面从各省、自治区、直辖市地方性法规关于乡镇人大主席团的规定来看,乡镇人大主席团规模大约在5至13人之间,数量不多。依照一般经验,在这种情况下经由选举而非一揽子表决的方式产生主席团成员也具有很高可操作性,而且不至于严重影响人大会议的效率。

从以上分析来看,由于全国人大和县级以上地方人大,无论是人大规模还是主席团规模都较大,在这种情形下,采用选举的方式产生主席团成员可操作性较弱,不符合效率原则,而乡镇人大,无论是人大规模还是主席团规模都较小,选举具有较强可操作性,也不至于严重影响人大会议的效率,为此,应由选举产生主席团成员,确保主席团和人大运作的民主基础和合法性。

(三)主席团权力的性质。有无实质性权力,有多少权力,乃是决定能否以效率为由而阻却现有主席团产生办法的违宪性或者违法性的核心要素。正如此前所指出的,较有说服力的观点认为,主席团没有实质性权力,只有程序性和事务性权力,故应优先考虑效率原则。不过,也有批评指出,在实践中主席团侵害代表民主权利,乃至架空人大的情形偶有发生,如河北省唐县九届人大一次会议主席团拒绝将代表依法提出的候选人名单交代表团讨论,时任主席团常务主席的县委书记冯某某甚至认为另提出候选人的原县委办公室副主任"搞非法组织活动""造成与会代表思想混乱",决定将其开除党籍,并以破坏选举罪指令政法部门予以逮捕,①故而有必要经由民主选举对主席团加以事前的控制,防止其滥用权力。不过,个人以为这类主张虽然有合理性,但就个案来看,问题应不在于主席团的产生办法,乃在于主席团构成以及如何确实有效地践行民主原则,规范党委权力的行使。于此,尚难谓现行的、效率优先的主席团产生办法违反宪法和法律的规定。

不过,应当注意的是,由于乡、镇人大不设常委会,且其主席团职能与县级以上人大常委会存在不少相似处,因此,或许可以认为其主席团实际上承担着人大常委会的功能,并非完全虚权的组织。②故而就产生办法而言,应将它与县级以上人大会议主席团作不同处理,应优先考虑其民主合法性而非效率性,易言之,乡镇人大主席团应由选举而非决定产生,而现有乡镇人大主席团的产生办法违反选举法的规定。

(四)代表的同质性和政党的影响力。据观察,目前人大代表结构上普遍存在着"三多三少"的现象:"党员代表多,非党员代表少;干部代表多,工农代表少;党政领导干部多,一般干部少。"③主席团成员的构成也是如此。④在这种情形下,尽管代表或者主席团成员之间的性别、民族、年龄、居住地、教育背景、职业等情况各异,但是,共同的政治信仰使得他们具有高度同质性,故而他们作出统一选择的可能性较高,况且必要时还可以通过人大中的党组织强调组织纪律,进行表决前动员等一系列具体措施以防止跑票。⑤于此可能存在两种截然不同的立场:一则主张由于主席团和人大代表的同质性(同源性),这在一定程度上降低了对"代表性"的要求,从而也使得现有做法得以正当化;另一则主张由于主席团成员中党政干部所占比重过高,其成员中或为人大监督对象的成员,或与人大监督对象之间存在隶属关

① 刘政著:《人民代表大会制度的历史足迹(增订版)》,中国民主法制出版社2014年版,第218—219页。

② 徐秀义主编:《乡镇人大建设的理论与实践》,中国人民公安大学出版社1995年版,第264页。

③ 孙少衡:《论人大代表结构中"三多三少"现象的成因及对策》,《人大研究》2001年第1期。

④ 刘玉新:《中国人大主席团制度研究》,中国人民大学硕士2005年硕士学位论文(指导教师:莫于川),第39—41页。

⑤ 刘好:《秘密还是公开——代表机关的表决方式研究》,《人大研究》2016年第9期,第24页。

系或者被监督关系,在这种情形下,他们很可能藉由主席团的领导地位而影响人大会议,从而损害人大监督功能,因此有必要通过选举予以制约。此外,近些年来政治体制改革的一项重要内容就是降低人大中党政官员比例,增强人大多元性、代表性以及合法性,而主席团构成并未相应作出调整,二者之间的差异日益明显,故难谓既有主席团产生方式合乎宪法和法律规定,有必要对之作出调整。

总而言之,在设计主席团的产生办法时或者审查其合宪性和合法性时,应当综合考量前述因素,兼顾民主原则和效率原则,并作出合乎事理的安排:人大会期越短,人大及其主席团的规模越大,主席团权力越形式化,代表同质性越大、政党影响越小则对效率的要求越高,主席团产生方式应当越简化,既有做法正当性越强;反之,人大会期越长,人大和主席团规模越小,主席团权力越实质化,代表同质性越小、政党影响越大则对民主性的要求越高,主席团产生办法应当越符合选举程序的特征,既有做法正当性越弱。而从前述分析来看,除代表的同质性和政党的影响力一项各级人大相当外,各级人大在会期长度、人大和主席团规模以及主席团权力的性质方面可以采取一揽子表决产生主席团的做法提供的支撑强度并不相同,于此宜更多注意主席团权力性质,以确保其合法性基础。就此而言,较之乡镇人大,全国人大以及县级以上地方人大采用一揽子表决办法产生主席团的做法对民主原则的冲击更弱些。

结语

综上所述,虽尚不能认为以表决取代选举而产生主席团的做法实质上违反民主原则和效率原则,从而违宪、违法,但在表面上,其合法性或者合宪性疑问仍在,应如何解决呢? 有以下几种方案可供选择:

首先,对"选举"作历史或者扩大解释。尽管从法律解释方法上讲,对同一概念原则上应作同一解释,以确保法律的统一性和可预见性,即,应对选举主席团的"选举"作通常意义上之选举理解,而不应作"决定"理解;但是,考虑到现在的主席团的产生办法其实早于共同纲领时代就已存在,或许会有不同的结论。"选举"的歧义早在第一届全国政治协商第一次会议中就已经存在,当时政协全国委员会委员采取一揽子表决的办法产生,而中央人民政府委员会的主席、副主席和委员则采用无记名联记投票的办法产生,除了反对、弃权之外，也可以另选他人。① 虽然对该次会议主席团如何产生未有直接报道，但是鉴于鼓掌通过和举手表决是当时主要的表决方式，则主席团的产生办法很可能是其中之一。而之后尽管 1954 年宪法取代了共同纲领并于第二十六条明文规定"全国人民代表大会举行会议的时候，选举主席团主持会议"，但实践中这种以一揽子表决方式产生主席团的做法从未变过，"选举"的二元含义延续至今。在这种情形下：一方面或许可以认为1954 年宪法、1982 年宪法以及其他相关法律中的"选举主席团"条款只是此前的一揽子表决的方法的映像，尽管就通常意义上的"选举"而言，它或许词不达意，但毋宁这就是本来的意思；另一方面或许可以回归选举"选贤举能"的一般含义，而不去考虑其所需要承载的民主原理。在这种情形下，"选举"本身会变得更具开放性和可塑性，从而为结合民主原理和国家机关的性质设计不同的选任办法提供支持。在这两种情形下，都可以消除现有主席团产生办法违宪疑虑。

其次，承认宪法和法律变迁。不过，如果采纳前面的意见则不免要担心法律概念失去应有的规范内涵，以至于不具有确定性和可预见性，侵蚀法的统一性，并危及现代民主法治国家存在的基础，故而仍应对"选举"一词作通常的理解，同时突出其所应承载的民主原理。不过，在这种情形下，仍须就现有主席团的产生办法与宪法和法律规定之间的不一致并给出解决办法。就此而言，个人以为，承认宪法和法律变迁，即宪法和法律的文字虽然未作修改，但由于长期的宪法和法律实践，其内涵实际上已经改变，或许是一种可行的解决方案。毕竟正如（一）中所指出的，用一揽子表决方式产生主席团的办法，自第一届全国政治协商第一次会议以来至今，已然有近七十年的实践，其间未尝稍作修改，并且全国人大此一办法并为地方各级人大所借鉴，可以认为在相当程度上形成了法的确信，就此而言，用一揽子表决方式产生主席团的办法已经成为宪法和法律惯例，由此并改变了宪法和法律中"选举主席团"之"选举"一词的内涵，故而不应认为现有的主席团产生办法违反宪法和法律的规定。

最后，修改相关法律规定的表述或者产生办法。第二种方案非无商榷的余地，毕竟宪法或者法律变迁也有一定边界：在实际做法已经抵触宪法和

---

① 《中国人民政协第一届全体会议胜利闭幕》，《人民日报》1949 年 10 月 1 日第 1 版。（http://www.people.com.cn/item/lianghui/zlhb/zx/1jie/newfiles/a1110.html，2019 年 1 月 24 日访问）

法律明文规定的情形下,原则上不得承认宪法和法律变迁,否则,可能损害民主原则和法治国原则。就本文所讨论的现有主席团产生办法而言,它业已将主席团的产生方式由"选举"变更为"决定",限缩了代表的选举权,并违反宪法和法律的明文规定,为此,不宜承认存在宪法和法律变迁,仍应认定现有主席团的产生办法违反宪法和法律规定。于此则由两种可供选择的方案,其一则是鉴于现有方式具有合理性,总体上有利于人大的功能能力的有效发挥,为此,修改宪法和法律的相关规定,使之与实务相契合。不过,采取此种方案时,有必要区分乡镇人大和县级以上人大,毕竟就乡镇人大主席团在相当程度上扮演着人大常委会的角色,经由选举产生其成员较为妥当;另一则是坚持宪法和法律的规定,改变主席团的产生办法,使之符合"选举"的通常涵义。就此而言,通常的建议是减少主席团人数,以确保具有可操作性,①此外,可以比照人大常委会委员的选举办法,采用无记名、差额的联记投票选举产生主席团成员。

---

① 刘玉新:《中国人大主席团制度研究》,中国人民大学硕士 2005 年硕士学位论文(指导教师:莫于川),第 53 页;文学佳:《我国全国人大主席团的性质》,中国青年政治学院法学院 2016 年法律硕士(法学)学位论文(指导教师:马岭),第 23 页。

附表 1:历届人大各次会议代表和主席团规模

时间	届次	大会	主席团	比例	时间	届次	大会	主席团	比例
1954	1(1)	1226	97	7.91%	1993	8(1)	2978	176	5.91%
1955	1(2)	1226	79	6.44%	1994	8(2)	2978	163	5.47%
1956	1(3)	1226	89	7.26%	1995	8(3)	2978	164	5.51%
1957	1(4)	1226	89	7.26%	1996	8(4)	2978	160	5.37%
1958	1(5)	1226	89	7.26%	1997	8(5)	2978	157	5.27%
1959	2(1)	1222	97	7.94%	1998	9(1)	2979	177	5.94%
1960	2(2)	1222	97	7.94%	1999	9(2)	2979	169	5.67%
1962	2(3)	1222	93	7.61%	2000	9(3)	2979	165	5.54%
1963	2(4)	1222	95	7.77%	2001	9(4)	2979	165	5.54%
1963	3(1)	3040	152	5.00%	2002	9(5)	2979	166	5.57%
1975	4(1)	2885	218	7.56%	2003	10(1)	2979	181	6.08%
1978	5(1)	3497	254	7.26%	2004	10(2)	2979	175	5.87%
1979	5(2)	3497	235	6.72%	2005	10(3)	2979	173	5.81%
1980	5(3)	3497	255	7.29%	2006	10(4)	2979	176	5.91%
1981	5(4)	3497	270	7.72%	2007	10(5)	2985	175	5.86%
1982	5(5)	3497	253	7.23%	2008	11(1)	2987	190	6.36%
1983	6(1)	2978	164	5.51%	2009	11(2)	2987	171	5.72%
1984	6(2)	2978	163	5.47%	2010	11(3)	2981	170	5.70%
1985	6(3)	2978	161	5.41%	2011	11(4)	2979	170	5.71%
1986	6(4)	2978	161	5.41%	2012	11(5)	2978	170	5.71%
1987	6(5)	2978	157	5.27%	2013	12(1)	2987	178	5.96%
1988	7(1)	2970	162	5.45%	2014	12(2)	2983	176	5.90%
1989	7(2)	2970	156	5.25%	2015	12(3)	2964	172	5.80%
1990	7(3)	2970	149	5.02%	2016	12(4)	2943	170	5.78%
1991	7(4)	2970	147	4.95%	2017	12(5)	2924	169	5.78%
1992	7(5)	2970	144	4.85%	2018	13(1)	2980	190	6.38%

说明:根据全国人民代表大会常务委员会办公厅主编的《全国人民代表大会及其常务委员会大事记(1954—2014)》(中国民主法制出版社 2014 年 9 月版)和相关公报整理。

附表 2：部分省、地级市、县人大和主席团规模

省	届次	大会	主席团	百分比	地级市	届次	大会	主席团	百分比	县	届次	大会	主席团	百分比
北京	15(1)	771	89	11.54%	房山区	8(4)	265	31	11.70%	/	/	/	/	/
天津	17(1)	706	62	8.78%	北辰区	16·16(6)	187	34	18.18%	/	/	/	/	/
河北	13(1)	753	76	10.09%	石家庄	14(3)	633	74	11.69%	易县	17(2)	235	54	22.98%
山西	13(1)	549	62	11.29%	太原	14(3)	353	57	16.15%	平遥县	16(3)	212	38	17.92%
内蒙古	13(4)	535	70	13.08%	呼和浩特	19·15(2)	340	40	11.76%	多伦县	13·14(1)	146	31	21.23%
辽宁	13(1)	610	66	10.82%	沈阳	16(1)	521	59	11.32%	葫芦岛市	6(1)	338	54	15.98%
吉林	13(1)	511	76	14.87%	长春	15(2)	492	82	16.67%	辉南县	18(3)	190	41	21.58%
黑龙江	13(1)	578	81	14.01%	哈尔滨	15(2)	619	66	10.66%	延寿县	19·17(3)	154	30	19.48%
上海	15(4)	855	87	10.18%	静安区	1(4)	343	51	14.87%	/	/	/	/	/
江苏	13(1)	808	89	11.01%	南京	16(1)	525	52	9.90%	泗洪县	19·17(3)	312	67	21.47%
浙江	13(1)	630	84	13.33%	杭州	13(3)	509	80	15.72%	宁海县	18(2)	259	46	17.76%
安徽	13(1)	723	64	8.85%	黄山	7(1)	297	39	13.13%	东至县	16(3)	234	30	12.82%
福建	13(1)	554	66	11.91%	泉州	16(3)	554	66	11.91%	南安市	16·17(1)	409	71	17.36%
江西	13(1)	607	72	11.86%	南昌	15(4)	433	69	15.94%	瑞金市	6(3)	222	34	15.32%
山东	13(1)	902	90	9.98%	济南	16(3)	495	72	14.55%	滕州市	18(2)	436	88	20.18%
河南	13(1)	935	149	15.94%	开封	14(5)	421	73	17.34%	固始县	17·17(1)	442	87	19.68%
湖北	13(1)	726	77	10.61%	襄阳	17(3)	469	64	13.65%	竹山县	19·18(3)	221	47	21.27%
湖南	13(1)	766	100	13.05%	长沙	15(3)	498	81	16.27%	龙山县	17(3)	234	44	18.80%
广东	13(1)	796	71	8.92%	广州	15(3)	564	76	13.48%	阳春市	16(3)	312	41	13.14%

续表

省	届次	大会	主席团	百分比	地级市	届次	大会	主席团	百分比	县	届次	大会	主席团	百分比
广西	13(1)	696	76	10.92%	桂林	5(3)	433	65	15.01%	南宁市青秀区	3(3)	220	/	/
海南	6(1)	384	71	18.49%	三亚	7(4)	258	24	9.30%	文昌市	15(4)	226	45	19.91%
重庆	5(1)	856	86	10.05%	万州区	5(2)	447	43	9.62%	奉节县	17·16(7)	296	49	16.55%
四川	13(1)	882	81	9.18%	成都	17(1)	643	79	12.29%	广汉市	19·18(4)	222	/	/
贵州	13(1)	592	72	12.16%	贵阳	14(2)	352	66	18.75%	盘州市	1(1)	333	/	/
云南	13(1)	636	109	17.14%	玉溪	5(1)	315	70	22.22%	安宁市	6(2)	175	/	/
西藏	10(4)	439	87	19.82%	拉萨	19·11(4)	250	48	19.20%	当雄县	12(3)	104	/	/
陕西	11(1)	568	65	11.44%	西安	16(3)	563	67	11.90%	凤翔县	18(2)	218	/	/
甘肃	13(1)	509	64	12.57%	兰州	16(2)	344	45	13.08%	通渭县	19·18(4)	205	27	13.17%
青海	13(2)	383	66	17.23%	西宁	16(3)	307	46	14.98%	祁连县	15(3)	97	/	/
宁夏	12(1)	416	59	14.18%	银川	15(2)	307	53	17.26%	隆德县	16·17(2)	165	43	26.06%
新疆	13(1)	548	93	16.97%	乌鲁木齐	16(2)	342	80	23.39%	喀什市	16(3)	221	29	13.12%

说明：1.届次中"19·11(4)"为2019年十一届人大四次会议，未特别标注的均指2018年召开的会议；2.不考虑直辖市街道办一级人大情况；3.因网上资料不全，故部分县级人大数空缺；4.地级市、县级人大为随机选择；5.本表由个人依据相关官方报道或者公报制定。

批评、建议权的限制及其限度

问题的提出

任建宇,重庆万州人,2009年7月大学毕业后,获重庆市选派,到彭水县郁山镇担任村主任助理,后被录用为公务员。2011年4月至8月期间,他在腾讯微博转发他人微博和在QQ空间里复制、点评"一百多条负面信息"。2011年8月17日,彭水警方将他带走讯问;讯问一直持续到8月18日凌晨。讯问结束后,任建宇回到家中,遵照警方的建议删掉了自己所转发的一些微博和帖子、QQ空间里的一些文章。当日,警方再次将其带走,以"涉嫌煽动颠覆国家政权罪"立案并予刑拘。9月17日,重庆市公安局提请重庆市人民检察院第一分院批准逮捕任建宇。9月23日,后者经审查后作出不批准逮捕决定书,指出:任建宇犯罪情节轻微,不构成犯罪,故不批准逮捕。① 在接到这一决定后,重庆市公安局随之告知任建宇:拟处他以劳动教养一年并告知他有听证的权利;任建宇(因故)未申请听证。但是,当日重庆市人民政府劳动教养管理委员会批准了对任建宇的劳动教养决定书,并将劳动教养期限变更为2年,且未按有关规定告知任建宇有申请听证的权利。②

2012年8月15日,任建宇向重庆市第三中级人民法院提起行政诉讼。11月19日,重庆市劳教委以处理不当为由撤销了对他的劳动教养决定,并解除了限制其人身自由的强制措施。③ 翌日,重庆市第三中级人民法院公开宣判原告任建宇诉被告重庆市人民政府劳动教养管理委员会劳动教养一

---

① 苏晓明:《重庆被劳教村官获释》,《京华时报》2012年12月20日第020版。

② 《重庆高院驳回被劳教村官任建宇上诉》,http://www.chinanews.com/fz/2012/12/28/4447395.shtml。(2013年8月8日访问)

③ 阙影:《重庆高院驳回被劳教村官任建宇上诉》,http://news.sina.com.cn/c/2012-12-28/190925919573.shtml。(2013年8月8日访问)

案,经审理后,当庭作出裁定驳回任建宇的起诉,理由是①：

《中华人民共和国行政诉讼法》第三十九条规定："公民、法人或者其他组织直接向人民法院提起诉讼的,应当在知道作出具体行政行为之日起三个月内提出。法律、法规另有规定的除外。"《最高人民法院关于执行〈中华人民共和国行政诉讼法〉若干问题的解释》第四十三条规定："因人身自由受到限制而不能提起诉讼的,被限制人身自由的时间不计算在起诉期限内。"从本案查明的法律事实看,任建宇在劳动教养期间虽然人身自由受到限制,但其会见、通信、通电话的权利得到保障,任建宇在此期间亦曾委托其父及其女友代为提起诉讼或申请行政复议,应当认定任建宇在被限制人身自由期间能够提起诉讼,其主张人身自由受到限制的时间均不应计入起诉期间的诉讼理由不成立。任建宇 2011 年 9 月 24 日签收重庆市劳教委作出的渝劳教审(2011)字第 3954 号劳动教养决定书后,于 2012 年 8 月 15 日向法院提起的诉讼,已超过法定起诉期限。

任建宇不服该裁定,遂向重庆市高级人民法院提出上诉,请求重审此案。2012 年 12 月 28 日,重庆市高级人民法院公开开庭审理此案。经审理,重庆市高级人民法院认为任建宇的起诉超过法定起诉期限,一审裁定认定事实清楚、适用法律正确、诉讼程序合法,为此维持原裁定。②

从司法实践来看,要解决任建宇案,应先确定他是否实施了所指控的行为以及这些行为是否落入刑法中煽动颠覆国家政权罪调整的范畴,只因情节轻微、不够刑事处分,从而应当由有权机关予以行政处罚。不过,这并非本文要讨论的重点,虽然个人认为重庆相关部门对任建宇案的定性及处理均存在问题。本文将搁置上述争议,径直围绕潜在的宪法问题展开：

(一)批评、建议权的保障范围。本部分涉及两个问题:1. 人的范围。所要解决的是任建宇是否为言论自由的基本权主体,即,任建宇得否主张言论自由,需要分别对任建宇是否具有言论自由的基本权权利能力和行为能力加以讨论;2. 事项的保障范围,要确定是言论自由的事项保障范围及任建宇的行为是否落入该范围之中,由此其得以主张他的言论自由受到了干预,而要求法院对其言论是否受到干预以及如果受到了干预,就干预是否存在宪

---

① 《大学生村官被劳教案宣判,重庆法院驳回任建宇起诉》,《新民晚报》2012 年 11 月 21 日A12 版。

② 《重庆高院驳回任建宇上诉》,《新民晚报》2012 年 12 月 29 日 A2 版。

法上的正当理由进行审查，以获得宪法救济。

（二）任建宇的言论自由是否受到了干预？本部分要讨论的是基本权干预的概念以及重庆市劳动教养委员会处任建宇以2年劳动教养是否构成对任建宇言论自由的干预，即使其在行使言论自由承担了不利的后果。

（三）如果受到了干预，那么，这些干预是否存在宪法上的正当理由？本部分要检讨的是重庆市劳动教养委员会据以作成对任建宇的劳动教养决定的《劳动教养试行办法》第十条第（一）项和第十三条规定的合宪性。——尽管重庆市劳动教养管理委员会的有关负责人在不少场合下提出，对任建宇进行处罚的依据还包括《全国人大常委会关于维护互联网安全的决定》和《计算机信息网络国际联网安全保护管理办法》。[①] 其中《全国人大常委会关于维护互联网安全的决定》[②]第二条第（一）款之规定，利用互联网造谣、诽谤或者发表、传播其他有害信息，煽动颠覆国家政权、推翻社会主义制度，以及利用互联网侮辱他人或者捏造事实诽谤他人的，依照刑法有关规定追究刑事责任。利用互联网实施违法行为，违反其他法律、行政法规，尚不构成犯罪的，由有关行政管理部门依法给予行政处罚。《计算机信息网络国际联网安全保护管理办法》[③]规定，任何单位和个人不得利用国际联网制作、复制、查阅和传播煽动颠覆国家政权、推翻社会主义制度的信息。[④] 不过，由于这两个决定（办法）虽然对互联网上的言论内容作了限制但并未规定处罚措施，为此，重庆市劳动教养委员会对任建宇作出处罚的主要法律依据仍是前述《劳动教养试行办法》的规定，故本文将焦点集中于系争《劳动教养试行办法》的规定。——于此，又可以分为两个问题：一是言论自由和人身自由的限制是否存在法律保留，如果存在法律保留，那么，以《劳动教养试行办法》对上述自由限制是否具备形式上的合宪性？二是《劳动教养试行办法》之对罪行轻微、不够刑事处分的煽动颠覆国家政权行为处以劳动教养是否合乎比例原则。

下文将按照上述框架展开讨论，不过，在此之前有必要先对言论自由保障的宪法基础，即言论自由概念及其功能作下简单介绍。

---

① 《相关负责人回应任建宇劳教诉讼案焦点问题》，《重庆日报》2012年12月29日第6版。
② 2000年12月28日第九届全国人民代表大会常务委员会第十九次会议通过。
③ 公安部制定，1997年12月11日经国务院批准，同年由公安部12月30日公布施行。
④ 《相关负责人回应任建宇劳教诉讼案焦点问题》，《重庆日报》2012年12月29日第6版。

一、批评、建议权保障的宪法基础

（一）言论自由的概念

宪法（1982）第三十五条规定："中华人民共和国公民有言论、出版、集会、结社、游行、示威的自由。"虽然学界一般将上述各项自由抽象地概称为"表现自由"或者"表达自由"，即，人们通过一定的方式将自己内心的精神作用公诸外部的精神活动的自由；[①]不过，该条其实涵盖多项不同的具体基本权，言论自由便是其中之一。它系指公民享有宪法赋予的通过口头、书面、著作及电影、戏剧、音乐、广播、电视等手段发表自己意见的权利。[②] 作为人民所享有的最重要的基本权之一，宪法（1954）第八十七条、宪法（1975）第十三条以及宪法（1978）第四十五条，也都确认了该项基本权。

（二）言论自由的功能[③]

言论自由何以是一项基本权，或者言论自由具有怎样的宪法意义，乃在于它的重要性或者根本性，而对此所作之诠释莫有出于托马斯·埃莫森（Thomas Irwin Emerson，1907-1991）之右的。[④]

1. 有助于人格的形成与发展。言论是人的个性或者人格的外在表现之一，言论自由是个人人格赖以形成和发展的重要手段之一，它"能够促进个性发展，养成自由独立的人格，有利于铸成'健全的个人'，进而推动社会进步"。正如吴庚大法官在"正传公司案"（释407）的协同意见书中指出：

民主社会之存续及发展有赖于组成社会成员的健全，一国国民只有于尊重表现自由之社会生活中，始能培养其理性及成熟之人格，而免教条式或压抑式言论之灌输，致成为所谓单面向人（one-dimensional man）。

2. 有助于发现真理。[⑤] 关于言论自由的价值，最为经典的论述应当是约翰·弥尔顿（John Milton）和约翰·斯图尔特·穆勒（John Stuart Mill）提出的。早在1664年，针对英国当局的出版审查，约翰·弥尔顿便在"论出版自

---

① 韩大元、林来梵、郑贤君著：《宪法学专题研究》，中国人民大学出版社2008年第2版，第374页。

② 蒋碧昆主编：《宪法学》，中国政法大学出版社2007年第6版，第206页。

③ 柳建龙：《表达自由及其边界》，《紫光阁》2011年第9期，第16页。

④ Craig R. Ducat, Constitutional Interpretation, Wadsworth（2009）（9），p. 776.

⑤ Kathleen M. Sullivan & Gerald Gunther, Constitutional Law, Foundation Press（2001）（14），p. 959-960.

由——关于未经许可的出版的自由"（Areopagitica—A Speech for the Liberthy of Unlicensed Printing）一文中指出：[①]

虽然各种学说流派可以随便在大地上传播，然而真理却已经亲自上阵；我们如果怀疑她的力量而实行许可制和查禁制，那就是伤害了她。让她和谬误交手吧。谁又看见过真理在放胆地交手时吃过败仗呢？

约莫 2 个世纪之后，约翰·斯图尔特·穆勒在其《论自由》（On Liberty）一书中以"观念市场理论"为言论自由提供了自由主义的论证。他认为，无论意见真假，压制意见本身就是错的，因为：如果意见是真的，压制意见则意味着社会在拒绝真理；如果意见是错的，压制则将令我们无法全面理解真理，因为真理来自于与谬误的斗争；如果我们所得到的意见真假参杂，唯有让意见自由竞争，才能掌握全部真理。正如霍尔姆斯所指出的：检验一个观念是否是真理的最好的试金石便是，它能否以它的力量在竞争市场中为人民接受，并且唯有经由此而发现的真理才能稳固地达成它们的愿望。

3. 有助于促进民主。对于民主社会而言，言论自由是不可或缺的要素。一方面，在采代表制的情形下，唯有对表达自由予以充分保障，人民才能够对候选人有充分的了解从而做出正确的选择，而也唯有通过各种言论，人民代表才能够真实了解他所代表的人民的真实意志；另一方面，人民也通过各种言论影响政府的决策过程，监督和制约公权力的滥用。早在一百多年前，面对欧陆各国政治生活的激烈转型，格奥尔格·耶利内克（Georg Jellinek）便指出："以议会作为影响政府惟一有效渠道的时代早已一去不复返了。在过去十年里传媒获得了巨大发展，它们对公共过失的强烈批评常常和议会的批评一样卓具成效；在一定情形下，它们和议会中的执政党一样可以对立法进程产生决定性影响。即使不是一如既往的以有序的法律形式出现，但很清楚的是，一种新型的政府责任得以形成，政府处于人民之前，人民的多元意见通过传媒得以表达。政府新闻署，官办报刊的出现，以不容反驳的证据表明，今天已经出现政府和人民之间的直接对话。除向议会承担国家法和政治上的责任外，也发展出了政府的社会责任，未来属于它。"[②]

4. 有助于促成一个更具适应性，因而也更具稳定性的社会，同时，也有

---

① 【英】弥尔顿：《论出版自由》，吴之椿译，商务印书馆 1989 年版，第 46 页。

② 【德】格奥尔格·耶利内克著：《宪法修改与宪法变迁论》，柳建龙译，法律出版社 2012 年版，第 87 页。

助于在正常的分歧和必要的共识之间达成平衡。相反,压制争论(或者讨论)妨碍理性判断的形成,削减理性的力量;导致僵化和教条,阻碍社会进行调整以适应变化的环境或者发展的观念;掩盖社会面临的真正问题,将人们的注意力引向细枝末节的事项上。与之相比,放开争论能够在社会中形成更强的凝聚力,因为人们更愿意接受他们所参与而作成的决定,即便这些决定对他们本人不利;更何况,毕竟在绝大多数情形下,国家都有能力通过武力压制言论而实现所谓的"一致性"。就此而言,言论自由提供了这样一种机制,在这种机制中存在冲突,这种冲突乃是社会发展所必须的而且它会对之构成损害。换言之,言论自由乃是维持稳定性和变化之间平衡的重要机制。[1]

二、批评、建议权的保障范围

(一)主体范围

基本权主体,系指基本权的保护对象,即基本权享有者。作为主观公权利,基本权通常赋予其权利主体要求义务主体为、容忍或者不为一定行为的法律力量(Rechtsmacht)[2]或者请求权。就此而言,探讨基本权主体问题,其实探讨的是到底谁是作为主观公权利的基本权的请求权人。那么,任建宇是否是言论自由的主体呢? 这一问题应从以下两个方面来回答:

1. 基本权权利能力

基本权权利能力(Grundrechtsfähigkeit)是权利能力的特别类型之一,它系指谁有资格享有基本权。换言之,这里需要解决的问题是:任建宇是否有资格享有言论自由?

首先,宪法第三十五条规定:"中华人民共和国公民有言论、出版、集会、结社、游行、示威的自由。"学界一般认为该条所涉各项基本权属于政治权利,[3]故而其基本权主体只能是中国公民。[4] 然而,将言论自由与出版、集会、

---

[1]　Craig R. Ducat, Constitutional Interpretation, Wadsworth(2009)(9), P. 777.

[2]　Pieroth/Schlink, Grundrechte·Staatsrecht Ⅱ, 24. Aufl., C. F. Müller, 2008, S. 27.

[3]　如蒋碧昆主编:《宪法学》,中国政法大学出版社 2007 年第 6 版,第 206 页;胡锦光主编:《宪法学原理与案例教程》,中国人民大学出版社 2006 年版,第 310 页;张千帆主编:《宪法学》,法律出版社 2005 年版,第 206 页。

[4]　就其性质而言,言论自由在一定范围内也适用于法人和其他组织,不过,这与本文所要探讨的问题无关,不赘。

结社、游行、示威各项自由一样视为政治权利未必妥当,这是因为:虽然在早期的宪法理论和实践中,言论自由之保护标的为政治性言论,然而,随着宪法理论和实践的发展,其保护范围已有相当拓展,如商业性言论,已不限于政治性言论,为此,将言论自由局限于"政治和社会问题",进而将其主体限于中国公民未免过于偏狭。① 不过,就本案而言,由于任建宇是中国公民,故而无论第三十五条各项基本权之性质究竟为公民权抑或是人权都不会对他是否有资格享有言论自由产生影响。

其次,即便作为中国公民也不当然享有某些基本权,因为宪法和法律也可能对某些基本权权利能力设置年龄上的限制。比较宪法第三十五条和第三十四条,可以发现二者存在明显差异,第三十四条对选举权与被选举权的主体作了年龄限制,②而第三十五条未对言论自由的主体作年龄上的限制;换言之,言论自由基本权能力不受年龄限制。

最后,基本权权利能力还可能受到其他限制。除国籍和年龄的限制外,法律还对宪法第三十五条各项政治权利的享有设置了其他的限制。依照刑法规定,一旦被剥夺政治权利则在法定期限内不享有这些基本权。③ 不过,就本案而言,任建宇此前并无被剥夺政治权利的情形。

2. 基本权行为能力

与区分权利能力和行为能力一样,就基本权而言,也区分基本权权利能力和行为能力,虽然对某些基本权而言,探讨基本权行为能力并无意义。④ 所谓基本权行为能力(Grundrechtsmündigkeit),或译为基本权主张能力或者行使能力,系指基本权主体本人或者通过其代理人以自己的名义实现基本权的能力。此时,民法总则上区分为无、限制及完全行为能力人;但是,公法上的通说,认为是不以民法或诉讼法上所规定的这些年龄为标准,而是以能否理解与实现的辨认能力来判断。所以,此时必须依个案而定,以当事人的精神状态、辨认能力,并且还以个别基本权的内容做判断标准。如果当事人在个案上无辨别能力,即无基本权行为能力,此时需要由其

---

① 马岭著:《宪法权利解读》,中国人民公安大学出版社 2010 年版,第 251 页。

② 可比较联邦德国基本法第 8 条。Jarass/ Pieroth, Grundrechte · Staatsrecht Ⅱ, 24. Aufl., C. F. Müller,2008,S. 263.

③ 许崇德主编:《中国宪法》,中国人民大学出版社 2010 年第 4 版,第 316—317 页。

④ Walter Berka, Grundrechte:Grundfreiheiten und Menschenrechte in Österreich, Springer, 1999, S. 94.

法定代理人代理。

就言论自由而言,宪法第三十五条并未对该项基本权主体的基本权行为能力作进一步界定,宜应认为该项基本权主体为所有中国公民,不仅成年人,也包括未成年人,不仅包括完全行为能力人,也包括无行为能力人和限制行为能力人。

综上,任建宇不仅具有言论自由基本权权利能力,也具有言论自由行为能力,故其为言论自由的基本权主体,得主张宪法第三十五条所保障之言论自由。

(二)事项范围

一般而言,言论自由保障的事项范围包括通过各种途径搜集、获取、了解各种事实和意见的自由以及以文字、声音、图像等方式传播某种事实和意见的自由。[①] 换言之,言论自由的保障包括以下三方面内容:1. 知情权;2. 言论的内容;3. 言论传播的方式和途径。

1. 知情权。所谓知情权部分是从言论自由推衍而来的。它包含两层意义:一是公众从政府、宣传媒体及其他信息来源不受妨害地获取各种信息的权利,即"信息的领受权";二是公众对政府掌握的信息要求公开的"信息公开请求权"。前者一般称为"知的自由",后者则称为"知的权利"。[②] 学者认为,随着现代社会的信息化进程日益加剧,包括言论自由在内的表达自由必须在其观念中加入知情权而予重构。[③]

2. 言论的内容。言论自由所保护的言论最重要的是意见。"意见"系指一个人将其主观上对事物的各种思想、见解、看法、价值判断对外而予以表达。

我国传统宪法学理论否认存在所谓绝对的自由和权利,[④]主张自由和权利是相对的,有限度的,只有在法律规定的范围内行使自由和权利,才是法律所允许的,一旦超出法律界限,就是违反法律的行为。[⑤] 宪法第五十一条则为自由和权利划定了一般界限。[⑥] 基于这一理由,多数学者主张,从我国

---

① 参见李元起主编:《中国宪法学专题研究》,中国人民大学出版社,2009 年版,第 333 页。

② 刘杰:《日本宪法上的知情权与信息公开法》,《法学家》2007 年第 3 期,第 148 页。

③ 【日】芦部信喜著、【日】高桥和之修订:《宪法(第三版)》,林来梵、凌维慈、龙绚丽译,北京大学出版社 2006 年版,第 152—153 页。

④ 许崇德主编:《中国宪法》,中国人民大学出版社 2010 年第 4 版,第 311 页。

⑤ 许崇德主编:《中国宪法》,中国人民大学出版社 2010 年第 4 版,第 312 页。

⑥ 许崇德主编:《中国宪法》,中国人民大学出版社 2010 年第 4 版,第 312 页。

和其他国家的宪法和法律规定来看,言论自由大致存在以下两个方面的限制:一方面,公民不得利用言论自由进行煽动、反对政府或者败坏社会公德,危害国家和社会安宁;另一方面,公民不得利用言论自由侮辱、诽谤其他公民的人格。①

然而,需要指出的是上述观点并未明确,上述限制究竟是言论自由的内在限制抑或是向外在的限制;虽然从相对主义的立场出发,它无疑更倾向于内在限制的立场。

(1)内在限制说。② 有学者认为,和其他基本权一样,表达自由也存在其自身内在的界限,因为表达自由属于外部性精神自由权,它所伴随的表达行为往往超越了思想和良心的范畴,是一种将内心的精神作用或其结果公诸外部的活动,因而存在着与他人的自由和权利或社会公共利益发生冲突的可能性,为此,必然具有一定的界限。正因为如此,在现实中,表达自由的内容、场所、方法以及状态方面不可避免地要受到限制。作为表达自由之一种,言论自由当然也存在内在的界限,具体而言,言论自由的行使不得③:反对宪法确定的基本原则;危害国家统一、主权和领土完整;泄露国家秘密、危害国家安全或者损害国家荣誉和利益;煽动民族仇恨、民族歧视,破坏民族团结,或者侵害民族风俗、习惯;宣扬邪教、迷信;扰乱社会秩序,破坏社会稳定;宣扬淫秽、赌博、暴力或者教唆犯罪;侮辱或者诽谤他人,侵害他人合法权益;危害社会公德或者民族优秀文化传统;有法律、行政法规和国家规定禁止的其他内容。

这一见解显然与美国联邦最高法院之将某类言论归为不受或者较不受保护言论(Unprotected and less protected speech)有异曲同工之效。美国最高法院认为,不受保护言论系指煽动违法行为、挑衅、淫秽等言论,政府可以禁止此类言论并惩罚行为人;至于较不受保护的言论,系指在双重审查基准下,较之一般情形下对旨在限制言论内容的法律是否合宪采取严格审查,假定系争法律违宪而言,在审查限制较不受保护的言论法律的合宪性时,则采取较为宽松的基准(如合理性基准),倾向于假

---

① 许崇德主编:《中国宪法》,中国人民大学出版社2010年第4版,第317页。
② 关于基本权的内在限制,也有学者将之置于干预的宪法正当化进一步加以讨论。
③ 《出版管理条例》第二十六条。

定系争法律合宪。①

内在限制说与不受或者较不受保护言论说一样，主张将某些言论排除在言论自由事项保障范围之外。倘若将之置于基本权保障范围—基本权侵害—宪法正当化之三阶层基本权侵害的审查模式下，可以发现，它试图通过确定系争言论或者行为是否值得保护，从而在法律的合宪性审查的一开始就排除某些宪法争议。

然而，无论是内在限制说还是不受或者较不受保护言论说都存在一定问题：首先，它缩小了言论自由的事项保障范围的外延，而且使之变得更加不具确定性，换言之，就其结果而言，一项言论是否属于言论自由事项保障范围，或许可能会在更大程度上受到法官的主观认知的影响，这会削弱言论自由的保障力度；其次，承认言论自由存在内在限制，也就意味着言论自由的行使存在固有的限制，而这无疑为言论的事前抑制提供了基础，这将使得言论自由处于危险之中；最后，需要特别指出的是，即便在采取事前审查的情形下，这种的主张也毫无意义，因为只要言论触及法律所禁止的主题，无论其是内在限制范围之外的言论抑或是受保护的言论都要接受审查②。为此，个人以为应当拒绝所谓的内在限制说，而承认外在限制说。

（2）外在限制说。该说同样认为言论自由的行使存在限制，为保护他人权利和公共利益可以对个人的言论进行限制。与内在限制说不同的是，它反对基于言论的内容而将言论区分为受保护和不受保护的言论，换言之，无论言论的内容为何，它都落入言论自由的事项保障范围中。就此而言，一旦个人认为其言论自由受到了干预，法官有义务对其提出的争议作进一步审查，换言之，法官应就个人的言论自由与所要保护的他人权利和公共利益进行衡量以确定个人的言论自由是否受到了侵害，或者对其言论自由的干预是否存在正当的理由。这不仅可以在相当程度上克服法官的恣意性，也为反对言论自由的事先审查提供了理论基础，从而使得言论自由保护范围和力度得以扩张。

3. 言论传播的方式和途径。言论传播的方式和途径是将个人内心的精神作用和结果公诸外部的媒介，是言论自由实现的载体，舍却言论传播的方式和途径，言论自由不过是水中月、镜中花，为此，保障言论自由传播的方式

---

① Erwin Chemerinsky, Constitutional Law: Principles and Policies, Aspen (2006) (3), p. 986.

② David Kairys (ed.), The Politics of Law: A Progressive Critique, Basic Books (1998), p. 319.

和途径是言论自由应有之义。① 不过,由于言论传播方式和途径存在多样性,为此,采取双重或者三重审查基准的国家对言论传播方式和途径的限制的审查通常较为缓和,而对言论内容的限制则采取严格审查。至于概括地排除某项言论传播方式和途径,其效果相当于对言论内容的控制,为此一般予以严格审查。

一般而言,言论传播的方式和途径,包括演讲、报纸杂志及其他印刷物、广播、电视、绘画、摄影、电影、音乐、戏剧等;②而随着科学技术的发展,固定电话、移动电话(尤其是所谓智能手机)和互联网作为言论传播的途径和方式日益受到人们和政府的关注。根据中国互联网信息中心《第 32 次中国互联网络发展状况统计报告》对 2005 年至 2012 年我国互联网的发展状况所作统计,其间我国互联网的普及率稳步增长,2005 年我国网民数量约为 1.11 亿,截至 2013 年 6 月底,我国网民数量已经达到 5.91 亿;相比之下,手机网民的增长数量更为迅速,2007 年我国手机网民数量约为 0.5 亿,而截至 2013 年 6 月底则已经将近 4.64 亿(工信部的报告则认为截至 2013 年 5 月底,我国手机网民有 7.83 亿)。③ 相比之传统平台,互联网已经日益成为民众获得资讯,表达意见,参与国家事务、经济和文化事业以及社会事务管理的以及行使监督权的重要途径。

从以上论述看,任建宇于 2011 年 4 月至 8 月期间在腾讯微博转发他人微博和在 QQ 空间里复制、点评"一百多条负面信息"系属通过互联网行使宪法第三十五条所保障之言论自由的结果,并且由于其中部分言论主要是批评、"攻击"政府的言论,为此,又有宪法第二条第三款"人民依照法律规定,通过各种途径和形式,管理国家事务,管理经济和文化事业,管理社会事务"的规定以及第四十一条"中华人民共和国公民对于任何国家机关和国家工作人员,有提出批评和建议的权利;对于任何国家机关和国家工作人员的违法失职行为,有向有关国家机关提出申诉、控告或者检举的权利,但是不得捏造或者歪曲事实进行诬告陷害"的规定的适用。为此,任建宇可以主张其言论受宪法第三十五条言论自由的保护,而要求就国家对其言论自由受

① Jacqueline R. Kanovitz, Constitutional Law, LexisNexis(2010)(12),P.68.
② 【日】芦部信喜著、【日】高桥和之修订:《宪法(第三版)》,林来梵、凌维慈、龙绚丽译,北京大学出版社,2006 年版,第 168 页。
③ 中国互联网信息中心:《第 32 次中国互联网络发展状况统计报告》,第 11—12 页。

到干预以及如果受到干预,干预是否合宪进行审查。

三、批评、建议权的干预

言论自由的干预,系指通过法律行为而作出的直接妨碍或者限制言论自由基本权主体之落于言论自由保障范围内的行为、使其根本无法为该行为或者限缩言论自由的保障范围,即,使言论自由基本权主体的基本权的实质受到不利侵害、克减或者违反,并可通过命令和强制予以执行的有目的的国家处分。一般而言,言论自由的立法规制可以分为四类:1. 检阅、事前抑制;2. 浑然不明确或过度广泛的规制;3. 表达内容的规制;4. 表达内容中立的规制。系争《劳动教养试行办法》第十条第(一)项属于对表达内容的规制。

就本案而言,任建宇受宪法第三十五条和第四十一条保障的言论自由受到了国家的干预。重庆市劳动教养委员会以其实施了《劳动教养试行办法》所禁止的罪刑轻微、不够刑事处分的反革命、反党反社会主义行为,依据该办法第十条第(一)项和第十三条规定作成决定对其处以劳动教养 2 年。

四、阻却违宪事由

(一)法律保留原则

法律保留原则,系指国家对基本权的限制只有得到形式意义上的法律的授权方能为之。该原则系从民主原则、法治国原则及基本权(规范)中推导而来。那么,《劳动教养试行办法》以劳动教养(限制人身自由)方式而限制公民言论自由(煽动颠覆国家政权的行为)是否合乎法律保留原则的规定呢? 对这一问题的回答,分别检讨言论自由的限制和人身自由的限制是否有法律保留的限制,如果有,那么《劳动教养试行办法》对它们的限制是否合乎法律保留原则的要求。具体展开如下:

1. 言论自由的限制

较之宪法第十条、第十三条、第三十四条、第三十八条、第三十九条及第四十条而言,宪法第三十五条对言论自由的限制未作法律保留。对此,一般认为,宪法既然未授权国家以法律或者根据法律而对言论自由进行限制,则意味着宪法禁止国家以法律或者根据法律而对言论自由进行限制。

不过,倘依通说将言论自由视为政治权利的组成部分,则或有宪法(1982)第三十四条后半段"但是依照法律被剥夺政治权利的人除外"的规定的适用,换言之,言论自由的限制存在法律保留,其剥夺须"依照法律"为之。不过,即便认为第三十四条中的"政治权利"只能置于该条语境下、不能扩大其适用范围以至于将其视为一独立条款而予以解释,其内涵仅限于"选举权和被选举权",而不能及于第三十五条的各项权利和自由,排除从第三十四条后半段规定推导出言论自由的限制存在法律保留的可能性。不过,这也并非意味着言论自由的限制不存在法律保留,因为对言论自由的限制作法律保留乃是民主原则和法治国原则的要求。前者要求所有重要事项的调整应由立法机关予以保留,所有重要决定和措施的做成惟有以法律或者依据法律而为之;后者则要求,行政和司法的高权行为需要从形式意义的法律中获得其正当性或者合法性。① 何况这一原则也由之后施行的立法法巩固并细化。后者对政治权利的限制作了严格的法律保留——议会保留。其中,立法法第八条规定:"下列事项只能制定法律:……(五)对公民政治权利的剥夺、限制人身自由的强制措施和处罚;……"立法法第九条进一步强调"有关犯罪和刑罚、对公民政治权利的剥夺和限制人身自由的强制措施和处罚、司法制度等事项",即便全国人大及其常委会未制定法律的,也不得授权国务院制定行政法规。

　　既然言论自由的限制应适用议会保留,那么,《劳动教养试行办法》第十条第(一)项能否规定对罪刑轻微、不够刑事处分的"煽动颠覆国家政权"的政治性言论进行行政处罚呢? 换言之,公安部是否有权制定规制公民言论自由的规范呢? 这个问题的答案取决于《劳动教养试行办法》的法律性质或者位阶。对此,有学者在《劳动教养法律规范的缺陷与辨析》一文中指出②:

　　劳动教养不是行政处罚,而是强制性教育改造的行政措施,故不能为了否定现行劳动教养法律规范的合法性,而直接援引行政处罚法有关修订的规定;并且,《国务院关于劳动教养问题的决定》③和《国务院关于劳动教养的补充规定》④都是经过全国人大常委会批准的,虽然在形式上不是正式的法律,但其效力基本可以等同于法律,或者称之为准法律。

---

① *Schwacke/Schmidt*, Staatsrecht, 5. Aufl., Kohlhammer(2007), S. 114, 346ff.

② 杨建顺:《劳动教养法律规范的缺陷与辨析》,《法学》2001 年第 6 期,第 18 页。

③ 1957 年 8 月 1 日第一届全国人民代表大会常务委员会第七十八次会议批准,同年 8 月 3 日国务院命令公布施行。

④ 1979 年 11 月 29 日第五届全国人民代表大会常务委员会第十二次会议批准,同年 11 月 29 日国务院公布施行。

　　而《劳动教养试行办法》虽是公安部制定和发布的，不过，由于已经得到国务院的"原则同意"和转发，故而应视为准行政法规，是对前述两部准法律的具体化，只要没有违反其上阶位规范，就不当然违法。如果上述论证成立，那么，作为准行政法规《劳动教养试行办法》第十条第（一）项规定是对作为准法律的《国务院关于劳动教养问题的决定》第一条第（二）项规定的具体化，只要其不与后者相抵触，当然不能认为它违反了议会保留的要求。

　　然而，上述观点恐怕难以成立。就性质而言，《国务院关于劳动教养问题的决定》和《国务院关于劳动教养的补充规定》是行政法规，《劳动教养试行办法》是部门规章，这是因为：

　　首先，从程序上看，它们是国务院和公安部分别行使法规和规章制定权按照行政法规和部门规章制定程序制定和公布的，并可以由它们分别予以修改、废止。

　　其次，虽然它们分别得到了全国人大常委会和国务院的批准，但这不会改变它们的性质或位阶，因为此处全国人大常委会和国务院的批准就其性质相当于授权或者"追认"。否则，《国务院关于转发公安部制定的〈劳动教养试行办法〉的通知》中的"国务院原则同意公安部制定的《劳动教养试行办法》，现转发你们，望结合各地具体情况研究执行，执行中有何意见和问题，希及时告诉公安部"，也将难以得到合理解释。

　　最后，需要特别指出的是，"国务院制定行政法规，经过全国人大常委会批准以后实施，是在我国法制建设还不完备的情况下做出的特殊安排，该规范本身实质上还是行政法规。只不过当时宪法和法律没有对此作出明确规定，对法律规范形式的要求不是非常严格。"①《劳动教养试行办法》的制定以及国务院的"原则同意"和转发亦然。

　　既然《国务院关于劳动教养问题的决定》和《国务院关于劳动教养的补充规定》是行政法规，《劳动教养试行办法》是部门规章，那么，在法律未授权对罪行轻微、不够刑事处分的反革命行为、反党反社会主义行为进行收容劳动教养的情形下，国务院和公安部却以行政法规和规章加以规定，显然已经超越了权限。

　　2. 人身自由的限制

　　虽然就本案而言，对任建宇处以 2 年劳动教养只是一种手段，旨在干预

---

① 　许兵：《劳动教养制度与行政法治》，《中国司法》2008 年第 2 期，第 94 页。

或者限制任建宇言论自由权的行使，不过，它仍构成了对后者人身自由权的干预，故也有必要检讨《劳动教养试行办法》对人身自由的限制是否妥当。于此，仍应先检讨形式合宪性，即是否满足法律保留的要求，而后才有讨论其实质合宪性（是否满足比例原则的规定）的必要。

就人身自由而言，现行宪法第三十七条规定：

中华人民共和国公民的人身自由不受侵犯。

任何公民，非经人民检察院批准或者决定或者人民法院决定，并由公安机关执行，不受逮捕。

禁止非法拘禁和以其他方法非法剥夺或者限制公民的人身自由，禁止非法搜查公民的身体。

这沿袭了宪法（1954）第八十九条①、宪法（1975）第二十八条第二款②、宪法（1978）第四十七条③的规定。不过，较之前几部宪法而言，宪法（1982）是在吸取了沉痛教训基础上制定的，旨在更有效地保护公民人身自由。④ 一般认为该条包括以下两层涵义：一，对公民人身自由的剥夺和限制必须依法进行，即必须依照法定条件和程序进行；二，对公民实施逮捕必须经过法定的机关和程序。⑤ 换言之，虽然宪法第三十七条第一款的表述为"中华人民共和国公民的人身自由不受侵犯"，而非"中华人民共和国公民的人身自由不受非法侵犯"或者"中华人民共和国公民的人身自由不受侵犯，但法律另有规定的除外"，为此，似乎应给予作为公民行使其他一切权利和自由的前提和基础的人身自由以相对其他基本权更为严密的保护；但是，从体系上看，第二款、第三款无疑构成了第一款的但书。这意味着宪法授权在特定情形下以法律或者根据法律限制人身自由。换言之，对人身自由的限制设有法律保留，其中第二款特别规定了逮捕的批准和决定机关以及执行机关，属于特别法律保留，而第三款则属于一般法律保留。于此，人身自由的限制无疑须有形式意义上的法律授权，否则，则可能构成违宪或者

---

① 宪法（1954）第八十九条规定："中华人民共和国公民的人身自由不受侵犯。任何公民，非经人民法院决定或者人民检察院批准，不受逮捕。"

② 宪法（1975）第二十八条第二款规定："公民的人身自由和住宅不受侵犯。任何公民，非经人民法院决定或者公安机关批准，不受逮捕。"

③ 宪法（1978）第四十七条规定："公民的人身自由和住宅不受侵犯。任何公民，非经人民法院决定或者人民检察院批准并由公安机关执行，不受逮捕。"

④ 许安标、刘松山：《中华人民共和国宪法通释》，中国法制出版社 2004 年版，第 135 页。

⑤ 许安标、刘松山：《中华人民共和国宪法通释》，中国法制出版社 2004 年版，第 136—137 页。

违法而无效。

在我国法律体系及其发展过程中，人身自由的限制的法律保留主要从两个层面展开：

（1）刑罚意义上人身自由限制的法律保留主要是通过罪刑法定原则的具体化予以贯彻实施的，虽然学界对刑法（1979）是否存在罪刑法定原则存在一定争议，且主流见解认为：由于受"宜粗不宜细"立法思想的影响，我国刑法（1979）诸多条文的表述含糊不清，加之刑法典中规定有类推制度以及此后的特别刑法中有个别规定了重法溯及既往的效力等内容，可以说，罪刑法定原则在我国 1979 年刑法典中并没有得到贯彻。[①] 不过，在刑法（1979）施行伊始，学界和实务界就已经进行了回顾和反思，尽管直至 1997 年刑法修订前，他们也未能直接促成罪刑法定原则的法定化。但是，刑法（1997）最终确立了罪刑法定原则作为刑法基本原则的地位。

（2）较之刑罚意义上人身自由的限制而言，行政法意义上人身自由的限制的法律保留原则的确立略微早些。1996 年初公布的行政处罚法[②]第九条第二款便规定："限制人身自由的行政处罚，只能由法律设定。"该法第十条至第十四条也进一步强调了这一立场。2011 年 6 月 30 日通过并公布、2012 年 1 月 1 日开始施行的行政强制法第十条二款重申了上述立场，规定：尚未制定法律，且属于国务院行政管理职权事项的，行政法规可以设定除限制公民人身自由，冻结存款、汇款和应当由法律规定的行政强制措施以外的其他行政强制措施。

此外，需特别指出的是，立法法为刑罚和行政法意义上人身自由的限制设定了更严格的法律保留——议会保留。其第八条规定"下列事项只能制定法律：……（五）对公民政治权利的剥夺、限制人身自由的强制措施和处罚；……"第九条进一步强调"有关犯罪和刑罚、对公民政治权利的剥夺和限制人身自由的强制措施和处罚、司法制度等事项"，即便全国人大及其常委会未制定法律的，也不得授权国务院制定行政法规。

既然人身自由的限制存在议会保留，那么，就有必要进一步检讨劳动教

---

① 高铭暄著：《中华人民共和国刑法的孕育诞生和发展完善》，北京大学出版社 2012 年版，第 171 页。

② 1996 年 3 月 17 日第八届全国人民代表大会第四次会议通过，同日中华人民共和国主席令第六十三号公布，同年 10 月 1 日起施行。

养制度是否构成对该要求的违反。对此,有些学者主张应先将劳动教养制度的历史分成两个阶段,然后逐步予以探讨。因为从劳动教养制度建立至上世纪 80 年代,这一时期的劳动教养并非行政处罚,只是"强制性教育改造的行政措施"或者安置措施——似乎是将劳动教养理解为一种授益行政行为,忽略其所具有的强制性;而"自 20 世纪 80 年代以后,公安部等部门的一些规范性文件,陆续增加了对摘取节育环、非法姘居、赌博、倒卖票证等违法人员可以进行劳教的规定。'劳动教养成了一个筐,什么人都可以往里装'。这种扩大适用对象,依据法律以外的规范来限制公民人身自由的做法,违背了法制统一的原则,也违反了法律保留原则,是现代法治国家原理所不能容许的"。① 不过,基于前述理由而将劳动教养制度的发展史区分为两个阶段的做法未必妥当,因为:即便是在承认这一区分的情形下,仍不应忽视劳动教养所具有的强制性。换言之,劳动教养就其性质而言并非授益行为,毋宁是干预行为。国家可以基于劳动教养相关法规规章的规定而以劳动教养决定的方式在一定时间内限制人身自由,并强制进行劳动改造。在某些情形下,它对人身自由的干预强度也高于刑事处罚中的管制、拘役以及有期徒刑,并且实践中它也"显示了它的严厉性,与剥夺自由的狱政管理相比,只是量的差异并无质的不同",更何况有关法律和司法解释也将被劳教人员与劳改犯等同看待,如《全国人民代表大会常务委员会关于处理逃跑或者重新犯罪的劳改犯和劳教人员的决定》②。③ 就此而言,劳动教养之设置和执行显然应受法律保留的限制。

那么,《劳动教养试行办法》对人身自由所作限制是否合乎法律保留原则呢? 对此,正如此前所指出的,有些学者认为,如果《劳动教养试行办法》本身是法律的具体化,则只要没有违反其上阶位规范,就不当然违法。④ 就法律层面而言,有如下规范涉及劳动教养制度:

1)《全国人民代表大会常务委员会批准国务院关于劳动教养问题的决定的决议》⑤。

---

① 杨建顺:《劳教制度废止当慎重——关于劳动教养制度的四个问题》,《人民论坛》2013 年第 3 期,第 73 页。

② 1981 年 6 月 10 日第五届全国人民代表大会常务委员会第十九次会议通过。

③ 胡嘉:《关于劳动教养若干问题的法律思考》,《探索》1992 年第 5 期,第 59 页。

④ 杨建顺:《劳动教养法律规范的缺陷与辨析》,《法学》2001 年第 6 期,第 18 页。

⑤ 1957 年 8 月 1 日第一届全国人民代表大会常务委员会第七十八次会议通过。

2)《全国人大常委会批准〈国务院关于劳动教养的补充规定〉的决议》①。

3)《全国人民代表大会常务委员会关于处理逃跑或者重新犯罪的劳改犯和劳教人员的决定》②。

4)《中华人民共和国治安管理处罚条例》③第三十条第一款和第三十二条。其中第三十条第一款规定：

严厉禁止卖淫、嫖宿暗娼以及介绍或者容留卖淫、嫖宿暗娼,违者处十五日以下拘留、警告、责令具结悔过或者依照规定实行劳动教养,可以并处五千元以下罚款;构成犯罪的,依法追究刑事责任。

第三十二条规定：

严厉禁止下列行为：

（一）赌博或者为赌博提供条件的；

（二）制作、复制、出售、出租或者传播淫书、淫画、淫秽录像或者其他淫秽物品的。

有上述行为之一的,处十五日以下拘留,可以单处或者并处三千元以下罚款;或者依照规定实行劳动教养;构成犯罪的,依法追究刑事责任。

5)《全国人民代表大会常务委员会关于禁毒的决定》④第八条第二款规定：

吸食、注射毒品成瘾的,除依照前款规定处罚外,予以强制戒除,进行治疗、教育。强制戒除后又吸食、注射毒品的,可以实行劳动教养,并在劳动教养中强制戒除。

其中前三项在一定意义上都承认劳动教养制度存在的合法性,不过,它们并未改变既有劳动教养规范的法律性质,毋宁说第三项和前两项一样只具有授权功能,即,具有授权国务院或者公安部就劳动教养制定行政法规和规章的法律效果;与之相比,后两项则存在实质性的差别,它们在规定事项的范围内为国家以劳动教养限制人身自由提供了形式意义上的法律根据;而在规定事项以及处罚形式和强度范围内,或许也可以说,它

---

① 1979 年 11 月 29 日第五届全国人民代表大会常务委员会第十二次会议通过。

② 1981 年 6 月 10 日第五届全国人民代表大会常务委员会第十九次会议通过。

③ 1986 年 9 月 5 日第六届全国人民代表大会常务委员会第十七次会议通过,1987 年 1 月 1 日起施行;2006 年 3 月 1 日废止。

④ 1990 年 12 月 28 日第七届全国人民代表大会常务委员会第十七次会议通过并施行;2008 年 6 月 1 日废止。

们将相关劳动教养规范转化成为对之进行具体化的规范,从而赋予了其对公民权利和自由进行限制的理由,使之符合议会保留的要求。

不过,虽然上述主张可以成立,但仍需要指出的是,前三项并未能改变相关劳动教养规范的法律性质而使之符合议会保留原则的要求,并且如果将之视为授权性文件,则它们的合宪性也并非不可置疑的:首先,由于人身自由权和政治权利等基本权具有重要的宪法价值,为此,基于民主原则、法治国原则以及人权保障原则要求宪法和法律为其限制设定了更为严格的法律保留规定——议会保留,立法机关不得宪法委托转委托其他机关,否则,即构成对禁止转委托的违反;其次,即便退一步而承认可以委托国务院制定《国务院关于劳动教养问题的决定》《国务院关于劳动教养的补充规定》以及公安部制定《劳动教养试行办法》对之进行限制,但由于所涉基本权的重要价值,在授权时亦应明确授权的具体目的、内容及范围,不得为概括授权,否则,则构成对授权明确性原则的违反。而前述三个规范显然不符合这两项要求。

就后两项规范而言,虽然可以认为它们赋予了劳动教养制度在规定范围内存在的正当性基础,但是,仍需要强调的是在 2006 年施行的治安管理处罚法和 2008 年施行的禁毒法均未再提及"劳动教养",并行政处罚法关于行政处罚类型的规定进行解读,宜应认为该两项规范已经不再将劳动教养作为一种行政处罚手段。不过,《公安机关执行〈中华人民共和国治安管理处罚法〉有关问题的解释》第七条却将治安管理处罚法第七十六条的"强制性教育措施"解释为"劳动教养",指出:

关于强制性教育措施问题。治安管理处罚法第七十六条规定,对有"引诱、容留、介绍他人卖淫","制作、运输、复制、出售、出租淫秽的书刊、图片、影片、音像制品等淫秽物品或者利用计算机信息网络、电话以及其他通讯工具传播淫秽信息","以营利为目的,为赌博提供条件的,或者参与赌博赌资较大的"行为,"屡教不改的,可以按照国家规定采取强制性教育措施"。这里的"强制性教育措施"目前是指劳动教养;"按照国家规定"是指按照治安管理处罚法和其他有关劳动教养的法律、行政法规的规定;"屡教不改"是指有上述行为被依法判处刑罚执行期满后五年内又实施前述行为之一,或者被依法予以罚款、行政拘留、收容教育、劳动教养执行期满后三年内实施前述行为之一,情节较重,但尚不够刑事处罚的情形。

然而，一旦将治安管理处罚法第五条关于治安管理处罚的种类的规定以及行政处罚法第八条关于行政处罚的种类的规定和第九条关于限制人身自由的法律保留的规定纳入考量的范围内，则公安部对治安管理处罚法第七十六条所作解释显然与前述规定不一致，它扩张了治安管理处罚类型，引入了劳动教养。换言之，在《中华人民共和国治安管理处罚条例》和《全国人民代表大会常务委员会关于禁毒的决定》废止之后，劳动教养制度再次丧失其存在的法律基础。

不过，即便否认上述两项规范的废止会导致规定范围内的劳动教养制度的存在基础的丧失，也不会影响本案问题的解决，因为前述规范并未授权国家为国家安全而对"反革命分子、反党反社会主义分子"科处劳动教养。

3. 与刑法（1997）相龃龉

需特别指出的是，《劳动教养试行办法》第十条所指可予以收容劳动教养的反革命、反党反社会主义的罪行显然是相对于当时刑法（1979）第二编"分则"第一章"反革命罪"而言的。换言之，只有在行为人实施了符合刑法（1979）规定的反革命罪构成要件的行为，但因罪行轻微、不够刑事处分方有《劳动教养试行办法》第十条的适用。不过，早在1997年修订时，刑法就已经取消了反革命罪而代之以危害国家安全罪。虽然学者认为："现行刑法虽然取消了反革命罪名，但并非将旧刑法规定的具体的反革命罪实行'非罪化'，也不是将刑法分则第一章的规定全部删除，而是以危害国家安全罪的类罪名取代了反革命罪的类罪名，并对一些具体犯罪的归类进行了调整。"[1]不过，毕竟从"反革命罪"到"危害国家安全罪"，其外延和内涵均已发生重大变化，为此，根据法律优先性原则和法制统一性原则的要求，在刑法修订之时应同时对相关的法律法规作出修改，以免法律的权威和法制统一性受到损害。然而，就劳动教养而言，一方面，其存在已近60年，即便从《劳动教养试行办法》施行时起至今也有30多年，其间，根据国务院新闻办公室《中国的人权状况》（白皮书）指出：中国自实行劳动教养以来至1991年，平均每年新收容被劳动教养人员5万多。2009年有全国被劳动教养人员近26万，即便2012年全国仍有被劳动教养人员近6万。在这种情形下，如果仍主张实践经验不足、立法条件不成熟而不提请全国人大及其常委

---

① 张明楷著：《刑法学》，法律出版社2012年第4版，第593页。

会立法,恐非妥当,更何况是仍旧沿用一个30多年前试行的部门规章?另一方面,早在1997年刑法就已经完成修订,以"危害国家安全罪"取代"反革命罪",甚至在1997年刑法修订之前已经有相当讨论,但公安部并未因为刑法修订而调整《劳动教养试行办法》的有关规定,以使其在实体问题上与刑法(1997)保持一致。更为有趣的是,在我们这样一个"重实体、轻程序"的国家里,就劳动教养案件的处理程序问题,早在1998年山东省高级人民法院已经就《国务院关于将强制劳动和收容审查两项措施统一于劳动教养的通知》与新修改的刑事诉讼法有不一致的问题而提请最高人民法院就该通知的效力作出解释。虽不能说后者的做法不当,但恐不能不谓"舍本逐末"。

4. 小结

从此前的论证来看,对作为政治权利的言论自由和人身自由的限制,宪法、立法法以及其他相关法律都规定了严格的法律保留——议会保留。系争《劳动教养试行办法》第十条第(一)项并第十三条以干预人身自由的方式——劳动教养——对公民言论自由进行干预,然而,正如此前所指出的,《劳动教养试行办法》仅是公安部制定的行政规章,其对言论自由和人身自由的干预并非法律的具体化,为此,已然构成了对法律保留原则的违反,此外,在1997年刑法修订之后,《劳动教养试行办法》第十条第(一)项也与刑法存在龃龉,从而构成法律优先原则的违反,为此,应宣告其违宪无效。

(二)比例原则

不过,即便退一步而承认《劳动教养试行办法》得对言论自由加以限制,而非简单地认为其违宪或者违法无效,也并非意味着彭水县对任建宇所作处分具有当然合法性,它仍须进一步接受比例原则的检验,即,应进一步检讨所设定和实施的行政处罚是否与违法行为的事实、性质、情节以及社会危害程度相当①。

1. 目的正当性原则

比例性审查第一步为目的正当性审查。它要求首先确定系争规范的目的,而后对该目的是否具有正当性进行审查:系争规范限制或者干预人民基本权服务于"特定公益目的",则认为其具有目的正当性;反之,则应认定系争规范不具有目的正当性。具体展开如下:

首先,就所要保护的法益而言,《劳动教养试行办法》第十条第(一)项规

---

① 行政处罚法(1996,2009修订)第四条第二款。

定的目的与相应刑法规定的目的相当：(1) 在 1997 年刑法修订之前，《劳动教养试行办法》指向的是那些罪行轻微而不够刑事处分的反革命、反党反社会主义的行为，即，满足刑法分则第一章"反革命罪"的构成要件但因罪行轻微而不够刑事处分的行为。它所要保护的法益为无产阶级专政的政权和社会主义制度①；(2) 而在 1997 年刑法修订后，似应肯定前规定业已随着我国法制，尤其是刑法的变革而发生变迁，换言之，它的文字虽然没有发生改变，但目的和内涵已经发生了改变，即它所要保护法益业已随着刑法上"危害国家安全罪"类罪名之取代"反革命罪"类罪名而调整为国家安全，即国家主权、领土的完整和安全、国家政权和国家的其他根本利益。②

其次，为保护上述法益免受侵害，《劳动教养试行办法》第十三条第 1 句乃规定，根据需要劳动教养的人的违法犯罪事实、性质、情节、动机和危害程度，可以对违法行为人课以一至三年的劳动教养。和刑罚、治安管理处罚的功能一样，前述措施的功能大抵也可以从其所具有的特别预防、报应和一般预防的三个方面予以展开讨论：

(1) 特别预防的功能。在一定意义上，劳动教养的功能既不同于刑法 (1979) 和刑法 (1997)，也不同于行政处罚法 (1996)。两部刑法第一条和第二条都带有强烈的报应色彩，规定了用刑罚"惩罚犯罪"和"同一切犯罪行为作斗争"的目的；而行政处罚法第五条则倾向于兼顾行政处罚的报应功能和特别预防功能，规定"实施行政处罚，纠正违法行为，应当坚持处罚与教育相结合，教育公民、法人或者其他组织自觉守法"。而相较之下，劳动教养则更倾向于特别预防。总体来说，劳动教养是行政强制措施的一种特殊形态——强制教育改造措施，③遵循重新社会化原则，试图通过"对被劳动教养的人，实行教育、挽救、改造的方针，教育感化第一，生产劳动第二。在严格管理下，通过深入细致的政治思想工作、文化技术教育和劳动锻炼，把他们改造成为遵纪守法，尊重公德，热爱祖国，热爱劳动，具有一定文化知识和生产技能的建设社会主义的有用之材"④，进而达到预防个别违法行为人未来再次违法的目的，以保护前述法益。

---

① 刑法 (1997) 第九十条。
② 周振想编著：《刑法学教程》，中国人民公安大学出版社 1997 年第 2 版，第 315 页。
③ 杨建顺：《劳教制度废止当慎重——关于劳动教养制度的四个问题》，《人民论坛》2013 年第 3 期，第 72 页。
④ 《劳动教养试行办法》第三条。

（2）报应功能。所谓报应目的，系指满足报应感情的功能。[1] 它经由对罪行轻微、不够刑事处分的实施"反革命、反党反社会主义"行为人予以处罚，从而在一定程度上缓和一般人对前述违法行为的义愤，恢复被破坏的法秩序和国家安全。虽然，就劳动教养而言，有不少人无视或者忽略劳动教养作为一种制裁手段而具有的强制性，更多地将之视为一种带有强制性的教育措施。不过，自 20 世纪 80 年代以来，关于劳动教养的一些规范性文件已经将它定位为介于刑罚与治安管理处罚之间的限制人身自由的行政处罚，[2]甚或有的人将之视为轻刑罚（相当于保安处分），从而强调劳动教养本身所具有的报应功能，即惩戒违法行为人的功能。

（3）一般预防功能。所谓一般预防功能，系指防止社会上一般人陷入违法的功能。[3] 这主要表现为两方面：首先，通过在《劳动教养试行办法》及相关规范中规定对罪行轻微、不够刑事处分的"反革命分子、反党反社会主义分子"将处以劳动教养，预告相应行为可能承担的法律后果而威慑一般人，使其远离反革命、反党反社会主义行为；其次，通过对具体案件的违法行为人科处劳动教养，使一般人远离反革命、反党反社会主义行为。[4]

综上所述，《劳动教养试行办法》规定对罪行轻微、不够刑事处罚的反革命分子和反党反社会主义分子处以劳动教养的目的旨在通过劳动教养所具有的特别预防、报应以及一般预防功能，从而保障国家安全，具有正当性。

2. 适当性原则

适当性原则，又称妥当性原则或者适合性原则。它是指限制人民权利的措施应当有助于达成预期目的。合并《劳动教养试行办法》第十条第（一）项规定和第十三条第 1 句"劳动教养期限，根据需要劳动教养的人的违法犯罪事实、性质、情节、动机和危害程度，确定为一至三年"进行解读，对"罪行轻微、不够刑事处分的反革命分子、反党反社会主义分子"依其违法犯罪事实、性质、情节、动机和危害程度处以 1 年以上 3 年以下的劳动教养。在

---

① 参见【日】大谷实著：《刑法讲义总论（新版第 2 版）》，黎宏译，中国人民大学出版社 2008 年版，第 39 页。

② 杨建顺：《劳教制度废止当慎重——关于劳动教养制度的四个问题》，《人民论坛》2013 年第 3 期，第 72 页。

③ 参见【日】大谷实著：《刑法讲义总论（新版第 2 版）》，黎宏译，中国人民大学出版社 2008 年版，第 40 页。

④ 参见【日】大谷实著：《刑法讲义总论（新版第 2 版）》，黎宏译，中国人民大学出版社 2008 年版，第 40 页。

一定程度上，的确有助于实现前述报应、特别预防以及一般预防的目的，从而保护前述法益免受不法侵害。

3. 必要性原则

必要性原则，又称最小侵害原则，系指如果存在多种适合于达到目的的措施，则应选择其中对人民权利侵害最小的措施。那么，就本案而言，《劳动教养试行办法》第十条第（一）项规定并第十三条对人民言论自由权利的行使所加之限制是否合乎最小侵害原则的要求呢？这一问题的答案可通过与刑法有关反革命罪和危害公共安全罪的惩罚方式和强度进行比较而得出，因为：它所指向的"罪行轻微、不够刑事处分"的反革命行为或者危害国家安全的行为，较之应受刑法处罚的反革命或者危害国家安全行为，其恶性（Unwert，刑法学界一般将之译为"无价值"）显然要小，故而，根据必要性原则的要求，对它所采取的干预措施的强度应当小于对后者所采取的干预措施的强度，否则，则构成必要性原则的违反。

（1）《劳动教养试行办法》对反革命行为或者反党反社会主义行为干预手段及其强度。根据《劳动教养试行办法》第十条第（一）项和第十三条的规定，可以根据罪行轻微、不够刑事处分的反革命行为或者反党反社会主义行为的违法犯罪事实、性质、情节、动机和危害程度而科以行为人1—3年的劳动教养；其时间从通知收容之日起计算，通知收容以前先行收容审查或羁押的，一日折抵一日。在规定情形下，可以提前解除或者延长劳动教养，前者一般不超过原劳动教养期限的二分之一[①]，后者累计不得超过一年[②]。虽然学界对劳动教养的性质有着不同的见解，有的人认为它是一种强制性劳动教育改造的行政措施，有的人则认为它是一种行政处罚，不过，至少存在一定程度的共识——都承认劳动教养和行政拘留一样是一种行政措施而非刑罚手段。然而，在效果——对人身自由的干预强度上，和行政拘留一样，劳动教养与有期徒刑和拘役具有相似性，这可以从《最高人民法院关于劳动教养日期可否折抵刑期问题的批复》得到印证。最高人民法院在该批复中指出：

……关于劳动教养日期可否折抵刑期的问题，经我们研究，并征求了最高人民检察院和公安部的意见，同意你们提出的参照本院1957年9月30日[1957]法研字第20358号《最高人民法院关于行政拘留日期应否折抵刑期

① 《劳动教养试行办法》第五十七条。
② 《劳动教养试行办法》第五十八条。

等问题的批复》办理的意见。即:如果被告人被判处刑罚的犯罪行为和被劳动教养的行为系同一行为,其被劳动教养的日期可以折抵刑期;至于折抵办法,应以劳动教养一日折抵有期徒刑或拘役的刑期一日,折抵管制的刑期二日。在本批复下达以前,已判处有期徒刑、拘役和管制的罪犯,劳动教养日期没有折抵刑期,现仍在服刑的,可补行折抵;已服刑期满的,即不必再作变动。

而由此可知,就其对人民人身自由的干预效果而言,劳动教养1日相当于有期徒刑或拘役的刑期1日,重于管制,即劳动教养1日相当于管制刑期2日。

(2)刑法对反革命罪或者危害国家安全罪的干预措施及其强度。

1)刑法(1979)对反革命罪的干预措施及其强度。

刑法(1979)规定:

① 犯勾结外国、阴谋危害祖国罪(第九十一条),阴谋颠覆政府、分裂国家罪(第九十二条),策动投敌叛变或叛乱罪(第九十三条),投敌叛变且情节严重或者率众投敌的(第九十四条),持械聚众叛乱罪(第九十五条),聚众劫狱、组织越狱罪(第九十六条)且为首要分子或者其他罪恶重大的,犯间谍、资敌罪(第九十七条),反革命破坏罪(第一百条),反革命杀人、伤人罪(第一百零一条)的,处无期徒刑或者10年以上有期徒刑;

② 对投敌叛变罪,持械聚众叛乱罪(第九十五条)和聚众劫狱、组织越狱罪(第九十六条)之首要分子以外的其他积极参加者,情节较轻的间谍、资敌罪(第九十七条),反革命破坏罪(第一百条)或者反革命杀人、伤人罪(第一百零一条),处3年以上7年以下有期徒刑;

③ 对反革命集团罪(第九十八条),组织、利用封建迷信、会道门进行反革命活动罪(第九十九条),反革命煽动罪之首要分子或者其他罪恶重大的(第一百零二条),处5年以上有期徒刑;

④ 对反革命集团罪的其他积极参加者(第九十八条),组织、利用封建迷信、会道门进行反革命活动罪但情节较轻的(第九十九条),反革命煽动罪(第一百零二条),处五年以下有期徒刑、拘役、管制或者剥夺政治权利。其中管制的刑期为3个月以上2年以下①;拘役为15日以上6个月以下;②有期徒刑为6个月以上5年以下;剥夺政治权利为1年以上5年以下。

---

① 刑法(1979)第三十三条。
② 刑法(1979)第三十七条。

刑法(1979)关于反革命罪的规定

罪名		量刑	条文
罪名	情节		
犯勾结外国、阴谋危害祖国罪		处无期或者10年以上有期徒刑	91
阴谋颠覆政府、分裂国家罪			92
策动投敌叛变或叛乱罪			93
投敌叛变罪	情节严重、率众投敌或者率领武装部队、人民警察、民兵投敌叛变的		94
持械聚众叛乱罪	首要分子或者其他罪恶重大的		95
聚众劫狱、组织越狱罪			96
间谍、资敌罪			97
反革命破坏罪			100
反革命杀人、伤人罪			101
投敌叛变罪		3年以上10年以下有期徒刑	94
持械聚众叛乱罪	其他积极参加的		95
聚众劫狱、组织越狱	其他积极参加的		96
间谍、资敌罪	情节较轻的		97
反革命破坏罪	情节较轻的		100
反革命杀人、伤人罪	情节较轻的		101
反革命集团罪		5年以上有期徒刑	98
组织、利用封建迷信、会道门进行反革命活动罪			99
反革命煽动罪	首要分子或者其他罪恶重大的		102
反革命集团罪	其他积极参加的	5年以下有期徒刑、拘役、管制或者剥夺政治权利	98
组织、利用封建迷信、会道门进行反革命活动罪	情节较轻的		99
反革命煽动罪			102

对反革命集团罪(第九十八条),组织、利用封建迷信、会道门进行反革命活动罪(第九十九条)以及反革命煽动罪(第一百零二条)以外的其他反革命罪,倘若对国家和人民危害特别严重、情节特别恶劣的,可以判处死刑。不过,需要指出的是,对反革命罪应同时附加剥夺政治权利,①而且不得适用缓刑。②

2)刑法(1997)对危害国家安全罪的干预措施及其强度。

1997年修订时,刑法将反革命罪更名为危害国家安全罪,同时删除了此类犯罪主观上反革命目的的定义,并按照危害国家安全的性质对此类犯罪作了修改和调整,将该章中实际属于普通刑事犯罪性质的罪刑移入其他罪章。其中规定:

① 对背叛国家罪(第一百零二条),间谍罪(第一百一十条),分裂国家罪(第一百零三条第一款)、武装叛乱罪(第一百零四条)和颠覆国家政权罪(第一百零五条第一款)的首要分子或者犯该罪且罪行重大的,情节严重或者带领武装部队人员、人民警察、民兵投敌叛变的投敌叛变罪(第一百零八条)以及情节特别严重的为境外窃取、刺探、收买、非法提供国家秘密、情报罪(第一百一十一条),处无期徒刑或者10年以上有期徒刑;

② 对投敌叛变罪(第一百零八条),分裂国家罪(第一百零三条第一款)、武装叛乱罪(第一百零四条)和颠覆国家政权罪(第一百零五条第一款)的积极参加者,情节较轻的间谍罪(第一百一十条)和资敌罪(第一百一十二条),处3年以上10年以下有期徒刑;

③ 对分裂国家罪(第一百零三条第一款)、武装叛乱罪(第一百零四条)和颠覆国家政权罪(第一百零五条第一款)的其他参加者,处3年以下有期徒刑、拘役、管制或者剥夺政治权利;

④ 煽动颠覆国家政权罪(第一百零五条第一款)的首要分子或者犯该罪且罪行重大的和情节严重的资助危害国家安全犯罪活动,处5年以上有期徒刑;

⑤ 对情节严重的叛逃罪(第一百零九条)和为境外窃取、刺探、收买、非法提供国家秘密、情报罪(第一百一十条),处5年以上10年以下有期徒刑;

⑥ 对煽动颠覆国家政权罪(第一百零五条第二款)、资助危害国家安全

① 刑法(1979)第五十二条。
② 刑法(1979)第六十九条。

犯罪活动罪的直接责任人（第一百零七条）以及情节较轻的为境外窃取、刺探、收买、非法提供国家秘密、情报罪（第一百一十条），处5年以下有期徒刑、拘役、管制或者剥夺政治权利。其中：有期徒刑的期限为6个月以上5年以下；①管制的期限为3个月以上2年以下②，并且"羁押一日抵管制刑期二日"③；拘役的期限为1个月以上6个月以下，其间被判处拘役的犯罪分子每月可以回家一至两天。此外，尤须特别指出的是，较之刑法（1979），刑法（1997）作出一定调整：仅禁止对累犯适用缓刑，换言之，对因危害国家安全而被依法定罪的人也可以适用缓刑。

刑法（1997）关于危害国家安全罪的规定

罪名		刑罚	条文
罪名	情节		
背叛国家罪		无期徒刑或者10年以上有期徒刑	102
分裂国家罪	首要分子或者罪行重大的		103（1）
武装叛乱罪	首要分子或者罪行重大的		104
颠覆国家政权罪	首要分子或者罪行重大的		105（1）
投敌叛变罪	情节严重或者带领武装部队人员、人民警察、民兵投敌叛变的		108
间谍罪			110
为境外窃取、刺探、收买、非法提供国家秘密、情报罪	情节特别严重		111
资敌罪			112
分裂国家罪	积极参加的	3年以上10年以下有期徒刑	103（1）
武装叛乱罪	积极参加的		104
颠覆国家政权罪	积极参加的		105（1）
投敌叛变罪			108
间谍罪	情节较轻的		110
资敌罪	情节较轻的		112

---

① 刑法（1997）第一百零五条第二款并第四十五条。
② 刑法（1997）第四十条。
③ 刑法（1997）第四十一条。

续表

罪名		刑罚	条文
罪名	情节		
分裂国家罪	其他参加的	3 年以下有期徒刑、拘役、管制或者剥夺政治权利	103(1)
武装叛乱罪	其他参加的		104
颠覆国家政权罪	其他参加的		105(1)
煽动颠覆国家政权罪	首要分子或者罪行重大的	5 年以上有期徒刑	105(2)
资助危害国家安全犯罪活动罪	情节严重的		107
叛逃罪	情节严重的	5 年以上 10 年以下有期徒刑	109
为境外窃取、刺探、收买、非法提供国家秘密、情报罪			110
煽动颠覆国家政权罪		5 年以下有期徒刑、拘役、管制或者剥夺政治权利	105(2)
资助危害国家安全犯罪活动罪	直接责任人		107
为境外窃取、刺探、收买、非法提供国家秘密、情报罪	情节较轻的		110

（3）比较与结论

从前述"（1）《劳动教养试行办法》对反革命行为或者反党反社会主义行为的干预措施及其强度"和"（2）刑法对反革命罪或者危害国家安全罪的干预措施及其强度"的叙述来看，《劳动教养试行办法》对反革命、反党反社会主义行为的规制是否合乎必要性原则的问题仍需分成两个阶段加以检讨：

1)《劳动教养试行办法》与刑法（1979）

首先，比照《劳动教养试行办法》与刑法（1979）的规定，可以发现，较之（2）之 1）之①、②、③三种情形而言，《劳动教养试行办法》规定的期限要短，即，在此种情形下，《劳动教养试行办法》比刑法对人民基本权干预的强度要弱些。就此而言，其行为恶性大小与干预措施强弱尚难谓不合乎必要性原则的要求。

其次，就④而言，或许有人会认为法官在量刑上享有广泛的裁量权，可以自由选择 5 年以下有期徒刑、拘役、管制或者剥夺政治权利之一而对违法行为人予以处罚，不过，即便如此，法官之行使裁量权仍需要遵循罪刑相当原则——虽然刑法（1979）不同于刑法（1997）并未明确规定这一原则，但是，第二章第一节"犯罪与刑事责任"各项规定显然是在该原则的指导下制定的;更何况这也是平等原则的规定。① 换言之,对那些轻微罪行宜应从轻处罚。而对于那些边际犯罪行为(即刚刚构成犯罪的)则应从干预强度最小的有期徒刑、拘役、管制或者剥夺政治权利中择其轻者予以处罚。就此而言,《劳动教养试行办法》规定的1—3年的劳动教养对公民基本权的干预强度显然已经超过了刑法对前述反革命罪的规定,难谓合乎必要性原则,应宣告其违宪而无效。

2)《劳动教养试行办法》与刑法(1997)

首先,相对于修订后的刑法加诸(2)之2)之①、②、④、⑤四种情形的干预措施和强度而言,《劳动教养试行办法》对人民基本权的限制较弱,为此,尚难谓不合乎必要性原则的要求。

其次,就③、⑥两种情形而言,对违法行为人分别可以处以3年以下有期徒刑、拘役、管制或者剥夺政治权利或5年以下有期徒刑、拘役、管制或者剥夺政治权利。不过,在量刑时,法官裁量权的行使受刑法(1997)第四条之平等原则和第五条之罪责刑相适应原则的拘束,同时,也受宪法第三十三条第二款的拘束。就此而言,其对边际犯罪行为仍应从干预强度最小的有期徒刑、拘役、管制或者剥夺政治权利中择其轻者予以处罚。就此而言,《劳动教养试行办法》规定的1—3年的劳动教养对公民基本权的干预强度已然超越了刑法(1997)对此类危害国家安全罪的干预强度;再者,不同于刑法(1979)之禁止对反革命罪适用缓刑,刑法(1997)允许对被判处拘役、3年以下有期徒刑的危害国家安全罪分子适用缓刑。这就更凸显了《劳动教养试行办法》的严厉性。就此而言,恐难谓其合乎必要性原则的要求。

3)劳动教养决定与正当法律程序

除以上两点外,或许还应注意的是,虽然就人身自由限制而言,正如此前所指出的,《劳动教养试行办法》对公民言论自由和人身自由的干预程度可能超过刑法的干预强度,然而,较之法律对刑事程序的限制而言,法律对劳动教养的程序限制显然缓和许多,换言之,在后一种情形下,法律赋予公权力机关更多的权力和自由,但为公民提供的保障措施和强度却存在明显不足:一方面,有关劳动教养的法规规章"规定劳动教养的审批机构是省、自

---

① 宪法(1982)第三十三条第二款。不过,需要指出的,宪法(1978)并未明文规定"中华人民共和国公民在法律面前一律平等"或者类似的规定,为此,在《劳动教养试行办法》1982年1月21日施行之后、宪法(1982)1982年12月4日施行之前,恐难谓这是宪法的规定,而只能诉诸法理。

治区、直辖市和大中城市的劳动教养管理委员会。劳动教养管理委员会由公安、民政、劳动部门的负责人组成,管理领导劳动教养工作。但由于劳动教养委员会没有健全的组织机构,没有有效的办事机构,没有统一的领导机构,所以大部分地方的劳动教养委员会行同虚设";①另一方面,虽然"劳教管理委员会由公安、民政和教育部门等组成,但实际上主要是公安部门操作,没有严格的司法程序,强调了效率,忽略了公平,这就造成了很多问题,唐慧和任建宇的案中是决定环节出了问题,没有严格按照有关法律的规定和严格的程序允许当事人的申辩或者聘请律师帮他辩护,也没有经过法院的裁决,然后就把一个人判劳教了。所以,这在决定程序上还是不严格的。目前造成问题主要是这个环节出了问题"。② 就此而言,恐怕也难谓系争规定合乎必要性原则的要求。

4. 小结

从以上分析来看,虽然不宜简单地认为劳动教养办法对反革命或者危害国家安全的行为的规制违反比例原则;其中部分情形,有必要作进一步对其是否合乎均衡性原则进行审查,即审查其侵害的法益与其所要保护的法益之间是否处于一种"合理且适度的关系"。不过,就本案而言,其仅涉及《劳动教养试行办法》对罪行轻微、不够刑事处分的反革命煽动行为或者煽动颠覆国家政权的行为的干预是否违宪的问题,为此,并无纠缠于上述问题的必要。

从上述论证来看,《劳动教养试行办法》对罪行轻微、不够刑事处分的煽动颠覆国家政权的行为的处罚旨在通过劳动教养的特别预防、报应以及一般预防功能,维护国家安全,具有目的正当性。对煽动颠覆国家政权的行为科处劳动教养在一定程度上有助于上述目的的实现,为此,系争规范也符合适当性原则。不过,从《劳动教养试行办法》对上述行为的干预强度与刑法(1979)对反革命煽动罪和刑法(1997)对煽动颠覆国家政权罪的干预强度及法律对劳动教养程序和刑事程序的规制强度的比较来看,难谓系争《劳动教养试行办法》的规定合乎必要性原则,故应认定其违反比例原则而宣告其违宪无效。就此而言,重庆市劳教委在其《答辩状》中所作之辩解——认为"为发泄对我政治制度的不满,任建宇曾鼓吹、丑化妄图改变我政治体制。任建

---

① 韩丹:《论我国的劳动教养制度》,《法制与经济》2011年第9期,第178页。
② 《法学专家谈任建宇案:劳教须由劳教法来规范》,http://news.ifeng.com/mainland/detail_2012_11/22/19441685_0.shtml?_from_ralated。(2013年7月29日访问)

宇已构成煽动颠覆国家政权这一事实。检察机关认为任建宇犯罪情节轻微危害不大，不认为是犯罪，根据国务院《劳动教养试行办法》有关规定，对任建宇作出劳动教养两年的决定是符合法律法规规定的"——并不妥当。

结语

言论自由是人民享有的重要基本权之一，它具有有助于促进人格的形成和发展、发现真理、促进民主和促进一个具有适应性和稳定性的社会的功能，为此，应受宪法保障。而随着科技的发展，互联网作为言论自由的表达途径也变得日益重要，尤其是随着网民数量持续增长，它已经日益成为人民获得资讯、表达意见、行使参与权和监督权的重要途径之一。不过，和其他权利一样，言论自由的行使也受到了一定限制，国家得为他人利益和公共利益而对其行使进行限制，但其限制必须合乎法律保留原则和比例原则的要求。就本件案例而言，在宪法和法律对言论自由和人身自由的限制设有严格的法律保留——议会保留——的情形下，在全国人大及其常委会尚未以法律形式规定对罪行轻微的、不够刑事处分的反革命、反党反社会主义行为可以处以劳动教养的情形下，重庆市劳动教养委员会据以对任建宇作出处罚的决定的规范依据，《劳动教养试行办法》（就其性质而言仅仅是公安部制定的部门规章而已）却规定可以对上述行为处以 1 年以上 3 年以下的劳动教养，已然违反了法律保留原则，除此之外，在 1997 年刑法修订之后，《劳动教养试行办法》规定与刑法之间也存在不一致，从而违反法律优先原则的要求。就此而言，《劳动教养试行办法》违反法律保留原则的规定，应宣告其违宪。

另一方面，系争《劳动教养试行办法》第十条第（一）项和第十三条对罪行轻微的、不够刑事处分的反革命、反党反社会主义行为的规制也违反比例原则的规定。尽管就其目的而言，其规定对罪行轻微的、不够刑事处分的反革命、反党反社会主义行为，尤其是罪行轻微的、不够刑事处分的煽动颠覆国家政权的行为处以 1 年以上 3 年以下劳动教养，可以经由劳动教养的特别预防、报应以及一般预防功能而保护国家安全免受侵害，具有正当目的，而且所设置的处罚也有助于上述目的的实现，然而，较之刑法（1979）对反革命煽动罪的处罚以及刑法（1997）对煽动颠覆国家政权罪的处罚，其对言论自由的干预强度更高，就此而言，系争规定已然违反了最小侵害原则。为此，应认为系争规定违反比例原则而宣告其违宪。

国家赔偿法第十七条第(三)项的合宪性

问题的提出

《中华人民共和国国家赔偿法》第十七条规定了不予刑事赔偿[①]的几种情形,其中之一为第(三)项规定的:依照刑事诉讼法(1996年修订)第十五条规定不予追究刑事责任的人被羁押的,不予赔偿。[②] 其中,对于国家赔偿法第十七条第(三)项之下刑事诉讼法(1996年修订)第十五条[③]第(五)项情形的理解,应当合并国家赔偿法第六条[④]、

---

① 本文实际指向的是国家补偿问题,然而,由于国家赔偿法本身并未对赔偿和补偿做出明确的区分,且国外主流理论中亦无此种区分,故本文未沿用国内学术界主流对于赔偿和补偿的界分,而用"赔偿"一词。

② 国家赔偿法第十七条第(三)项所谓之刑事诉讼法第十一条系指修订之前的刑事诉讼法(1979年)第十一条。依据《全国人民代表大会关于修改〈中华人民共和国刑事诉讼法〉的决定》,已由中华人民共和国第八届全国人民代表大会第四次会议于1996年3月17日作出修订:

第十一条改为第十五条,其中关于"有下列情形之一的,不追究刑事责任,已经追究的,应当撤销案件,或者不起诉,或者宣告无罪"的规定修改为:"有下列情形之一的,不追究刑事责任,已经追究的,应当撤销案件,或者不起诉,或者终止审理,或者宣告无罪。"

第六项修改为:"(六)其他法律规定免予追究刑事责任的。"

该决定第三十四条第一款并规定:"向人民法院提起公诉前,原'被告'的称谓修改为:'犯罪嫌疑人'。"

由此,国家赔偿法第十七条第(三)项规定亦发生相应变更,并有进行重新阐述的必要,即国家对于因为"有下列情形之一的,不追究刑事责任,已经追究的,应当撤销案件,或者不起诉,或者终止审理,或者宣告无罪:(一)情节显著轻微、危害不大,不认为是犯罪的;(二)犯罪已过追诉时效期限的;(三)经特赦令免除刑罚的;(四)依照刑法告诉才处理的犯罪,没有告诉或者撤回告诉的;(五)犯罪嫌疑人、被告人死亡的;(六)其他法律规定免予追究刑事责任的"【刑事诉讼法(1997年修订)第十五条】人被羁押的不负刑事赔偿责任。

③ 见注②。

④ 国家赔偿法第六条规定:受害的公民、法人和其他组织有权要求赔偿。

受害的公民死亡,其继承人和其他有扶养关系的亲属有权要求赔偿。

受害的法人或者其他组织终止,承受其权利的法人或者其他组织有权要求赔偿。

第十五条①②、第十七条③、第十八条④及《最高人民法院关于执行〈中华人民共和国国家赔偿法〉几个问题的解释》第一条⑤的规定而为之。其涵盖如下几种情形：

1. 审判前犯罪嫌人或者判决前被告死亡的，有充分证据证明其有犯罪可能性的，不予赔偿；⑥

---

① 国家赔偿法第十五条规定：行使侦查、检察、审判、监狱管理职权的机关及其工作人员在行使职权时有下列侵犯人身权情形之一的，受害人有取得赔偿的权利：

（一）对没有犯罪事实或者没有事实证明有犯罪重大嫌疑的人错误拘留的；

（二）对没有犯罪事实的人错误逮捕的；

（三）依照审判监督程序再审改判无罪，原判刑罚已经执行的；

……

② 盛永彬在其所撰写之《〈国家赔偿法〉违宪条款质疑》一文中认为，该条所确定的"无罪羁押原则"，对于不应当拘留、不应当逮捕或不应当羁押的人予以羁押而剥夺其人身自由者而言，只要不是"无罪"，那么即使有关国家机关及其工作人员行为错误，甚至违法，其都是无法获得赔偿的。另外，其又指出，根据该条规定可能使得"被超期拘押者"可能因为有"事实证明有重大嫌疑"，即使将来其被判无罪释放，亦得不到补偿。就此而言，本条亦有违宪之虞。笔者深肯其主张，但以为对于所谓"违法"当作广义之理解，使其同时涵盖狭义之违法和滥用裁量权两个范畴。参见盛永斌：《〈国家赔偿法〉违宪条款质疑》，载《暨南学报（哲学社会科学版）》2005年第2期，第15页。亦可参见杨小君著：《国家赔偿法律问题研究》，北京大学出版社2005年6月版，第89—92页。

③ 国家赔偿法第十七条规定：属于下列情形之一的，国家不承担赔偿责任：

（一）因公民自己故意作虚伪供述，或者伪造其他有罪证据被羁押或者被判处刑罚的；

（二）依照刑法第十四条、第十五条规定不负刑事责任的人被羁押的；

（三）依照刑事诉讼法第十一条规定不追究刑事责任的人被羁押的；

（四）行使国家侦查、检察、审判、监狱管理职权的机关的工作人员与行使职权无关的个人行为；

（五）因公民自伤、自残等故意行为致使损害发生的；

（六）法律规定的其他情形。

④ 国家赔偿法第十八条规定：赔偿请求人的确定依照本法第六条的规定。

⑤ 该条规定："根据《中华人民共和国国家赔偿法》（以下简称赔偿法）第十七条第（二）项、第（三）项的规定，依照刑法第十四条、第十五条规定不负刑事责任的人和依照刑事诉讼法第十五条规定不追究刑事责任的人被羁押，国家不承担赔偿责任。但是对起诉后经人民法院判处拘役、有期徒刑、无期徒刑和死刑并已执行的上列人员，有权依法取得赔偿。判决确定前被羁押的日期不予赔偿。"

⑥ 对于第1种情形，国家赔偿法第十五条第（一）项表述为："对没有犯罪事实或者没有事实证明有犯罪重大嫌疑的人错误拘留的。"学术界对其颇多诉病，因为：仅以有事实证明有重大犯罪嫌疑而将被羁押的排除在国家赔偿法的救济范围之外，则违反了"无罪推定原则"，并且也与国家赔偿法本身的立法目的背道而驰。然而，如果采取过于严格的"无罪推定原则"，而有违宪之虞；但若进而认为所有未经依法判决而犯罪嫌疑人或者被告死亡的，苟有有刑法或者刑事诉讼法之特定不起诉或者不追究刑事责任之事由者，均应予以赔偿。这又使得犯罪嫌疑人、被告可能从中获益，进而损害侦察、检察、司法机关的尊严，侵损宪法和法律（尤其是刑法和刑事诉讼法）的权威性。因此，笔者主张，采用"排除合理怀疑"标准。只要存在合理怀疑，那么，就应当适用"无罪推定原则"而予赔偿；但一旦能够排除合理怀疑，则不予赔偿。参见注①。

2. 审判前犯罪嫌人或者判决前被告死亡,虽无犯罪事实或者充分证据证明其有犯罪可能性的,不予赔偿。

对于其中第 1 种情形,学界已经有详论,故本文不再赘述,仅将对其中的第 2 种情形进行探讨,进而明确国家是否应当负刑事赔偿责任以及该款项规定的合宪性问题。为便于分析,试举例如下:①

甲父乙因涉嫌犯罪而被羁押,在审前调查期间因故死亡,因此,A 人民检察院随之撤销其案件。但是数月后,基于同样事实而被起诉的其他三位共同被告丙、丁、戊,"因事实不成立"由 B 人民法院根据刑事诉讼法第一百六十八条规定判决无罪并予以开释,其后公诉机关未提起上诉。于是,丙、丁、戊三人根据国家赔偿法第十五条规定提起国家赔偿之诉,B 人民法院支持了他们的主张,并作成判决要求 A 人民检察院对该三人进行赔偿。于是,甲根据国家赔偿法第十八条规定提起赔偿之诉,要求 A 人民检察院并 C 公安局对其父之不当羁押予以赔偿。然而,B 人民法院以国家赔偿法第十七条第（三）项规定已将犯罪嫌疑人和被告虽被羁押但在判决前死亡的情形排除在国家赔偿法适用范围之外为由,不予以受理。甲于是又向 A 人民法院之上级人民法院 D 法院上诉,然而 D 人民法院亦以同样理由驳回甲的诉讼请求,维持了 A 人民法院不予受理的决定。

就此而言,下文将主要围绕着如下几个问题展开,即:国家赔偿法第十七条第（三）项的涵义是什么;对乙之羁押是否构成对其人身自由的不当限制,甲作为乙亲属是否有权提起国家赔偿之诉;对于乙之情形,或者说审判前犯罪嫌疑人死亡或者判决前刑事被告死亡者,国家不负刑事赔偿责任是否违反了平等原则、比例原则以及法制统一性原则?

一、国家赔偿法第十七条第（三）项的涵义不明确

就其字面而言,国家赔偿法第十七条第（三）项规定在刑事诉讼法 1996 年修正之前,指向刑事诉讼法（1996 年修订）第十五条第（三）项,其适用范围较指向刑事诉讼法（1979 年）第十一条第（五）项之时的适用范围有所扩大。但是,若将原第五届全国人民代表大会常务委员会委员长彭真同志 1979 年 6 月 26 日在第五届全国人民代表大会第二次会议上《关于七个法

---

① 值得一提的是,此案并非无中生有,其是笔者根据意大利宪法法院的一个相似的案件改编。参见意大利宪法法院 2004 年 12 月第 413 号判决。

律草案的说明》①和《全国人民代表大会关于修改〈中华人民共和国刑事诉讼法〉的决定》第三十四条第一款规定纳入考察视野内,则可以认为在此前立法者的认知中,刑事诉讼法(1979年)第十一条第(五)项中的所谓的"被告",不仅包括"提起公诉后的被告",也包括"提起公诉前的犯罪嫌疑人";且在实际审判过程中,法院所持见解亦同。② 即国家赔偿法第十七条第(三)项的适用范围并未产生实质性变动,或者说这仅纯粹是立法技术上的完善。

然而,应当注意的是刑事诉讼法(1979年)是第五届全国人民代表大会制定的,而对之进行修正的乃是第八届全国人民代表大会,此间历时约17年立法者的成员构成已经发生了巨大变化。③ 且一方面若认真考察彭真同志《关于七个法律草案的说明》,可以发现其在使用"被告"一词时均对应狭义上的刑事诉讼程序,就此而言,又难谓彭真同志,或者说当时的立法者无意区分"犯罪嫌疑人"和"被告"二概念;另一方面在1979年至1996年修订前的有关刑事诉讼法(1979年)的适用的有关解释文中,亦未发现全国人民代表大会及其常务委员会、最高人民法院或者最高人民检察院关于适用刑事诉讼法(1979年)的解释明确此处所谓之"被告"既包括审判前犯罪嫌疑人也包括判决前的被告,故亦难谓前揭《全国人民代表大会关于修改〈中华人民共和国刑事诉讼法〉的决定》的解释合乎当初立法者的意图。就此而言,刑事诉讼法(1996年修订)第十五条第(三)项的适用范围较之刑事诉讼法(1979年)第十一条第(五)项而言有明显的扩大,已然构成对国家赔偿法第十七条第(三)项的实质性修改。

不过,无论持何种见解,都不能认为全国人民代表大会前揭立法行为无任何可指责之处:既然其对刑事诉讼法作出修订,就有必要对与之相关的法

---

① 彭真同志在该报告中亦未将所谓的"被告"区隔为提起公诉前的犯罪嫌疑人和提起公诉后的被告。

② 参见"杜天福、孙廷华、周志华、周志友、贺明高投机倒把案",阿坝藏族自治州中级人民法院1981年1月31日判决。

③ 虽然我国有关法律并未对全国人民代表大会代表的连任予以限制,即不禁止连选连任,不排除可能出现相邻两届代表构成完全一样的可能性。但第五届和第八届全国人民代表大会之间相隔12年,鉴于全国人民代表大会代表的年龄构成、健康状况的不同,以及其他偶然性因素的存在,如因腐败而被罢免、因事故而死亡等,则全国人民代表大会代表之构成自然会发生变动,此不待言。

律作出调整或者修订，以免法律之间出现龃龉。① 遗憾的是，立法者对于此未予以足够的重视，而最高人民法院和最高人民检察院在关于刑事诉讼法和国家赔偿法的解释文中亦未能及时反映这一修改。②

二、国家赔偿法第十七条第（三）项可能违反无罪推定原则

要解决前揭案件，或者说论证国家赔偿法第十七条第（三）项的妥当性，首先必须明确的是，在这种情形下，国家赔偿法第十七条（三）项规定将判决前"犯罪嫌疑人或者被告死亡"的情形排除在国家赔偿法适用范围之外是否可能存在不当侵害乙，或者犯罪嫌疑人、被告的人身自由权情形。这是探讨该条文合宪性与否的一个前提性问题。在实行具体审查制度的国家中，亦是决定本案是否具有可诉性的关键因素之一。因为，人民对其身体自由享有充分的保障，乃是行使宪法上所保障其他自由与权利的前提。如果人身自由都无法得到保障，那么，其他自由与权利将成具文。在此意义上，人身自由可以说是最基本的人权。③ 而国家刑罚权的发动，无疑是对人身自由的最大威胁。④ 为此，各国宪法和法律对人身自由的限制均设定了限制实体性和程序性严格的，并提供了相应救济手段，我国亦然。不仅在宪法第三十七条对人身自由之保障作了专门的规定，2004 年宪法修正案并突出"国家尊重和保障人权"的义务，此外，立法法第九条第（四）项、第（五）项并对犯罪和刑罚、人身自由之保护作了法律保留的规定，刑法、刑事诉讼法等并对于宪法有关规定予以具体化，对人身自由的限制作了相对严格的规定，国家赔偿法则进一步明确了刑事赔偿的原则、范围和方式等，为人民人身自由权的行使提供了一定保障。然而，由于各方面原因，国家机关侵犯人民人身自由权利的案件屡见不鲜，其中亦不乏侵害人民生命

---

① 此一点笔者在《紧急状态：宪法效力与公民权利》一文中对于 2004 年修宪时，将"戒严"改为"紧急状态"而未能就其他相关法律作出调整亦有所批评。参见柳建龙、周沫：《紧急状态：宪法效力与公民权利》，《连云港职业技术学院学报》2006 年第 2 期，第 45 页。

② 此处应当注意的是，在国家赔偿法施行两年之后，最高人民法院颁布了司法解释才对此进行了说明；但即使最高人民法院和最高人民检察院的司法解释中对此问题作出了说明，亦难谓之妥当。因为根据立法法第九条之规定，对于此实行严格的法律保留制度。

③ 【日】野中俊彦：《（人身自由基本权）法定程序的保障》，【日】阿部照哉等编著：《宪法－基本人权篇》，周宗宪译，中国政法大学出版社 2006 年 4 月版，第 285 页。

④ 【日】野中俊彦：《（人身自由基本权）法定程序的保障》，【日】阿部照哉等编著：《宪法－基本人权篇》，周宗宪译，中国政法大学出版社 2006 年版，第 285 页。

权的案件。而国家赔偿法自身规定是否周延，对于人民权利的实现有着巨大的影响。

一般而言，在犯罪事实成立的情形下，法院有权根据犯人性格、年龄及生长环境，并犯罪情节及犯罪后的表现等，对该犯人量定适切妥当的刑罚。就此而言，尽管该犯人部分犯情虽与其他犯人类似，亦有处以较重处罚的可能，属法院裁量权之范畴，系理所当然，不能说其违背宪法所规定的平等原则。① 但是，如果不存在所谓犯罪事实或者证据尚乏充分，不能排除合理怀疑，那么就不能凭之而对不同犯罪嫌疑人或者被告作成实质上相反的两种决定。② 因为，根据所谓的证据裁判原则，犯罪事实应当依证据予以认定，无证据或者证据不充分，即不得认定其犯罪事实，这乃是证据规定的帝王条款之一，支配刑事诉讼法所有的犯罪事实之认定。③ 而所谓"无证据不得认定其犯罪事实"，从反面来看，既然有证据始能认定犯罪嫌疑人或者被告的犯罪事实，则亦表示犯罪嫌疑人或者被告受到无罪推定的保护，在确认能够推定其犯罪事实的证据之前，被告应当受无罪之推定，这即是所谓的无罪推定原则的展现，④这也是刑事诉讼法（1996 年修正）第十二条⑤规定的具体表现。为此，就前述案件而言，法院对于共同被告丙、丁、戊的"事实不成立"而无罪开释的判决效力应当及于因死亡而撤销案件的其他犯罪嫌疑人或者被告，因为，只要乙不死亡，基于相同理由，他也可以获得无罪开释的判决。⑥ 这应当予以肯定，否则，则有违反刑事诉讼法（1996 修订）第六条规定之虞。

既然乙在法律上是无罪的，那么，就不能认为对其进行羁押是适当的。因为所谓的羁押乃是为了防止被告逃亡及保全证据，以完成诉讼并保全刑事程序为目的，而将犯罪嫌疑人或者被告拘禁于一定场所的强制处分。⑦ 属于判决有罪前就现行拘禁犯罪嫌疑人或者被告之行为。⑧ 根据刑法（1997 年修订）第四十一条、第四十四条及第四十七条的规定：管制判决执行前被

---

① 参照昭和 23 年（れ）第 435 号，同年 10 月 6 日大法庭判决集 2 卷 11 号，第 1275 页。
② 【英】Tracey Aquino 著：《证据法基础（第二版）》，武汉大学出版社 2004 年版，第 7 页。
③ 林钰雄著：《刑事诉讼法》（上册总论篇），中国人民大学出版社 2005 年版，第 344 页。
④ 林钰雄著：《刑事诉讼法》（上册总论篇），中国人民大学出版社 2005 年版，第 344—345 页。
⑤ 该条规定："未经人民法院依法审判，对任何人都不得确定有罪。"
⑥ 参见意大利宪法法院 2004 年 12 月第 413 号判决。
⑦ 参见林钰雄著：《刑事诉讼法》（上册总论篇），中国人民大学出版社 2005 年版，第 264 页。
⑧ 参见林钰雄著：《刑事诉讼法》（上册总论篇），中国人民大学出版社 2005 年版，第 264 页。

羁押的,羁押 1 日折抵刑期 2 日;拘役或者有期徒刑判决执行前被羁押的,羁押 1 日折抵刑期 1 日。也就是说,羁押具有很强的刑罚特征,虽然其与管制、拘役或者有期徒刑之执行存在性质上的不同,但其形式上极为相似,且其与无罪推定原则之间的紧张关系并未因此种不同而有消解。为此,一旦立法层面或者司法层面滥用羁押手段,则构成对无罪推定原则的实质性颠覆。① 就此而言,尽管有关机关在执行羁押时,并未违法,但并未排除其过度侵害人民基本权的可能性。就此而言,受害人亲属应有根据国家赔偿法第十八条和宪法第四十一条第三款提起国家赔偿请求的权利。

然而,根据国家赔偿法第十七条第（三）项的规定,此种情形下受害人亲属之赔偿请求权乃被明确排除在其适用范围之外。尽管一直以来,学界有主张,于此,不能认为侦查、起诉阶段的羁押工作为司法错误,故对于在这两个阶段中对犯罪嫌疑人或者被告的羁押因而不产生赔偿责任。② 然而,一方面正如前述,国家机关在合法行使公权力情形下亦有侵害人民基本权之可能性存在。再者,法谚谓"无救济无权利",故立法机关对于救济权利之限制亦须适当,否则,无疑会从另一方面导致公安机关、检察机关、国家安全机关等在行使该项权力时无所忌惮,进而导致对人民基本权的过度侵害。就此而言,实在有对该条规定之妥当性展开进一步检讨的必要。

且较之国家赔偿法中第三条并第六条有关行政赔偿的规定而言,亦难谓国家赔偿法第十七条第（三）项的规定适切妥当。根据前揭第三条第（二）项、第（三）项的规定,行政机关及其工作人员行使职权时违法拘留或者违法采取限制公民人身自由的行政强制措施的、或者非法拘禁或者以其他方法剥夺公民人身自由的,受害人有取得赔偿的权利。即使在受害人死亡的情形下,其继承人和其他有抚养关系的亲属有根据第六条要求赔偿的权利。何以第十七条第（三）项会将提起公诉前犯罪嫌疑人或者提起公诉后判决前被告死亡的情形排除在赔偿范围之外？须知对于人民所采取之羁押可能给人民自由权利造成的侵害远较对于其所采取行政之强制措施可能造成的侵害更巨。在此种情形下,根据比例原则,无疑应当对前

---

① 参见林钰雄著:《刑事诉讼法》(上册总论篇),中国人民大学出版社 2005 年版,第 264 页。

② 参见左卫民:《刑事赔偿程序》,陈光中主编:《刑事诉讼法》,北京大学出版社、高等教育出版社 2005 年第 2 版,第 451 页;皮纯协、冯军:《国家赔偿法释论》,中国法制出版社 1996 年版,第 208、209 页。另外,一个现象亦须值得注意,在部分有关国家赔偿法的专著中并未将第十七条第（二）项规定之情形纳入考察范围。

者提供更为有力的保障；且另一方面，行政强制之启动远较刑事强制之启动更为简易频繁，在此种情形下主张若规定对于前述犯罪嫌疑人或者被告死亡之情形进行赔偿，可能束缚办案人员手脚，影响办案效率，亦难谓合理。

三、国家赔偿法第十七条第（三）项可能违反平等原则

如上所述，由于平等权具有一定的相对性与合理差别性①，故对于同等情形作出不同的决定并不必然违反宪法上平等原则，惟此种差别，尤其是涉及到人民基本权限制时须具有高度合理性，否则仍有被判定为违宪之虞。就国家赔偿法第十七条第（三）项规定而言，不同于《意大利刑事诉讼法典》第314条的是，后者是因为未对审理前犯罪嫌疑人或者判决前被告死亡的情形予以规定，而将其遗漏在国家赔偿的适用范围之外而被宪法法院判定侵犯宪法上平等原则而违宪②，我国国家赔偿法则是将审理前犯罪嫌疑人或者判决前被告死亡的情形以明示的方式排除在国家赔偿范围之外，而有侵犯宪法上平等原则之虞。③

就引言所揭情形1而言，应不予以赔偿，因为一方面是对其羁押合乎法律规定；另一方面，在侦查机关不存在其他的违法行为的情况下，对其进行羁押从结果或者过程上看亦不存在不当之处。此亦目前世界各国所普遍认同的做法。④ 然而，情形2案例中丙、丁、戊之情形与乙之情形间尽管存在一定差别，前者已经明确为无罪，后者为推定为无罪；但根据无罪推定原则或者疑罪从无之规定，应当视乙为无罪，即认为对其之羁押违法或者不当，⑤二者从法律效果上讲应属一致，即法律上均不得认为犯罪嫌疑人或者被告有罪，且应依法予以补救。为此，对于二者应当根据法律予以平等对待，即一方面应当肯认国家机关及其工作人员在行使职权的过程中侵害了犯罪嫌疑人或者被告的合法权益，另一方面对于此种侵害应当采取合理的措施予以

---

① 胡锦光、韩大元著：《中国宪法》，法律出版社2004年版，第229页。

② 参见意大利宪法法院2004年12月第413号判决。

③ 与一位高院行政庭的法官探讨了一下，他认为实际上此种排除在实务中，可能对于被害人家属而言更为有利。若以国家赔偿的标准进行计算，那么，相比之下，当前家属可能获得的经济赔偿可能要缩水许多。但我以为这是一个标准计算的问题，并非法律体系上的问题。对于国家赔偿法的计算标准改革问题的讨论已经汗牛充栋了，这里不再赘述。

④ 参见意大利宪法法院2004年12月第413号判决。

⑤ 参见应松年、杨小君：《国家赔偿若干理论与实践问题》，《中国法学》2005年第1期，第4页。

补救。尽管这种补救措施在一定程度上可能会存在差别,但就其性质而言应当相当,不应截然相反。

因为,依照我国宪法第三十七条之规定,我国人民享有宪法上所保障之充分之人身自由权①。一旦此种权利由于国家机关和国家工作人员侵犯受到损害,那么,根据宪法第四十一条第三款的规定,即有依照法律规定取得赔偿的权利。此二项权利,根据宪法第三十三条第二款的规定,均受法律之平等保护。并且根据《中华人民共和国宪法修正案》第二十四条的规定,国家负有提供此种保护的义务。

故就前揭案件而言,即使刑事诉讼法或者国家赔偿法赋予政府按其意志自由行事的无限权利,那么,在这个意义上,就算政府的所有行为在形式上都是合法的,也并不意味着其必然是法治原则下的合法。② 从这一点上讲,对于乙的羁押是不当的,因而应予以赔偿。即国家赔偿法第十七条第(三)项所规定之审判前犯罪嫌疑人或者判决前被告死亡的情形与国家是否承担对其之不当羁押的赔偿责任没有关系,并不构成国家不承担赔偿责任的理由。③

四、国家赔偿法第十七条第(三)项可能有损法制统一性

国家赔偿法第一条明确地表达了制定该法的目的,是为了保障公民、法人和其他组织享有依法取得国家赔偿的权利,促进国家机关依法行使职权。并于第二条规定:"国家机关和国家机关工作人员违法行使职权侵犯公民、法人和其他组织的合法权益造成损害的,受害人有依照本法取得国家赔偿的权利。"对于该项规定,学界一般解释为"违法归责原则",认为只有国家机关及其工作人员在行使职权行为过程中违法造成损害的才赔偿,如果不违法,即使造成了损害,也不负赔偿责任。④ 而前揭第十七条第(三)项正是这一归责原则的具体表现。并主张如果在此种情形下赋予死亡之犯罪嫌疑人

---

① 此处,笔者以为有必要对于公民依此作扩大之解读。因为人身自由乃一项基本人权,并应对其扩大理解,使之及于外国人和无国籍人。

② 【英】弗里德里希·冯·哈耶克著:《法律、立法与自由》(第二卷、第三卷),邓正来译,中国大百科全书出版社 2000 年版,第 53 页。转引自张明楷著:《刑法分则的解释原理》,中国人民大学出版社 2004 年版,第 10 页。

③ 高家伟著:《国家赔偿法》,商务印书馆 2004 年版,第 146 页。

④ 参见杨小君著:《国家赔偿法律问题研究》,北京大学出版社 2005 年版,第 96 页。

或者被告以赔偿请求权，会使得公安机关、检察机关或者国家安全机关等疲于诉讼，而且束缚其手脚，从而可能使得其畏首畏尾从而错过羁押犯罪嫌疑人或者被告的时机，使其得以逃脱，不仅影响办案效率而且对社会尚有危险之虞。

然而，此种主张甚为乏力。倘若参照民法通则（1986 年）规定第一百二十一条①和《最高人民法院关于贯彻执行〈中华人民共和国民法通则〉若干问题的意见（试行）》（1988 年）第一百五十二条②之规定，即可发现，在国家赔偿法制定前，只要国家机关工作人员在执行职务中，给公民、法人的合法权益造成损害的，就应当承担相应的侵权责任，并非不限于因狭义的违法行为而侵害公民、法人的合法权益的情形。应当注意的是，较之宪法第四十一条第三款规定，此两条规定并非直接明白地规定了公民有获得国家赔偿的权利；相反，其通过使国家负担因给公民、法人的合法权益造成损害而生的责任间接地提示了人民所享有的获得救济的权利；另一方面通过"应当"一词的限定，在一定程度上拓展了国家履行责任的形式，使之不仅包括了国家机关及其工作人员主动弥补由其行为所导致的损害的情形，也包括了国家机关因人民之提起诉讼而被迫去弥补等情形，就此而言，笔者以为该两项规定实际上为了人民权利提供了更有力的保障。③ 此一主张亦可从原全国人大法律委员会副主任委员蔡诚同志 1994 年 5 月 5 日在第八届全国人民代表大会常务委员会第七次会议上所作的《全国人大法律委员会关于〈中华人民共和国国家赔偿法（草案）〉审议结果的报告》中得到印证。在报告中，其明确指出有些委员建议"草案当明确规定，赔偿义务机关对受到损害的人应当依照本法主动给予赔偿"④，并且也据此做了相应的修改。为此，如果国家赔偿法第二条之所谓"违法"作狭义解释，不仅从立法技术和价值观念上来讲是相对于民法通则（1986 年）和《最高人民法院关于贯彻执行〈中华人民共和国民法通则〉若干问题的意见（试行）》的倒退，与当初制定国家赔偿法的意

---

① 该条规定："国家机关或者国家机关工作人员在执行职务中，侵犯公民、法人的合法权益造成损害的，应当承担民事责任。"

② 该条规定："国家机关工作人员在执行职务中，给公民、法人的合法权益造成损害的，国家机关应当承担民事责任。"

③ 此处之区分可参见 Robert Alexy, *A Theory of Constitutional Rights*, Oxford University Press (2002), pp. 30-38。

④ 参见《全国人大常委会公报》1994 年第 5 期。

旨相背；另一方面根据有关基本权的一般理论，虽则基本权与非基本权的界限是相对的、流动的，非基本权可能因基本权保障范围的扩大而成为基本权的保障事项，但是，逆向叙述是不能成立的，即任何基本权的核心部分不应缩减以至于成为非基本权的一项，从这一点上来讲，在没有除外条款的情况下，前揭国家赔偿法的规定实际上限缩了宪法第四十一条第三款所保障的基本权的范围，就这一点上来讲，其明显违宪无疑。为此，对于国家赔偿法第二条"违法"一词自应采取广义的解释较为适切，即其不仅适用狭义的违法行为，同时适用于滥用裁量权的行为，同时及于"合法"和"合理"两个层面。

当然，也有人会认为这种解释具有较大的恣意性，立法者的意图的确也可能历经了巨大的变迁，为因应所谓的"社会需要"而改采狭义的违法归责原则。然而，即使肯认这种变迁的合法性而言，亦应注意的是 1998 年 10 月 5 日我国批准《公民权利和政治权利国际公约》，根据该公约第 9 条第 4 款的规定，任何遭受非法逮捕或拘禁之受害者，均有得到赔偿的权利。得请求赔偿之范围及于广义之"违法"的情形。[①] 且我国早就签署并批准《世界人权宣言》，依据该宣言第 8 条的规定，任何人当宪法或法律所赋予他的基本权利遭受侵害时，都有权由合格的国家法庭对这种侵害行为作有效的补救。对于该条的解释显然并非能以我国之意见为己足，在未有明确的保留条款的情况下，而应当根据国际上的普遍认知和共识对之进行解释。就该条规定而言，国际上普遍认为在其宪法或法律所赋予他的基本权利遭受侵害时，无论这种侵害是由于国家机关及其工作人员的违法行为或者滥用裁量权的行为造成的，任何人均有权由合格的国家法庭对这种侵害行为作有效的补救，对于此项救济权之行使，不得予以限制。[②] 故而，就该二条约之间的贯通性而言，应当认为立法者的意图未曾发生变迁。为此，亦不宜对国家赔偿法第二条的归责原则作狭义解释。

综上所述，主张国家赔偿法第十七条第（三）项所采取的归责原则是属于狭义上的"违法归责原则"，不仅与第二条规定的广义的违法归责原则相龃龉，也侵害了法制统一性原则。就此而言，亦当认定其有违宪之事实存在。

[①] 第九届全国人民代表大会常务委员会早在 2001 年 2 月 28 日第二十次会议即批准了《经济、社会和文化权利国际公约》，时至今日，签署公约已近 10 年，却尚未批准《公民权利和政治权利国际公约》。就此而言，当不宜主张该公约对于我国的拘束效力。然而，从比较法的角度上来讲，世界多数国家已经批准了该公约，其亦具有佐证的效果。

[②] 参见意大利宪法法院 2004 年 12 月第 413 号判决。

结语:一种解释

尽管国家赔偿法第十七条第(三)项中并未以但书规定将没有犯罪事实或者缺乏充分证据证明犯罪嫌疑人或者被告犯有某罪的情形排除在其适用范围之外,或者说未将其与有证据证明犯罪嫌疑人和被告可能犯有某罪等其他情形作区别对待,从而形成了对公权力机关及其工作人员的过度保护,使其对于权利的恣意、滥用有恃无恐,进而使得国家赔偿法成为一把"漏雨的伞"①,未能充分发挥其保障人民权利的功能。但是,即使在存在司法审查制度之国家,司法审查机关亦不能恣意做成违宪判断,相反,一般则遵循合宪—合宪性解释(合宪保留)—部分违宪—违宪的这样一个判断步骤,只有在前一步骤之判断尚且无法完全实现充分保障人民权利,或者依照此种判断会损害宪法上的价值和精神时才会做成下一步骤的判断。这一点已是分权原则的充分体现,司法审查机关只有保持充分的自我克制,这样才能不超越其权限,进而侵害立法机关或者行政机关之宪法上权力和地位。且从另一方面上讲,修改法律所需社会成本远远高于透过法律解释对漏洞或者缺陷进行补充和修正,从这一点上讲,亦不应轻易地作出违宪判断,使立法机关疲于奔命。

故就国家赔偿法第十七条第(三)项而言,笔者主张对之进行合宪性解释。首先,应当根据宪法保障人权的精神和国家赔偿法的立法目的,对其进行合宪性和合目的性解释。另外,透过国家赔偿法第十五条之规定对其进行限制性解释,将不予赔偿的情形限制在有充分证据证明犯罪嫌疑人或者被告犯有某罪之情形。然而,即使如此亦当注意采取羁押这一手段应合乎比例原则。至于第十五条第(一)项所谓对于有重大犯罪嫌疑的不予赔偿,显然不合乎罪行法定原则,当予以判定违宪无疑。

---

① 【英】丹宁勋爵著:《最后的篇章》,刘庸安、李燕译,法律出版社 2000 年版,第 194—195 页。

国家赔偿法死亡赔偿金条款的合宪性

问题的提出

《中华人民共和国国家赔偿法》①第三十四条规定：

侵犯公民生命健康权的，赔偿金按照下列规定计算：

造成身体伤害的，应当支付医疗费、护理费，以及赔偿因误工减少的收入。减少的收入每日的赔偿金按照国家上年度职工日平均工资计算，最高额为国家上年度职工年平均工资的五倍；

造成部分或者全部丧失劳动能力的，应当支付医疗费、护理费、残疾生活辅助具费、康复费等因残疾而增加的必要支出和继续治疗所必需的费用，以及残疾赔偿金。残疾赔偿金根据丧失劳动能力的程度，按照国家规定的伤残等级确定，最高不超过国家上年度职工年平均工资的二十倍。造成全部丧失劳动能力的，对其扶养的无劳动能力的人，还应当支付生活费；

造成死亡的，应当支付死亡赔偿金、丧葬费，总额为国家上年度职工年平均工资的二十倍。对死者生前扶养的无劳动能力的人，还应当支付生活费。

前款第二项、第三项规定的生活费的发放标准，参照当地最低生活保障标准执行。被扶养的人是未成年人的，生活费给付至十八周岁止；其他无劳动能力的人，生活费给付至死亡时止。

本条对人身损害的国家赔偿范围和标准作了规定，其中第一款第

---

① 1994 年 5 月 12 日第八届全国人民代表大会常务委员会第七次会议通过，1994 年 5 月 12 日中华人民共和国主席令第 23 号公布；根据 2010 年 4 月 29 日第十一届全国人民代表大会常务委员会第十四次会议通过、2010 年 4 月 29 日中华人民共和国主席令第 29 号公布、自 2010 年 12 月 1 日起施行的《全国人民代表大会常务委员会关于修改〈中华人民共和国国家赔偿法〉的决定》第一次修正；根据 2012 年 10 月 26 日第十一届全国人民代表大会常务委员会第二十九次会议通过、2012 年 10 月 26 日中华人民共和国主席令第 68 号公布、自 2013 年 1 月 1 日起施行的《全国人民代表大会常务委员会关于修改〈中华人民共和国国家赔偿法〉的决定》第二次修正。

(三)项为侵害公民生命权的国家赔偿范围和方式的规定。虽然自国家赔偿法 1995 年 1 月 1 日施行以来,该规定在保护公民合法权益,尤其是使之获得赔偿,促进国家机关及其工作人员依法行政作出了举足轻重的贡献,但是,所设定的赔偿范围过窄、标准过低,为此,在施行后不久,就受到了多方批判。除前述两方面外,其还存在以下两方面问题:

一方面,由于国家赔偿法本身未能明确"上年度"一词的具体含义,因此在行政和司法实务中基于不同的理解形成了两种见解:一种认为它应当是指违法行为发生时的上年度;①(以下称为违法行为时上年度说)另一种则认为,虽然国家赔偿法中并无具文,不过,最高人民法院已经就刑事赔偿作成司法解释,在这种情形下,行政赔偿和司法赔偿与刑事赔偿同为国家赔偿,二者赔偿金额的计算,当然应采取同刑事赔偿相一致的标准,故它应当是指赔偿义务机关、复议机关或者人民法院赔偿委员会首次作出赔偿决定的上年度。②(以下称为赔偿决定作成时上年度说)虽然,无论在实务中还是理论上,一般都认为后说较为有力,并且为多数法院所采用。③ 不过,前述司

---

① 如在《李伟珍诉钦州市公安局以殴打暴力行为致其子梁永成死亡请求行政赔偿案》(〔(1999)桂行终字第 14 号行政赔偿判决〕中,钦州市公安局在上诉状即主张"原审判决计算赔偿数额错误。依据国家赔偿法第二十七条的规定,即使国家赔偿,其赔偿数额应以致害行为发生的上年度即 1995 年的国家职工平均工资进行计算,而不应按法院作出判决的上年度 1998 年进行计算。据此请求二审法院撤销一审判决"。李友信、金俊银:《李伟珍诉钦州市公安局以殴打暴力行为致其子梁永成死亡请求行政赔偿案》,载祝铭山主编:《行政赔偿诉讼》,中国法制出版社 2004 年第 1 版,第 1—98 页。

② 参见汪本雄、金俊银:《赵仕英等诉秭归县公安局行政赔偿案》,载祝铭山主编:《行政赔偿诉讼》,中国法制出版社 2004 年第 1 版,第 1—82 页;重庆市高级人民法院行政庭:《浅谈国家赔偿金计算标准》,载 http://lw. jcrb. com/shownews. aspx? articleid = 13628&page = 4。(2009 年 6 月 1 日访问)

个人以为这一见解对《最高人民法院关于人民法院执行〈中华人民共和国国家赔偿法〉几个问题的解释》(法发〔1996〕15 号)存在一定的误解,即以该解释中前五条均指向刑事赔偿问题而将其视为最高人民法院就刑事赔偿中如何适用国家赔偿法所作的司法解释;但是,倘若将该解释同其他司法解释进行比照,可以发现最高人民法院在就某方面作专门解释时,均会在标题中指明解释所适用的范围,如《最高人民法院关于审理行政赔偿案件若干问题的规定》法发(〔1997〕10 号)、《最高人民法院关于民事、行政诉讼中司法赔偿若干问题的解释》(法释〔2000〕27 号)、《最高人民法院关于刑事赔偿和非刑事司法赔偿案件案由的暂行规定(试行)》(法发〔2000〕2 号),等等;而对于就国家赔偿法所作的一般性解释则不然,多在标题中指明适用的具体范围,如《最高人民法院关于审理人民法院国家赔偿确认案件若干问题的规定(试行)》、《最高人民法院关于〈中华人民共和国国家赔偿法〉溯及力和人民法院赔偿委员会受案范围问题的批复》(法复〔1995〕1 号),等等。就此而言,不宜认为该解释仅是针对刑事赔偿的司法解释。

③ 如《杨培富申请刑事赔偿案》(山西晋城市中级人民法院赔偿委员会 1998 年 11 月 2 日决定)。

法解释施行至今已经近二十年,但是,在实务中,尤其是作为赔偿义务机关的行政机关、检察机关或者司法机关在争议中却常常主张违法行为时上年度说,而某些审理案件的行政复议机关和人民法院在某些情形下也会罔顾法律和最高人民法院司法解释的规定、法制的统一性而适用违法行为上年度说,实在不免令人心生费解。

【黄成城诉重庆市劳教委案】①2011 年上半年,黄成城因在网上发布所谓"不当言论"而被重庆市劳教委处以劳动教养 2 年,2012 年 12 月后者以"处理不当"为由撤销了该决定。但是,在 2013 年 4 月黄成城提起的行政赔偿诉讼中,重庆市劳教委则坚持认为应按照 2011 年的标准(即国家 2010 年度职工日平均工资)计算对侵害黄成城人身自由的赔偿金。

另一方面,第 3 项死亡赔偿金的构成及其合理性也存在疑问:

首先,对死亡赔偿金的内涵,理论和实务上都存在两种不同的解释:通说认为死亡赔偿金和丧葬费之和为国家上年度职工年平均工资的二十倍,少数说则认为死亡赔偿金的总额为国家上年度职工年平均工资的二十倍,丧葬费应另行计算;

其次,对该项若采通说或者字面解释,则可能致使死亡赔偿金的设立基础土崩瓦解,因为:一者,死亡赔偿金的设计可能存在反向歧视,有违反宪法和法律上平等原则的嫌疑;二者,较之国家赔偿法第三十四条第一款第(二)项,死亡赔偿金的设计有违反比例原则的嫌疑。

就上述两点而言,国家赔偿法关于死亡赔偿金的规定不仅不利于公民权利的保障,也可能损害法律、行政机关和司法机关的权威,从而窒碍法治国家的进程,故实有进一步探讨和完善的必要。

一、死亡赔偿金的概念与性质

(一)死亡赔偿金的概念

死亡赔偿金,系指在国家机关及其工作人员行使职权行为而侵害公民生命健康权,造成其死亡的情形下,由国家支付给其相关近亲属的赔偿费用。其包括如下几层涵义:

1. 死亡赔偿金的主体是国家,即赔偿责任由国家承担。具体表现为:一

---

① 王世宇、黄永捷:《重庆被劳教者黄成城获赔 13 万》,《南方都市报》2013 年 7 月 6 日第 A13 版。

方面,死亡赔偿金是在国家机关及其工作人员行使职权而侵害公民生命健康权,造成其死亡的情形下,由国家向受害人相关近亲属支付的;另一方面,死亡赔偿金的费用来自于国库,其费用列入各级财政预算。仅在工作人员存在刑讯逼供或者以殴打、虐待等行为或者唆使、放纵他人以殴打、虐待等行为①或者违法使用武器、警械②造成公民身体伤害或者死亡的,以及在处理案件中有贪污受贿,徇私舞弊,枉法裁判行为的情形下,国家才可以对其追偿部分或者全部赔偿费用。③

2. 死亡赔偿金是国家机关及其工作人员行使职权行为引起的。具体而言:(1)系争行为的主体是国家机关、法律法规授权的组织及其工作人员;(2)系争行为的性质应当是职务行为,即国家机关或者公务员所实施的高权行为;(3)引起死亡赔偿金的行为可以是违法行为,也可以是不违法但造成损害后果的行为。

3. 公民的生命安全受到侵害,且其死亡和国家机关及其工作人员的职权行为之间存在因果关系。

4. 死亡赔偿金的请求权主体是死者的近亲属。

(二)死亡赔偿金的性质

关于死亡赔偿金的性质,主要是精神抚慰金说或者精神损害赔偿金说,以及财产性的损害赔偿说。其中后者又包括了继承丧失说和扶养丧失说。下面简单分析如下:

1. 精神抚慰金说

有些人认为,就其性质而言,死亡赔偿金是精神抚慰金。④ 此见解主要是建立在实定法对死亡赔偿金性质的界定基础之上。2001 年最高人民法院《关于确定民事侵权精神损害赔偿责任若干问题的解释》第九条规定:

精神损害抚慰金包括以下方式:

(一)致人残疾的,为残疾赔偿金;

(二)致人死亡的,为死亡赔偿金;

(三)其他损害情形的精神抚慰金。

---

① 中华人民共和国国家赔偿法(2012 年修订)第十七条第(四)项。

② 中华人民共和国国家赔偿法(2012 年修订)第十七条第(五)项。

③ 中华人民共和国国家赔偿法(2012 年修订)第三十一条第一款。

④ 丁海俊:《论我国〈侵权责任法〉上的死亡赔偿制度——兼谈对〈侵权责任法〉第 16、17、18 条和第 22 条的理解》,《法学杂志》2010 年第 3 期,第 13 页。

此外,国家赔偿法上的死亡赔偿金与该法规定的残疾补偿金和侵害人身自由以及《最高人民法院关于审理人身损害赔偿案件适用法律若干问题的解释》所规定的死亡赔偿金不同:从法律规定来看,后三者将身体完整权、人身自由以及生命权的侵害视为财产性侵害,其赔偿范围为在受害人一时或持续、部分或全部丧失收入能力情形下劳动收入的丧失,需要根据死者的年龄、健康状况、收入、能力而作必要的调整。这一点在《最高人民法院关于审理人身损害赔偿案件适用法律若干问题的解释》中体现得尤为明显。其第二十九条规定:"死亡赔偿金按照受诉法院所在地上一年度城镇居民人均可支配收入或者农村居民人均纯收入标准,按二十年计算。但六十周岁以上的,年龄每增加一岁减少一年;七十五周岁以上的,按五年计算。"而前者则采取较为统一、相对固定的赔偿额,并不考虑死者年龄、收入以及户籍等因素。这表明:国家赔偿法上的死亡赔偿金并非对财产性损害的赔偿。

再者,死亡赔偿金作为一种救济手段,本身也具有抚慰死者近亲属所遭受的精神损害的功能。[①]

不过,上述论证并非是不可辩驳的:首先,恰如学者所指出的,一般认为,修订前的国家赔偿法虽然在赔偿范围、方式与计算标准方面作了大量的规定,但是,却未对精神损害作出可给予金钱赔偿的规定,只是在第三十条[②]规定了非财产性的救济措施,这与当时立法和司法上的认识和准备不足有关。[③] 另外,在行政诉讼和国家赔偿诉讼中,法院在多数情况下会驳回人民一方提出的精神损害赔偿请求,而且即便在给予支持的情形下,判决赔偿义务机关在死亡赔偿金以外支付精神损害赔偿费用,以及在 2010 年修订国家赔偿法时在死亡赔偿金之外增加精神损害赔偿金,在一定程度上也说明在修订之前,精神损害赔偿的缺位。

其次,虽然我国采取统一、相对固定的死亡赔偿金标准,但是,正如有些学者所指出的,其目的是为了方便计算赔偿金,以使死者亲属能够及时获得

---

① 肖峋著:《中华人民共和国国家赔偿法的理论与实用指南》,中国民主法制出版社 1994 年版,第 249 页。

② 国家赔偿法(1994)第三十条规定:"赔偿义务机关对依法确认有本法第三条第(一)、(二)项、第十五条第(一)、(二)、(三)项情形之一,并造成受害人名誉权、荣誉权损害的,应当在侵权行为影响的范围内,为受害人消除影响,恢复名誉,赔礼道歉。"

③ 姚天冲主编:《国家赔偿法律制度专论》,东北大学出版社 2005 年版,第 87 页。

赔偿。① 而这不应影响对死亡赔偿金性质的认定。更何况如果将第三十四条第一款第（二）项与第（三）项进行比较，可以发现，完全丧失劳动能力情形下的残疾赔偿金与死亡赔偿金的总额相当，在一定意义上，或许也可以认为在受害人死亡的情形下，其效果与完全丧失劳动能力相当。

再次，在 2010 年国家赔偿法修订之后，如果仍坚持死亡赔偿金是精神抚慰金之一种，那么，在体系上将无法调和它与精神损害赔偿之间的关系。

最后，也有学者指出，虽然理论与实务界大多将修订前的国家赔偿法中的死亡赔偿金理解为收入损失的赔偿，具有财产属性，但 2001 年以前的法律及司法实践对死亡赔偿金的性质没有明确，2001 年最高人民法院发布的《关于确定民事侵权精神损害赔偿责任若干问题的解释》将死亡赔偿金作为"精神损害抚慰金"之一种，但是，2003 年最高人民法院发布的《关于审理人身损害赔偿案件适用法律若干问题的解释》则改变前述规定，同时规定了"死亡补偿费"和"精神损害抚慰金"，即在人身损害赔偿案件中，受害人除可依其主张"死亡补偿费"外，还可依 2001 年的司法解释主张精神损害赔偿。该规定明确了死亡赔偿金是独立于精神抚慰金之外的具有财产属性的赔偿。② 2010 施行的侵权责任法以及《最高人民法院关于适用〈中华人民共和国侵权责任法〉若干问题的解释》③无疑延续了上述立场。

从上述批评来看，似乎将死亡赔偿金界定为财产性的损害赔偿更为妥当些。

2. 财产性损害说

学说上，将死亡赔偿金视为一种财产性的损害赔偿的主要有两种：一是继承丧失说，一是扶养丧失说。其中：

（1）继承丧失说，系指生命受侵害本人倘若继续存活，则在世期间其将不断获得收入、增加财产，而财产累计额将由其继承人继承，现因生命受到侵害，从而致使受害人前述未来收入逸失，并使得其继承人丧失继承利益。④ 该说认为，死亡赔偿金本质上是侵权人对死者继承人造成的财产损害

---

① 此种见解在国家赔偿法的教科书中随处可见，不管立法当时如何考虑，毫无疑问，其根本经不起推敲：首先，该计算方法未能确实有效提高国家赔偿的效率，多数国家赔偿案件的处理仍嫌过于拖沓；其次，即便像国外一些国家一样采取继承丧失说，以"余命收入"确定死亡赔偿金，也不会造成多大的困难，无非是计算上的难度加大了而已。

② 李飞主编：《中华人民共和国国家赔偿法释义》，法律出版社 2010 年版，第 129—130 页。

③ 法发〔2010〕23 号。

④ 曾隆兴著：《详解损害赔偿法》，中国政法大学出版社 2004 年版，第 169 页。

的赔偿,故而,死者继承人得向侵权人请求赔偿。

（2）扶养丧失说,系指由于受害人死亡导致其生前依法定扶养义务供给生活费的被扶养人丧失了生活费的供给来源,因而受有财产损害,对此损害应予以赔偿。[1]

一般认为,继承丧失说与扶养丧失说之间存在互斥关系[2]:采继承丧失说,则排除被扶养人抚养费请求权,因为抚养费来源于受害人收入,而死亡赔偿金的赔偿范围为受害人未来收入中扣除其自身消费而为家庭财产积累或者消费的部分,已经包括了抚养费。为此,在死亡赔偿金外另行要求加害人向被扶养人支付抚养费,在一定程度上加重了加害人负担;并且,在同一行政行为造成多人死亡的情形下,有被扶养人和无被扶养人所获得赔偿金总额可能相去甚远,也未必妥当;反之,采扶养丧失说则排斥继承人的赔偿请求权。

然而,就实定法关于死亡赔偿的规定而言,无论采取上述何种学说作为死亡赔偿金的基础,都处于一种矛盾之中,因为它们中大多同时规定了死亡赔偿金与抚养费,如,国家赔偿法、《最高人民法院关于审理人身损害赔偿案件适用法律若干问题的解释》。不过,侵权责任法则只规定"死亡赔偿金"而未提及"抚养费",之后《最高人民法院关于适用〈中华人民共和国侵权责任法〉若干问题的通知》[3]第四条规定:

人民法院适用侵权责任法审理民事纠纷案件,如受害人有被抚养人的,应当依据《最高人民法院关于审理人身损害赔偿案件适用法律若干问题的解释》第二十八条的规定,将被抚养人生活费计入残疾赔偿金或死亡赔偿金。

之后《最高人民法院关于如何理解〈最高人民法院关于适用《中华人民共和国侵权责任法》若干问题的通知〉第四条的答复》对此作进一步解释说:

本条规定了新的规定出台之前,确定残疾赔偿金和死亡赔偿金的方法。《最高人民法院审理人身损害赔偿案件适用法律若干问题的解释》（以下简称《人身损害赔偿司法解释》）第十七条第二、三款规定侵害生命健康权

---

[1]　叶乃锋:《死亡赔偿金与城乡差别》,《学术研究》2010 年第 2 期,第 72 页。

[2]　丁海俊:《论我国〈侵权责任法〉上的死亡赔偿制度——兼谈对〈侵权责任法〉第 16、17、18 条和第 22 条的理解》,《法学杂志》2010 年第 3 期,第 14 页。

[3]　法发〔2010〕23 号。

的,应支付残疾赔偿金、死亡赔偿金和被扶养人生活费。侵权责任法第十六条规定了残疾赔偿金和死亡赔偿金,没有被扶养人生活费一项。从立法解释上来说,一般认为侵权责任法第十六条规定改变了既有法律和司法解释关于死亡赔偿金、残废赔偿金和被扶养人生活费的关系,原来司法解释规定的死亡赔偿金、残疾赔偿金并不包含被扶养人生活费,但是现在被扶养人生活费已经被侵权责任法第十六条的死亡赔偿金、残疾赔偿金吸收了。

如果说最高人民法院的解释仅止于此,那么,或许可以说学说上的矛盾得以解决,因为合并侵权责任法第十八条第一句"被侵权人死亡的,其近亲属有权请求侵权人承担侵权责任"进行解读,可以认为侵权责任法已经排除了被扶养人的扶养费请求权,抚养费的开支应从死亡赔偿金中予以支出。换言之,可以认为侵权责任法中的死亡赔偿金采取的是继承丧失说的立场。然而,最高人民法院在该答复中进一步指出:

为此,新近出台的司法解释作出规定:"如受害人有被扶养人的,应当依据《人身损害赔偿司法解释》第二十八条的规定,将被扶养人生活费计入残疾赔偿金或死亡赔偿金。"这就使有被扶养人的残疾赔偿金和死亡赔偿金与立法精神一致了,同时也与我们以前的做法完全一致。通俗地讲,侵权责任法规定的死亡赔偿金、残疾赔偿金等于司法解释规定的死亡赔偿金、残疾赔偿金和被扶养人生活费之和。

而这不仅没有改变先前死亡赔偿的赔偿费结构,反而,增加了许多理论上的疑惑:首先,"死亡赔偿金"和"残疾赔偿金"的概念因此而具有多义性:一是人身损害赔偿司法解释意义上的死亡赔偿金和残疾赔偿金,可以说是狭义的死亡赔偿金和残疾赔偿金;一是等于死亡赔偿金、残疾赔偿金和被扶养人生活费之和的死亡赔偿金和残疾赔偿金,可以说是广义的死亡赔偿金和残疾赔偿金。其次,由最高人民法院司法解释还导致了一个问题,在学说上,以继承丧失说作为死亡赔偿金的理论基础已经得以普遍的接受,然而,在现今的死亡赔偿金框架之下,又应如何对其进行合理的解释,恐怕也会因为死亡赔偿金的多义性变得更加复杂。

不过,需要特别指出的是,为了讨论的需要,本文仍将沿着继承丧失说展开讨论,至于应当如何解决前述学说上的矛盾,本文将在最后予以讨论。

二、"上年度"的不确定性与问题

正如此前所指出的,由于国家赔偿法上"国家上年度职工日平均工资"

和"国家上年度职工年平均工资"中的"上年度"一词的涵义具有不确定性,全国人大及其常委会以及相关司法解释也未能明确界定其涵义,为此,在实践中导致了两种不同的理解:"违法行为时上年度"说和"赔偿决定作成时上年度"说。本部分将对各说的利弊进行分析,以期能够明确"上年度"的确实涵义,确定一合适的国家赔偿标准。

(一)违法行为时上年度说:辩护与批评

违法行为时上年度说认为,国家赔偿标准的确定应依违法行为发生的时间而予以确定,即赔偿金额的计算应以违法行为发生时国家统计局公布的上一年度国家职工平均工资除以法定工作天数所得的上年度国家职工日平均工资为标准进行计算。

相比之于赔偿决定作成时上年度说,受害人很少主张采违法行为时上年度说,而是更多地主张赔偿决定作成时上年度说,只有个别受害人由于对法律的不了解而予以主张①。与此相反,作为赔偿义务机关的行政机关、检察机关或者司法机关予以更频繁地主张违法行为时上年度说,而某些行政复议机关和人民法院在某些情形下也会罔顾法律和最高人民法院司法解释的规定而适用违法行为时上年度说。前者所以如此无非是希望能够少支付点赔偿金;而至于后者,何以某些复议机关和人民法院虽然明知应适用何种标准却别有用心地采违法行为时上年度说,甚至以各种理由驳回当事人以赔偿决定作成时上年度国家职工平均工资作为赔偿标准的主张②,其原因虽然未必可尽得而知之,但是在某些情形下,行政机关、检察机关和司法机关之间千丝万缕的不正当关系,以及人民法院及其法官的不独立和腐败无疑是重要的原因。

1. 违法行为时上年度说之辩护

相比之赔偿决定作成时上年度说,违法行为时上年度说,具有如下的优点:

(1)更能凸显违法行为与国家赔偿之间的法律上因果关系。行政赔偿旨在对公民、法人和其他组织因国家机关及其工作人员③违法行使职权而遭

---

① 贵州省六盘水市中级人民法院行政赔偿判决书(2007)黔六中行终字第00028号。

② 贵州省六盘水市中级人民法院行政赔偿判决书(2007)黔六中行终字第00028号;山西省高级人民法院作出(2000)晋法赔字第2号决定。

③ 值得一提的是,国家赔偿法在行文上并不统一,在第二条中用的是"国家机关和国家机关工作人员",而在之后的其他条文,如第三条、第四条,则使用的是"国家机关及其工作人员"。

受损害的合法权益进行救济；①其前提是国家机关及其工作人员违法行使职权并给公民、法人和其他组织的合法权益造成了损害，即国家机关及其工作人员的侵权与行政赔偿之间存在法律上的因果关系。与赔偿决定作成时上年度说相比，违法行为时上年度说更能反映这一关系。采赔偿决定作成时则赔偿标准可能因赔偿决定作成时间不同而有所不同：首次赔偿决定既可能出现在赔偿请求人向赔偿义务机关提出赔偿请求的阶段，也可能出现在行政复议阶段、行政诉讼阶段或者赔偿诉讼阶段，只要作成赔偿决定的时间和违法行为的时间分属不同年度，除经济发展发生停滞或者萧条情形而导致职工平均工资缩水外，所采用赔偿标准在通常情形下都会高于违法行为时的国家上年度职工平均工资，某些情形下会使人们误认为其在一定程度上具有"补偿"赔偿请求人为寻求救济，即申请复议或者提起行政诉讼而付出机会成本的作用。与之不同，违法行为时上年度说本身就旗帜鲜明地表明了国家赔偿乃是国家机关及其工作人员违法行使职权可能产生的一种法律后果，凸显了其与国家赔偿之间存在的法律上的因果关系。

（2）赔偿标准更具确定性。"法律是强制性的。要使强制力的应用成为正当，它一定要应用于那些至少在最低限度上能够使他们的行为与法律相符合并且有机会这样做的人身上。因此，人们必须能够知晓法律期望他们做些什么。"②也就是说，法律的权威性与它的确定性和可预见性在一定程度上成正比例关系。③ 虽然无论采何种见解，均可以预见国家机关及其工作人员违法行使职权给公民、法人和其他组织的合法权益造成损害均应承担一定法律后果；不过，在赔偿决定作成时上年度说之下，由于赔偿决定首次作成时间具有相对的偶然性，故而在不同阶段——即向行政机关提出赔偿请求阶段、行政复议阶段以及行政诉讼阶段——作成赔偿决定所采用的赔偿标准，国家上年度职工日平均工资可能迥异，从而影响了赔偿金额或者赔偿责任的大小的可预见性——虽然其承担赔偿责任与否的可预见性相当。另外，根据《最高人民法院关于人民法院执行〈中华人民共和国国家赔偿法〉几

---

① 中华人民共和国国家赔偿法第二条。

② 【美】朱尔斯·科尔曼·布赖恩·莱特：《确定性、客观性与权威性》，载【美】安德雷·马默主编：《法律与解释：法哲学论文集》，法律出版社 2006 年版，第 289 页。

③ 在一定情形下，倘若法律的规定过于具体、明白，未能给法官或者解释者留下适当的解释空间，那么，随着时间的推移，法律的规定可能日显滞后，这也可能损害法律的权威。

个问题的解释》①第六条后半句的规定,复议机关或者人民法院赔偿委员会决定维持原赔偿决定的,按作出原赔偿决定时的上年度执行。这在一定程度上也增加了赔偿标准的不可预见性;而在违法行为时上年度说下,国家赔偿的标准具有相对的单一性,即违法行为发生时的国家上年度职工日平均工资。

（3）赔偿标准更具相对公平性。现行宪法第三十三条第二款规定:"中华人民共和国公民在法律面前一律平等。"学者多认为该规定所以不同于宪法(1954)"中华人民共和国公民在法律上一律平等"的规定,旨在强调"法律面前平等"是指法律实施上的平等。② 就其形式意义而言,法律实施上的平等可以简化为"同等情形,同等对待"。体现在国家赔偿法中,则要求国家对其机关和工作人员违法行使职权而给公民、法人和其他组织的合法权益造成的损害,只要其所造成的损害相当,国家就应当给予相同或者相当的赔偿金,即公民、法人和其他组织有权就其遭受损害的合法权益获得公平的对待——相同的或者相当的赔偿金。而采赔偿决定作成时上年度说,则不仅对个人而言,赔偿标准的确定具有相当的偶然性;而且对于同一时间其人身自由或者生命健康权遭受国家机关及其工作人员同等程度不法侵害的某些人而言,其获得赔偿的总的金额,也可能因为赔偿决定作出的时间而存有相当的差异,特别是在计算基数(如羁押时间)较大的情形下,这种差异将更为明显。

（4）有利于及时进行赔偿。有的人则认为,所以采取违法行为时上年度说是因为迟延的正义为非正义:由于本年度的工资水平一般到次年才能计算出来,不利于及时赔偿,而上年度按一般情况与本年度最为接近;而且相当一部分违法行为发生后,赔偿义务机关可能在当年就对行政行为的违法性予以确认并作出赔偿决定。③ 就此而言,采取违法行为时上年度说不仅缩短了赔偿请求人等待的时间,在一定程度上也能够方便赔偿义务机关及时作成赔偿决定,从而在很大程度上消弭了行政争议,节约了行政、司法成本。

2. 违法行为时上年度说之批评

尽管违法行为时上年度说有上述所主张四个优点,不过,如做更深入的

---

① 法发[1996]15号。

② 参见韩大元著:《宪法学基础理论》,中国政法大学出版社2008年版,第252页。

③ 本部分参见重庆市高级人民法院行政庭:《浅谈国家赔偿金计算标准》,载 http://lw. jcrb. com/shownews. aspx? articleid = 13628。(2009年5月30日访问)应当指出的是,重庆市高级人民法院行政庭所撰写的上文并不赞同这一观点。

考察则可以发现其实经不起推敲：

（1）"违法行为时"的具体内涵并不明确，难以凸显法律上因果关系。所谓的"违法行为时"，草草看去并无疑问。如果细究则可以发现其仍有进一步具体化的必要，否则，在适用时仍不免疑窦丛生：

首先，所谓国家赔偿乃是对公民、法人及其他组织之因职务上的违法行为而受到的损害所提供的救济。① 它指向的并非国家机关及其工作人员的违法行为而是所损害的公民、法人和其他组织的合法权益②；换而言之，它指向的并非是违法行为本身，而是违法行为造成的法律后果。因此，在确定赔偿标准时，以违法行为所造成的法律后果或者损害结果发生的时间为分水岭无疑比采违法行为发生的时间更具妥当性。

其次，即使采用违法行为的时间作为确定国家赔偿标准的基准，仍然有必要对违法行为时进行更精确的界定，因为，在实践中违法行为既可以是即成性的，也可以是持续性的。在即成性的情形下，如国家赔偿法第三条第（三）、第（四）、第（五）项规定的造成公民死亡的情形，倘若受害公民当场死亡，其违法行为的时间比较明确，并且易于确定；然而，倘若违法行为是持续性侵犯公民的人身权的行政行为，则明确违法行为时究竟何指，关系公民权利能否得到充分有效的救济甚大，因为，究竟是认定违法行为时为违法的行政决定作成之时抑或行政行为终了之时，会对赔偿标准的确定产生决定性的影响，特别是在其持续时间存在跨越年度的情形时影响就会更为明显。

虽然说，在实务上多数意见认为，在人身自由受到限制的情况下，应当以违法行为结束时的上年度国家职工日平均工资计算国家赔偿金，然而，在实务中也有以公权力机关着手实施违法行为（人身自由受到限制）的时点的上年度国家职工平均工资作为计算国家赔偿金的标准。③ 倘若适用这一见解，则人民所获得的赔偿将是非常不充分的。以劳动教养为例，根据《劳动

---

① 国家赔偿法第二条。

② 一般认为，包括人身权和财产权。这一点在行政法学界颇受诟病。

③ 如福建省高级人民法院 1995 年 3 月 15 日的判决就是。赔偿请求人郑传振截至 1995 年 4 月 24 日一共被违法持续羁押 1638 天，但依照福建省高级人民法院的决定，南平地区中级人民法院只要赔偿他 16501.12 元。笔者虽然试图查找 1990 年的国家职工日平均工资，可惜花了九牛二虎之力也没能找到。不过，就本案而言，可以推知福建省高级人民法院适用的并非违法行为终了时上年度说或者赔偿决定作成时上年度说，因为如果按照 1995 年的国家赔偿标准计算，南平市中级人民法院应当向受害人支付 28108.08 元，相去 11606.96 元。参见《郑传振申请南平市中级人民法院刑事赔偿案》，福建省高级人民法院 1995 年 3 月 15 日再审判决。

教养试行办法》①第十三条的规定劳动教养时间最长为 3 年,倘若一人被违法课以 3 年劳动教养的处罚并且已经执行完毕,则在计算其应获得的国家赔偿金时,采劳动教养决定作成时上年度国家职工日平均工资作为赔偿标准计算所得的赔偿金额与采劳动教养终了时上年度国家职工日平均工资作为赔偿标准计算所得赔偿金额必然相去甚远。

最后,如果进一步考察违法行为和所侵害的法益之间的关系,可以发现在上述两种情形外还可能存在一种情形,即其损害结果发生在违法行为终了较长的一段时间之后,如国家机关工作人员在行使职权过程中违法使用暴力而致使行政相对人人身遭受严重伤害,经过一定时间的治疗无效死亡的。如果其可以排除受害人本身存在身体机能缺陷(包括疾病)和医疗方面过错的可能性,或可认定其死亡与违法行政行为之间存在完全的因果关系,那么,究竟是采违法行为着手之时、违法行为终了之时抑或损害结果发生之时(受害人死亡的时间)而确定何为违法行为时可能对国家赔偿金的计算产生巨大影响,在很大程度上也会影响权利救济的充分性和有效性。

(2)赔偿标准欠缺妥当性。对违法行为时上年度说的另一有力批评则是针对该标准的妥当性作出的。不言而喻,采行该说即意味着对"一般公民"②而言,其所遭受实际损失的价值要大于所可能获得国家赔偿的金额。以侵害公民人身自由为例,每被拘禁一天,一般公民每天所遭受的实际损失为该年度国家职工平均日工资,而其所可能获得赔偿金额为上年度国家职工日平均工资(如下表和图所示)。这就意味着依照现有的赔偿制度,一般公民所受的实际损失和所可能获得赔偿之间可能存在差异。从我国近 15 年全国职工平均工资的发展趋势来看,这种差异其实就意味着随着经济的持续和高速增长,实际损失和所获补偿之间的差距的日益扩大,这也就意味着相对其所遭受的损失而言人民所获得赔偿日益显得不够充分,尽管我们采取的是一种抚慰性赔偿制度。何况从现实的情况来看,许多国家赔偿案件在违法行为发生的当年并不能得到处理,受害人无法获得及时的赔偿。故

---

① 国发[1982]17 号。

② 此处的一般公民是笔者基于全国职工平均工资而创造的一个概念,系指其工资收入与全国职工平均工资完全一致的人。

一旦将通货膨胀因素①纳入考虑，那么，其所获得赔偿金的实际价值无疑会受到进一步的减损。即若综合经济增长速度，特别是工资水平的增长速度，国家赔偿的赔付周期以及通货膨胀程度等因素进行考量，则可以发现一旦经济增长速度和平均工资增长水平越快，赔付周期拖得越长，通货膨胀率越高，人民所遭受的实际损失与按照违法行为时上年度国家职工平均工资计算而支付的赔偿金之间差额（为正值）将会越大，而这也就意味着人民所遭受的损害得到救济的程度越低。

	1995 年	1996 年	1997 年	1998 年	1999 年	2000 年	2001 年
国家赔偿标准(元/日)	17.16	21.65	24.45	25.47	29.45	32.87	37.33
全国职工日平均工资(元/日)	21.65	24.45	25.47	29.45	32.87	37.33	43.3
	2002 年	2003 年	2004 年	2005 年	2006 年	2008 年	2008 年
国家赔偿标准(元/日)	43.3	49.48	55.93	63.83	73.3	83.66	99.31
全国职工日平均工资(元/日)	49.48	55.93	63.83	73.3	83.66	99.31	111.99

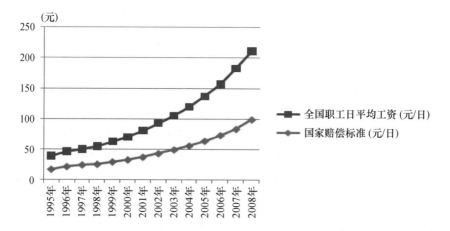

尽管，在特定情形下，经济发展也有出现停滞，甚至是严重萧条或者缩水的可能性，使得违法行为时的全国职工平均工资可能等于、甚至低于上一年度全国职工平均工资。此时一般公民所获得赔偿金额十分接近于、甚至

---

① "改革开放以来(1979 年—2007 年)我们的年均经济增长与通货膨胀率。年均经济增长率9.8%，如果用 CPI 反映的通货膨胀率是 5.7%，用 GDP 缩减指数上涨率反映的通货膨胀率是5.4%，我们累积的增长倍数上升了 15.5 倍，CPI 上涨率是 4.2 倍，GDP 缩减指数上涨率是 4 倍。"见许宪春：《30 年来中国经济增长周期与通货膨胀周期分析》，原载《解放日报》2009 年 8 月 21 日，转引自http://old.jfdaily.com/whjt/zt/17_63245/13/200908/t20090821_738829.htm。(2009 年 10 月 20 日访问)

高于其所遭受的损失——如 1997 年的国家职工平均工资和 1996 年的则相差无几,这使得采违法行为时上年度说在表面上具有相当的合理性。① 不过,如试图以此而为它进行辩护,则将是非常勉强的:一方面从人类社会发展史来看,经济增长是基本趋势,特别是随着科学技术的发展,经济增长总体呈一种加速度的发展趋势;另一方面,持这种见解者或许会认为人身自由权或者生命权遭受侵害者从政府的这种违法行为中获利,这种见解毫无疑问贬低了自由的价值,也是对人性尊严的无视。

(3)不利于受害人获得赔偿。主张采行违法行为时上年度说有利于当事人获得及时的救济者——不妨冒昧地揣测一下——在很大程度上是建立在对我国法治现状的一种盲目乐观的基础上,即认为作为赔偿义务机关的行政机关或者法院能够主动、及时地对系争行政行为的违法性作出认定,并给予当事人以救济,所以不宜以违法行为时之所处年度的国家职工平均工资作为赔偿标准。这种见解无疑是建立在对现实的诸多误解的基础之上的:

首先,虽然国家赔偿法自实施以来至今也博得不少的赞誉,但总体上看,显然批评的声音大大地盖过了赞美的声音——其中"国家赔偿法"之被称为"国家不赔法"即是力证。作为国家赔偿法的起草人之一马怀德教授指出从 1995 年 1 月 1 日到 2004 年底,全国法院共受理申请国家赔偿诉讼约 1.6 万件,其中作出赔偿决定的 5442 件,仅占三分之一,平均每年 540 件,每省 18 件;② 而与此同时,从 1997 年到 2007 年的十年间,中国公检法三部门共计支付国家赔偿 6.8 亿,其中法院系统 3.6 亿、检察院 1.5 亿、公安机关 1.7 亿。③ 而据浙江省高级法院所作关于国家赔偿法实施状况的调查表明,该省法院审理国家赔偿案件年均 240 件,最终赔偿的年均不到 40 件;但从 2000 年至 2007 年间,浙江全省检察机关不批准逮捕 27245 人,不起诉 6472 人,宣告无罪有 501 人;而同期除监狱作为赔偿义务机关外的仅刑事司

---

① 如在《马主麻等请求和政县公安局、县人民检察院国家赔偿案》中,马主麻 3 人于 1996 年 6 月 21 日被刑事拘留至 1997 年 3 月 2 日无罪释放,共被错误拘押 122 天,其按 1996 年国家职工日平均工资 24.45 元获得国家赔偿 2982.90 元;(参见甘肃省临夏回族自治区中级人民法院 1997 年 11 月 20 日判决);按 1997 年国家职工日平均工资 25.47 元计算则为 3107.34 元,仅相差 124.44 元。

② http://news.163.com/special/00012Q9L/guojiapeichang090626.html。(2009 年 10 月 13 日访问)

③ http://news.163.com/special/00012Q9L/guojiapeichang090626.html。(2009 年 10 月 13 日访问)

法赔偿案件 244 件,司法赔偿案件数量与侵权行为数量明显不成比例。① 以此不难发现,在实务中,赔偿义务机关或者法院及时,特别是在违法行为发生的当年就给予赔偿的案件属于少数的例外,而迁延或者拒绝赔偿则要更为常见。因为"实践中普遍存在这样的认识,赔了就是错,错了就要追究责任,就要问责,就要影响政绩和形象。所以,为了不被追究问责和影响政绩,有的机关和人员就想方设法不赔、拒绝或拖延赔偿,使得受害人合法权益得不到及时有效的救济"。②

其次,国家赔偿周期过长是有目共睹的问题,即使是有权机关支持了赔偿请求人的主张作出了给予赔偿的决定,决定的执行也存在重重阻扰。③

最后,采取违法行为时上年度说时,赔偿义务机关无需担心未来需要按照更高的赔偿标准支付赔偿金从而支付更高的违法成本,特别是法律又没有提供任何国家赔偿的强制执行手段。那么,由于在可预见相当长的时期内政府财政和经济发展总体上呈稳步增长趋势,越迟支付国家赔偿金,赔偿义务机关所付出的违法成本就越低,并且在赔偿义务机关的财政中所占的比例就越小,对其政绩考核的负面影响就越小。(这里不考虑受害人不断上访或者上诉可能产生的影响。一旦将其纳入考虑,也可能会导致相反的结果)并且在某些情形下,如国家赔偿金的总值受到经济增长速度、通货膨胀率与赔付周期的影响,其预期价值可能远远低于为寻求救济而支出的成本,在这种情况下,随着时间推移,相对人放弃寻求救济的可能性也可能提高。这两种可能性也可能诱使赔偿义务机关采取更为积极的方式妨碍受害人寻求救济或者消极地不予以赔偿,从而不利于受害人获得及时、有效和充分的救济。

(二)赔偿决定作成时上年度说:辩护与批评

根据《最高人民法院关于人民法院执行〈中华人民共和国国家赔偿法〉

---

① http://view.news.qq.com/a/20090623/000038_1.htm。(2009 年 10 月 13 日访问)

② 所引为杨小君教授所领导课题组的观点,转引自王鸿谅:《国家赔偿法实施 14 年被批效果差法学家期待大修》,《三联生活周刊》,转引自 http://news.sina.com.cn/c/sd/2009-07-03/094118147140.shtml。(2009 年 10 月 13 日访问)

③ 以重庆万盛区退休职工王新声为例,每月住房租金补贴 79.52 元,却被房管所要求每月必须由本人亲自领取,而往返车费都要 80 元。王晓磊、周文冲:《住房补贴折腾人:领 79 元要花 80 元路费》,原载《经济参考报》2009 年 9 月 23 日,转引自 http://315gd.ccn.com.cn/housing/ShowArticle.asp?ArticleID=13675。(2009 年 10 月 13 日访问)尽管这并非是一个国家赔偿的个案,但也能说明很多问题;虽然这种情形在我们的生活中属于少数情形,但却绝不少见。

几个问题的解释》①第六条规定：

赔偿法第二十六条关于"侵犯公民人身自由的,每日的赔偿金按照国家上年度职工日平均工资计算"中规定的上年度,应为赔偿义务机关、复议机关或者人民法院赔偿委员会作出赔偿决定时的上年度②;复议机关或者人民法院赔偿委员会决定维持原赔偿决定的,按作出原赔偿决定时的上年度执行。

国家上年度职工日平均工资数额,应当以职工年平均工资除以全年法定工作日数的方法计算。年平均工资以国家统计局公布的数字为准。

赔偿决定作成时上年度说是指,国家机关及其工作人员违法行使职权,侵害公民人身自由的,每日的赔偿金按照赔偿义务机关、复议机关或者人民法院赔偿委员会首次作出赔偿决定时的上年度国家职工日平均工资计算,但如果复议机关或者人民法院赔偿委员会改变原赔偿决定的,以其作成决定时的上年度国家职工日平均工资计算。

赔偿决定作成时上年度说在实务中可以说具有着通说的地位,因为它相对更有利于促进依法行政和公民权利的保障,但毋庸讳言的是,其本身也存在诸多问题。详细展开如下：

1. 赔偿决定作成时上年度说之辩护

（1）更能促进依法行政,降低违法行政行为发生的机率。与违法行为时上年度说相比,赔偿决定作成时上年度说更能促进依法行政、防止公权力的恣意和滥用。从法与经济学的角度来看,行政行为违法的机率（X_p）与违法行政行为依法所应负担的法律责任（Y_c,即违法成本,这里主要指国家赔偿标准）之间呈一种反比例关系。（如下图）即随着国家赔偿标准的提高（$Y_0 \rightarrow Y_1$）,行政行为违法的机率会相应下降（$X_0 \rightarrow X_1$）;而一旦国家赔偿标准降低（$Y_0 \rightarrow Y_2$）,则行政行为违法的机率也会相应提高（$X_0 \rightarrow X_2$）。因为:采行赔偿决定作成时上年度说时,行政机关及其工作人员所实施的行政行为一旦存在违法的情形却不采取积极、主动的措施或者应相对人的申请而纠正违

① 法发［1996］15号。

② 与此相比,之后颁行的《最高人民法院关于审理人身损害赔偿案件适用法律若干问题的解释》（法释［2003］20号）第三十五条第二款则"'上一年度',是指一审法庭辩论终结时的上一统计年度"的规定要更明确些,因为其进一步明确所指的"上一年度"乃是"上一统计年度"。不过,即使如此也有必要注意的是由于对统计年度也可能存在不同的理解,虽然一般认为"统计年度是指1月1日零时至12月31日二十四时"。

法行为并赔偿相对人的损失,那么,随着时间的推移赔偿标准也有可能水涨船高,从而高于违法行为时上年度国家职工平均工资,作为赔偿义务机关其也就必须支付更高的国家赔偿金。这可能对它及工作人员的考核产生负面影响。为此,为了避免上述情形的出现,行政机关及其工作人员可能会更严格依照实体法和程序法的规定作出行政行为,避免公权力的恣意和滥用;另一方面,一旦所作出的行政行为存在违法情形,它就可能采取更为积极、主动的措施纠正违法行为,对相对人的损失给予及时的赔偿。

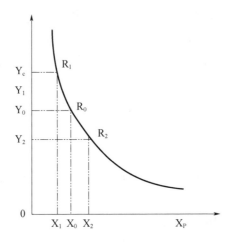

(2)能使公民权利获得更为及时、有效和充分的保障。采赔偿决定作成时上年度说的另一优点在于它能使公民权利获得更为有效和充分的保障。这主要表现在以下三个方面:

首先,如上所述,它在一定程度上起到更强的防止违法行政行为的功能,故能更大程度地为公民的权利提供有效的保障;另一方面,即使公民权利受到公权力的不法侵害,由于害怕承担高额的赔偿金和负面的评价促使赔偿义务机关必须及时地对受害人予以补偿,因而它能使公民能够获得更为及时的救济。

其次,采行该说使得受害人有可能获得比采行违法行为时上年度说时可能获得的赔偿金更高,从而使其所受损害能够获得相对充分的赔偿。以姜纯等诉贵州省盘县老厂镇人民政府行政赔偿一案为例①:2003 年 7 月 10 日,老厂镇人民政府的工作人员唐克学等人的违法行为而导致谭建的死

---

① 贵州省六盘水市中级人民法院行政赔偿判决书(2007)黔六中行终字第 00028 号。

亡,谭建的妻子姜纯及其他亲属在2006年3月提出诉讼时,由于缺乏足够的法律知识竟请求按照2003年度国家职工平均工资标准计算死亡赔偿金和其他相关费用。2003年度职工年平均工资为14040元,故请求人民法院依法判令被告盘县老厂镇人民政府赔偿死亡赔偿金280800元。之后发现国家赔偿标准适用错误,遂于2007年6月28日变更诉讼请求,要求以2006年度职工年平均工资21001元为赔偿标准,盘县老厂镇人民政府赔偿死亡赔偿金420020元。一审法院错误地以"原告在庭审中提出变更诉讼请求,因超过举证期限,合议庭未予准许"为由拒绝了原告的请求,并于2007年8月28日作成判决,被告只按原起诉数额即2003年国家职工平均工资标准计算数额的70%,196560元承担行政赔偿责任。姜纯等人随之提起上诉。二审法院在审理之后,依法予以改判:支持了上诉人的请求,判令被上诉人按上诉数额即2006年国家职工平均工资标准计算数额的80%,336016元承担行政赔偿责任。两者相去139456元,对于普通家庭可谓甚巨。即使二审法院维持了一审的责任分配的判决,判令被上诉人按上述数额即2006年国家职工平均工资标准计算数额的70%,294014元承担行政赔偿责任,也相去97454元。其相当于贵州省2003年城镇单位在岗职工年平均工资11037元的9倍,2006年城镇单位在岗职工年平均工资16815元的6倍,不可谓不巨。就此而言,很显然跟采违法行为时上年度说相比,毫无疑问,采赔偿决定作成时上年度说对公民更为有利,能够使其权利获得更为充分的救济。

最后,由于采行赔偿决定作成时上年度说,部分个人有可能获得相对于其实际损失的价值更为接近或者更高,从而在一定程度上缩小整个社会中相对人所遭受的实际损失与其所得赔偿之间的差距,使"受害人整体"获得相对充分的补偿,相对地缓和了过低的国家赔偿标准所造成的不公正感。而这也在一定程度上避免了公权力机关和公民之间关系的进一步恶化,从而维护了公权力机关和法律的权威。

2. 赔偿决定作成时上年度说之批判

尽管赔偿决定作成时上年度说相对于违法行为时上年度说具有上述诸多优点,而且在实务中和理论研究中多为各方所肯定,然而,其瑜不足掩其瑕:

(1)语义不明确。一般认为,该项规定的具体含义是指,究竟采哪一年度的国家职工日平均工资作为赔偿标准应基于有权机关,即赔偿义务机关、复议机关或者人民法院赔偿委员会中首先作成赔偿决定的时间而予以确定。然而,合并该项规定第二分句"在复议机关或者人民法院赔偿委员会维持原赔偿决定的情形下,应按作出原赔偿时的上年度执行"进行解读,则不无疑问:

首先,所谓"赔偿时的上年度"究竟指的是什么?尽管这在行政复议机关维持行政赔偿义务机关赔偿决定的情形下并无疑问,但是,在人民法院赔偿委员会维持原赔偿决定的情形下则疑窦丛生,即在行政赔偿义务机关所作赔偿决定与行政复议机关所作赔偿决定存在龃龉的情形下,所谓的"原赔偿决定"究竟是指行政赔偿义务机关所作的赔偿决定抑或是复议机关所作的赔偿决定?

其次,之所以规定该分句,显然意味着在行政复议机关或者人民法院赔偿委员会改变原赔偿决定的情形下,赔偿标准应当依照该当时的上年度执行;否则即无规定该分句的必要性。[①] 于此并产生另外一个疑问,即与行政复议机关和人民法院赔偿委员会"维持"原赔偿决定相对应的行为为何?参照行政诉讼法第十七条和第二十五条第二款的规定,可以认为与"维持"相对应的是"改变"。广义上的改变,既包括撤销原赔偿决定并驳回赔偿请求以及改变原赔偿决定的情形:由于在撤销原赔偿决定并驳回赔偿请求的情形下,无需考虑赔偿标准的问题,当然更无需考虑"上年度"究系何指;但在复议机关和人民法院赔偿委员会"改变"原赔偿决定的情形下,其作成改变

---

① 不过在实务中,有些法院所采取的立场则与此截然相反。如福州市中级人民法院赔偿委员会1996年5月22日就被害人陈绍任父母陈为民夫妇的赔偿请求所作决定即是。福州市平潭县公安局城关派出所副所长林明因违法对陈绍任进行刑讯逼供,于1995年4月7日导致其死亡,于1995年12月21日被判有期徒刑。在陈某父母的请求下,作为赔偿义务机关的平潭县公安局于1995年12月29日作出赔决字(1995)第001号《赔偿决定书》,决定以该县1994年度职工平均工资人民币3701.00元为标准,向其支付7.402万元,另支付生活补贴费2000.00元、尸体冷藏费5540.00元,共计人民币8.156万元。陈绍任父母不服于1996年2月19日向福州市中级人民法院赔偿委员会请求作出赔偿决定。1996年5月22日,福州市中级人民法院赔偿委员会作成赔偿决定,决定按照《1995年中国统计年鉴》所统计的1994年全国职工年平均工资人民币4538.00元为标准计算赔偿金,因此该县公安局应当支付请求人死亡赔偿金及丧葬费共计人民币9.076万元。参见陈为民、林金妹诉平潭县公安局行政赔偿案,福州市中级人民法院1996年5月22日。值得注意的是,梅新和、尹卓主编的《行政诉讼与国家赔偿案例精析》对此案进行了分析,无奈编者在对此案进行修改时,对时间(年度)作了修改,将违法行为时间改为2001年、判决时间改为2002年,但却忽略了对相应的年度职工平均工资数额进行调整;读者如不仔细核查,则未必能发现其中错误,很可能被引入歧途。参见梅新和、尹卓主编:《行政诉讼与国家赔偿案例精析》,法律出版社2005年第1版,第60—62页。

原赔偿决定的时间决定应采用哪一年度的国家职工日平均工资,故而极有进一步明确"改变"的范围的必要。然而,此种改变的含义是否与《最高人民法院关于执行〈行政诉讼法〉若干问题的解释》第七条对行政诉讼法第十七条和第二十五条第二款的"改变"一词所作的解释相同,从而不包含形式性的改变——如赔偿标准、计算错误的更正、支付方式的改变,而仅限包含实质性的改变——后者如赔偿依据、赔偿范围、责任分配等?在实务操作中也存在相当疑问。下面以《田付庭不服南阳市中级人民法院赔偿委员会(1998)南法委赔字第 2 号决定案》①为例展开分析:

在南阳市中级人民法院赔偿委员会作出南法委赔字(1998)第 2 号决定中,其认定:"邓州市人民检察院对田付庭无罪错捕,侵犯了田付庭的人身自由,应当给予国家赔偿。从 1993 年 8 月 27 日至 1993 年 11 月 9 日,1995 年 3 月 9 日至 1997 年 1 月 7 日,田付庭被限制人身自由 812 天,每日按 24.45 元,应赔偿 19853.4 元。"②同时撤销邓州市人民检察院邓检不赔字(1997)第 2 号不予刑事赔偿决定书及南阳市人民检察院宛检赔复字(1997)第 2 号刑事赔偿复议决定书。③ 该决定认定事实清楚、适用法律正确,但对限制田的人身自由的赔偿金计算有误。田付庭 1995 年 1 月 1 日④前被羁押日期中断,不应与 1995 年以后羁押的日期连续计算;限制人身自由的赔偿金应以作出该决定日期的 1998 年上年度全国职工日平均工资标准计算。根据《中华人民共和国国家赔偿法》第十五条第一款第(二)项、第十六条第一款第(一)项、第二十八条第一款第(二)、(三)、(四)项、第三十条,

---

① 河南省高级人民法院赔偿委员会豫法委赔申字第 06 号决定书。

② 南阳市中级人民法院赔偿委员会南法委赔字(1998)第 2 号决定书。关于该判决书,目前互联网上也一些拙劣的修改版本,"如问明律师事务所"http://www.wenminglawyer.com/show.aspx?id=2892&cid=204(2009 年 10 月 18 日访问),将案件相关的各时间进行了修改,但当事人姓名和机关、卷号均未作大的修改,更严重的是对于国家赔偿的标准未作任何调整。

③ 南阳市中级人民法院赔偿委员会于 1998 年 4 月 15 日所作之南法委赔字(1998)第 2 号决定书,其决定如下:

一、撤销邓州市人民检察院邓检不赔字(1997)第 2 号不予刑事赔偿决定书及南阳市人民检察院宛检赔复字(1997)第 2 号刑事赔偿复议决定书。

二、邓州市人民检察院赔偿田付庭 19853.4 元。

三、按邓州市人民检察院扣押物品清单由邓州市人民检察院逐一退给田付庭,如原物灭失给付相应的赔偿金,不能恢复原状的按损坏程度给付相应的赔偿金。

四、在侵权行为影响的范围内由邓州市人民检察院为田付庭消除影响,赔礼道歉。

见南阳市中级人民法院赔偿委员会南法委赔字(1998)第 2 号决定书。

④ 1995 年 1 月 1 日起国家赔偿法正式实施。

《最高人民法院关于〈中华人民共和国国家赔偿法〉溯及力和人民法院赔偿委员会受案范围问题的批复》第一项,《最高人民法院关于人民法院执行〈中华人民共和国国家赔偿法〉几个问题的解释》第六条的规定,决定如下①：

一、维持南阳市中级人民法院赔偿委员会(1998)南法委赔字第2号决定的第一条、第三条。

二、撤销南阳市中级人民法院赔偿委员会(1998)南法委赔字第2号决定的第二条、第四条。

三、邓州市人民检察院支付田付庭被羁押671天的赔偿金,每日按25.47元计算,共计17090.37元。

就本案而言,如何认定豫法委赔申字(1999)第06号决定书与南法委赔字(1998)第2号决定书关于国家赔偿部分决定的关系无疑会对国家赔偿标准的确定产生重要影响——而在一定意义上,这也是我们据以判断这两个决定是否具有妥当性的事实：

首先,如果先将判决理由部分搁置一旁,仅从其决定来看,或可以认为豫法委赔申字(1999)第06号决定书对南法委赔字(1998)第2号决定书的决定作了实质性修改,因为：

1)二者对法律事实的认定不同。南法委认定邓州市人民检察院两次羁押均构成对田付庭人身自由权利的违法限制,但并未区别两次羁押,认定二者在法律过程上为统一的、连续的一行为;而豫法委则认为其存在中断,两次羁押为各自独立的行为,应当予以区别对待。

2)基于各该法院赔偿委员会对事实认定的不同,其在法律适用上也不同:南法委认为援引国家赔偿法有关规定予以赔偿;而豫法委则认为,由于第一次羁押发生在国家赔偿法生效之前,根据《最高人民法院关于〈中华人民共和国国家赔偿法〉溯及力和人民法院赔偿委员会受案范围问题的批复》第一项规定,不应给予赔偿,至于第二次羁押由于发生在国家赔偿法生效之后,应当给予赔偿。

3)二者对于国家赔偿标准的确定也不同。细心的读者会发现,南法委在确定国家赔偿标准时显然采用的是违法行为时上年度说,否则,其于1998年4月15日作出决定,应当按照每日25.47元计算赔偿金,则邓州市人民检察院支付田付庭20681.64元,而非19853.40元;而豫法委所确定的

---

① http://tianfuting.fyfz.cn/blog/tianfuting/index.aspx? blogid=510499。(2009年10月18日访问)

国家标准应当如何认定则要复杂一点,如果豫法委对于国家赔偿标准的决定是以南法委的决定违法而言,则可以认为其所适用的是违法行为时上年度说——尽管这种观点颇为荒谬,因为其无疑是对"违法行为"作了不同的理解。但如果认为它是维持南法委的部分决定时,毫无疑问,它采取了不同于南法委的见解,采赔偿决定作成时上年度说。

如果肯认上述判断,那么,豫法委的决定显非妥当。根据赔偿决定作成时上年度说的见解,由于豫法委的决定对南法委的决定不仅作出了形式上的修改,也作出了实质性的修改,所以其在 2001 年 2 月 4 日作成赔偿决定时应当以 2000 年度国家职工日平均工资 37.33 元为标准计算赔偿金,即应赔偿田付庭 25048.43 元。

但是,就本案而言,笔者认为还应当进一步将各该决定的判决理由部分纳入考量的范围,不能孤立地解释各该法院赔偿委员会所作的决定。一旦将其纳入考虑的范围,则可以认为豫法委赔申字(1999)第 06 号决定书第二条决定和南法委赔字(1998)第 2 号决定书第四条实质上均对两个不同的事实,1993 年 8 月 27 日至 1993 年 11 月 9 日和 1995 年 3 月 9 日至 1997 年 1 月 7 日两次羁押,作出了决定。即,南法委赔字(1998)第 2 号决定书第四条包含两项决定:一,对第一次违法羁押 141 天,邓州市人民检察院应当向田付庭支付 3447.45 元赔偿金;二,对第二次违法羁押 671 天则应支付 16405.95 元赔偿金。两项合计 19853.4 元。而对于该两项决定,豫法委实际上则认定:一,根据上述司法解释撤销对第一次违法羁押 141 天的赔偿决定;二,部分维持南法委第二项决定,其认定其事实认定清楚、法律适用正确,但在赔偿标准计算上存在错误。其赔偿标准应当以 1997 年度国家职工日平均工资水平进行计算,邓州市人民检察院应支付田付庭被羁押 671 天的赔偿金,每日按 25.47 元计算,共计 17090.37 元。就此而言,不能说豫法委的决定不妥当。

不过,这种观点也不无疑问:倘说南法委的决定所适用的赔偿标准与 1997 年国家职工日平均工资的数额不同,并且也与判决作成当时的上年度国家职工日平均工资不同,我们或可简单地认为这是一种错误,并允许法院予以补正。但即便如此,由上级人民法院予以纠正是否妥当也非没有疑问。更何况还有一种情形,设若这种错误是由赔偿义务机关或者复议机关作出的,是否也有人民法院予以更正?实务中也有肯定这一见解的,如"许天生因涉嫌美元诈骗被错拘申请邓州市公安局赔偿案"。在该案中，南阳市中级人民法院认为，复议机关南阳市公安局作出的 2001 年 2 月 16 日宛市公赔复字 2001 第 01 号刑事赔偿决定书决定"（2）邓州市公安局应当赔偿侵犯许天生人身自由权 294 天的赔偿金 9775.50 元"，存在计算错误，许天生实际被拘押 300 天，故变更该条决定为"邓州市公安局赔偿许天生人身自由被限制的赔偿 11199 元"。①

此外，本案的问题在于南法委所确定的赔偿标准恰恰是 1996 年国家职工日平均工资，即违法行为时——1997 年的——上年度国家职工日平均工资。在这种情形下，能否简单地认为南法委适用法律正确实在不无疑问。尽管可以主张由于"上年度"本身的不确定性，包含两种不同见解，故无论持何种解释都是合乎它本身的规定。但在法律适用中，通常只能追求一个结果，特别是当存在多重可能性而且这些可能性又相互冲突、无法对其作一致性解释时，只能择其一而排除其他。毫无疑问，违法行为时上年度说和赔偿决定作成时上年度说就是这样一种情形，尽管在赔偿决定作成时和违法行为时为同一年度，二者可以作一致的解释，但这只是其中一种可能性而已，并不能说明其他情形。故而南法委在适用法律时虽然援引了准确的条文，但其对法律的理解无疑是有问题的——如果不是它有问题，那么豫法委的理解就是错误的。并且，如果在这种情形下仍然认定南法委在法律适用上是正确的，或者仅是某种意义上的错误，那么其结果将是非常危险的：有权国家机关可以对这一漏洞加以利用，在赔偿决定中不明示它对"上年度"所持立场，实际上却采违法行为时上年度说，从而达到减轻赔偿责任的目的、隐瞒实际工作情况或者（特别是法院）避免与其他机关发生冲突。在这样一种情形下，无疑对公民而言，是相当不利的，一方面他为了获得有效和充分的救济不得不支付更高的诉讼成本，而这种高额的成本甚至可能加重对他的损害；另外一方面，无论是复议抑或是诉讼，接受申请的机关不仅不能给予当事人更为有效的救济，而且从某种意义上讲，还不得不进一步肯定此前"错误"的决定，而这必然给其造成更为严重的心理伤害。

（2）未必有利于行政相对人权利的保障。如前所述，在理论和实务中，所以肯定国家赔偿决定作成时上年度说，是因为其认为相比之违法行为时上年度说相比，按作出赔偿决定的上年度的标准计算赔偿金，也有利于使

---

① 南阳市中级人民法院 2006 年 6 月 22 日判决。

受害人所受到的损失获得更有利的赔偿金。① 的确,在违法行为的时间和作成赔偿决定的时间分属不同的年度时,这一主张能够成立。然而,倘若违法行为的时间和作成赔偿决定的时间同属某一年度,则依照各该说所采用的赔偿标准相同;在此种情形下,采赔偿决定作成时上年度说并不能赔偿请求人获得更为有利的赔偿金。就此而言,所谓的有利于受害人所受到的损失获得更有利的赔偿金仅具有盖然性而已,故不能认为它是有效的法律保障。

与此同时,应当注意的是相对人之获得比违法行为时上年度国家职工平均工资更高的赔偿标准,通常是以经年累月的诉讼或者上访为其代价的,所获得的国家赔偿金额除了给当事人带来心理上的安慰——"有个说法"——之外,通常难以弥补当事人寻求救济过程中所支出的高额成本。故而,扣除成本之后,当事人的实际损失很可能是进一步扩大而非缩小。故难谓采用赔偿决定作成时上年度说真能使当事人获得更为有效和充分的救济。

(3)存在被滥用的可能性。由于赔偿决定作成时上年度说本身并不完善,为此,它也存在被滥用的可能性。它既可能被公权力机关滥用,也可能为相对人所滥用:

首先,采赔偿决定作成时上年度说时,赔偿义务机关或者其他有权机关可能会为了避免支付更高的赔偿金而仓促处理当事人的赔偿申请,特别是在当事人同时提出行政行为违法确认和国家赔偿请求的情形下更是如此。而在案情相对比较复杂的情形下,这种仓促的决定既可能导致国家财政流失,另外由于对行政行为的否定,反过来也就意味着对个人违法行为的肯定。这也可能进一步损害社会的公正性和国家机关的权威;另外,由于国家赔偿法本身执行制度方面的缺失,在相当程度上,采赔偿决定作成时上年度说和采违法行为时上年度说并无不同,只要赔偿义务机关依法确认系争行政行为违法并同意对相对人的损失给予赔偿,即使在当事人不服其赔偿决定的情形下,复议机关或者人民法院也不能作出不同的决定,使赔偿义务机关支付更多的赔偿金。在这种情形下,赔偿义务机关仍然可能会故意拖延而不行赔付。在这种情形下,无论是受害人提起行政复议抑或国家赔偿诉讼,复议机关和人民法院也只能依法维持赔偿义务机关赔偿决定的合法性。这很可能会给人以"官官相护"的印象,进一步损害国家权力机关的权威,并

① 参见汪本雄、金俊银:《赵仕英等诉秭归县公安局行政赔偿案》,祝铭山主编:《行政赔偿诉讼》,中国法制出版社2004年版,第1—87页。

使得人们对法院和法律丧失信心,同时增加其不公正感。

其次,国家赔偿法第三十二条第一款规定:"赔偿请求人请求国家赔偿的时效为两年,自国家机关及其工作人员行使职权时的行为被依法确认为违法之日起计算,但被羁押期间不计算在内。"即国家赔偿时效期间不是从受害人受损害之日开始计算,也不是从受害人知道或者应当知道其合法权益受到损害之日起计算;而是从国家机关及其工作人员行使职权的行为被依法确认为违法之日起计算的。① 将这一规定合并国家赔偿法第九条第二款"赔偿请求人要求赔偿应当先向赔偿义务机关提出,也可以在申请行政复议和提起行政诉讼时一并提出"的规定以及行政诉讼法关于诉讼时效的规定进行解读,不难发现,在确认之诉和赔偿之诉分离的情形下,国家赔偿标准的确定性程度会被进一步削弱,从而也削弱了行政法律关系的安定性。

另外,在这种情形下,只要受害人敢于冒一定的风险——毕竟证据会随着时间的推移而逐渐消逝,之后的举证会更加困难,败诉风险也会更大——先提确认之诉,后提赔偿之诉。在最大程度上利用行政诉讼法和国家赔偿法关于诉讼时效的规定,那么,这种风险也会给予其相应的回报。因为在通常情况下行政诉讼的时效有两年,而且对于一审的判决可以提出上诉,加上其审理的时间,则会远远地超过两年;再加上请求国家赔偿的诉讼时效也有两年,前后 4 年左右的跨度,对于之后的赔偿金的总额的影响实在非同小可。尽管受害人中可能没有多少人会利用这种漏洞——或者这种风险,但只要仍然采用赔偿决定作成时上年度说也就意味着仍有其可能性。而这毫无疑问与法律本身所追求的目的,维护社会关系的安宁,是相冲突的。

三、死亡赔偿金的构成及合比例性问题

(一)死亡赔偿金条款的涵义和构成

1. 死亡赔偿金条款的涵义

依照当下理论和实务中对前引国家赔偿法第三十四条第一款第(三)项的理解和其在实务中的适用情况,大概可以简单地将之归纳为如下两种见解:

(1)赔偿金总额=死亡赔偿金+丧葬费=国家上年度职工年平均工资×20。绝大多数学者或许认为,就字面而言,国家赔偿法第三十四条第一款表述比较清楚,没有歧义,即,行政机关及其工作人员在行使行政职权时,以殴

---

① 皮纯协、冯军主编:《国家赔偿法释论》,中国法制出版社,第 291—292 页。

打、虐待等行为或者唆使、放纵他人以殴打、虐待等行为①，或违法使用武器、警械，②或以其他违法行为③造成公民死亡的，或者行使侦查、检察、审判职权的机关以及看守所、监狱管理机关及其工作人员在行使职权时，刑讯逼供或者以殴打、虐待等行为或者唆使、放纵他人以殴打、虐待等行为④，或违法使用武器、警械⑤，造成公民死亡的，国家有义务对受害人的继承人和其他具有扶养关系的亲属给予赔偿。倘不考虑第三十四条第一款第（三）项后半段规定的"对死者生前扶养的无劳动能力的人，还应当支付生活费"的情形，则国家应支付赔偿金总额为：赔偿义务机关、复议机关或者人民法院赔偿委员会作成赔偿决定时的上年度⑥国家职工年平均工资的20倍，复议机关或者人民法院决定维持原赔偿决定，则按原赔偿决定作成时的上年度执行。该赔偿金由死亡赔偿金和丧葬费两部分组成。换而言之，其与民法上侵害生命权的损害赔偿的计算方法不同，不单独赔偿丧葬费。⑦

（2）赔偿金总额＝死亡赔偿金＋丧葬费＝国家上年度职工年平均工资×20＋丧葬费。该说认为，"在公民死亡的情况下，国家支付的丧葬费以及死者生前的医疗救治费应分别计算，死亡赔偿金为国家上年度职工年平均工资的二十倍。"⑧

比照当下相关论著和判决，可以认为，前者为通说，因为绝大多数学说和实务都采这一主张；⑨相对而言，后者则是极少数说，就笔者目前所掌握的

---

① 中华人民共和国国家赔偿法（2012修订）第三条第（三）项。

② 中华人民共和国国家赔偿法（2012修订）第三条第（四）项。

③ 中华人民共和国国家赔偿法（2012修订）第三条第（五）项。

④ 中华人民共和国国家赔偿法（2012修订）第十七条第（四）项。

⑤ 中华人民共和国国家赔偿法（2012修订）第十七条第（五）项。

⑥ 此处采通说，然关于何为"上年度"，其实存在多种见解，详细讨论可见柳建龙：《中华人民共和国人身损害国家赔偿计算标准之探讨——"国家上年度职工日平均工资"的"上年度"之意涵》，《南阳师范学院学报（社会科学版）》2011年第1期，第24页以下。

⑦ 朱新力主编：《新编国家赔偿法：要义与案例解释》，法律出版社，2011年版，第254页。

⑧ 李飞主编：《中华人民共和国国家赔偿法释义》，法律出版社2010年版，第129页；许安标、武增主编：《中华人民共和国国家赔偿法解读》，中国法制出版社2010年版，第145—146页。

⑨ 就实务而言，最高人民法院唐德华、黄松有、江必新、梁凤云、王晓滨等法官即持此种观点，也能从法院判决得到佐证，如：《陈为民、林金林申请平潭县公安局行政赔偿案》，福建省福州市中级人民法院1996年5月22日行政赔偿判决书；《王会明、张文芳与潜江市公安局行政赔偿案》，湖北省汉江市中级人民法院（2000）汉行终字第13号行政判决书；《徐金林、张荷娣、徐治辉与上海市公安局宝山分局行政赔偿案》，上海宝山区人民法院（2000）宝行初（赔）字第23号行政赔偿判决书；等等。学说上更是如此，可见本文所参引各著作。

资料——即本文所援引的其他文献——而言，持该种观点的只有全国人大常委会法制工作委员会和国家法室的李飞、许安标及武增等所主编的释义及解读持此种观点。不过，至于他们所作的解释何以与第三十四条第一款第(三)项的字面含义及通说迥异，作者并未作进一步说明其理由，也不宜妄加揣测，故此处先不予讨论——不过，需要指出的是，基于完善国家赔偿法立法和实务的考虑，本文批评的对象将主要限于通说。

2. 区分死亡赔偿金和丧葬费的必要性

就前述规定而言，也有学者将死亡赔偿金和丧葬费之和理解或表述为死亡赔偿金，这无疑并不符合国家赔偿法的立法意旨；而且事实上，将二者合并计算也容易滋生此种误解。尽管也有人认为，由于国家赔偿法并未对死亡赔偿金的计算标准作出明确规定，而仅仅规定了死亡赔偿金和丧葬费的总额限制，[1]还有待实践中的总结探索，然后通过指定相应的实施细则办法加以完善；[2]况且在实践中，和民法上的人身损害赔偿不同，分别计算死亡赔偿金和丧葬费并无实益，而且也无此必要。

然而，需要指出的是，应有进一步明确其第三十四条第一款第(三)项规定前半段的内涵的必要，即，应分别厘定死亡赔偿金和丧葬费各自在该赔偿金总额中所占的比重。因为：

首先，基于民主原则和法治国原则的要求，不能推定法律某些语句是无效的；倘如此解释法律则是不可接受的，除非法律规定本身要求如此。[3] 换言之，解释者应当对作为民意代表机关的全国人民代表大会及其常设机关——全国人民代表大会常务委员会表示充分尊重，除非有充分且有力的证据表明立法者在立法时本身无意区分死亡赔偿金和丧葬费或者有如此意向的可能，否则，不应认为任何一条国家赔偿法规定中的某些语词本身是无意义或价值的。换言之，就第三十四条第一款第(三)项而言，不能认为立法者意旨仅在规定侵害生命权时国家应支付的赔偿总额[4]而无意区分死亡赔

---

[1]　胡充寒、周雄文主编：《中国国家赔偿法学》，中南工业大学出版社 1997 年版，第 225 页；唐德华：前引文，第 326 页。

[2]　皮纯协、冯军主编：《国家赔偿法释论》，中国法制出版社 1996 年版，第 271 页；皮纯协、何寿生编著：《比较国家赔偿法》，中国法制出版社 1998 年版，第 177 页。

[3]　比照 Marbury v. Madison（1803）。

[4]　此处仅指国家赔偿法第三十四条第一款第(三)项第 1 句中国家赔偿的金额，下文所用"国家赔偿总额"也指此，但并非意味着这乃是国家赔偿之全部，所以如此用仅为表述的方便。

偿金和丧葬费,虽然国家赔偿法(1995)和《最高人民法院关于执行〈中华人民共和国国家赔偿法〉几个问题的解释》(1996),国家赔偿法(2010修订)和《最高人民法院关于适用〈中华人民共和国国家赔偿法〉若干问题的解释(一)》(2011)都未对死亡赔偿金和丧葬费的概念和内涵做进一步的界定;否则,立法者只需要将该规定表述为"造成死亡的,应当支付赔偿金,总额为国家上年度职工年平均工资的二十倍"即可。何况从当时的立法材料——《全国人民代表大会常务委员会法制工作委员会关于〈中华人民共和国国家赔偿法(草案)〉的说明》——来看,立法者并未将所谓的"侵害生命健康权的赔偿金(总额)"作为一项而予以列举,而是明确指出:"草案根据以上原则,对各种不同损害的赔偿标准和方式,分别作出规定:……对造成残疾、死亡的,还规定支付残疾赔偿金、死亡赔偿金、丧葬费、向受害人扶养的无劳动能力的人支付生活救济费。……"[1]即对死亡赔偿金和丧葬费进行列举。

而且只要能够藉由相关法律的规定确定其中一项——无论是死亡赔偿金抑或是丧葬费——的标准,在国家赔偿总额确定的情形下,都可算出另一项的标准(额度)。于此,前揭见解认为我国对死亡赔偿金的标准未作规定的基础自然就土崩瓦解了。

其次,尽管死亡赔偿金和丧葬费系同一致人死亡的行为导致的法律后果,然而,在制度设计上,二者各自所欲保护的法益和存立的法理基础相去甚远。尽管,一般认为,无论是在私法意义抑或是公法意义上,作为人的最高利益的生命在侵权行为法上的意义甚小,[2]因为一个被剥夺生命的人不会遭受任何损害[3],其死亡后果通常是由死者以外的人,如近亲属、生活伴侣、雇佣人或交易伙伴承担的,故而对他们中哪些人可以就哪些损失主张权利是从他们而非死者的角度来分析的[4]——这种说法颇具嘲讽味道,但是,却是包括诸多欧洲国家在内的许多国家法律所普遍接受的事实。[5] 理论上认

---

① 胡康生:《全国人民代表大会常务委员会法制工作委员会关于〈中华人民共和国国家赔偿法(草案)〉的说明——1993年10月22日在第八届全国人民代表大会常务委员会第四次会议上》。

② 【德】克雷斯蒂安·冯·巴尔著:《欧洲比较侵权行为法(下)》,焦美华译,法律出版社2001年版,第72页。

③ 【德】克雷斯蒂安·冯·巴尔著:《欧洲比较侵权行为法(下)》,焦美华译,法律出版社2001年版,第70页。

④ 【德】克雷斯蒂安·冯·巴尔著:《欧洲比较侵权行为法(下)》,焦美华译,法律出版社2001年版,72页。

⑤ 【德】克雷斯蒂安·冯·巴尔著:《欧洲比较侵权行为法(下)》,焦美华译,法律出版社2001年版,第70页。

为，丧葬费实际上不是由侵权行为所生损害，因为被害人将来必有一死，其费用或许也应由其继承人予以承担；[①]为此，倘若认为存在所谓损害，充其量也仅相当于比本来死期提早支出之费用的利息损害而已。[②] 不过，即便如此，也有区分死亡赔偿金和丧葬费的必要，因为只有这么做才能更加凸出死亡赔偿金的地位以表示对受害人生命的尊重。

最后，需要进一步指出的是，区分死亡赔偿金和丧葬费对处理就死亡赔偿金的分配而产生的争议也有实务上的价值。虽然通常情形下，基于道德和风俗习惯上的自律或者约束，死者近亲属不会就丧葬费的承担产生纠纷，但是，这并非不可能。在这种情形下，如果不给予实际支付丧葬费的近亲属以相应的法律保障，恐怕会导致不公平的结果。相比之下，侵权责任法第十八条第二款规定："被侵权人死亡的，支付被侵权人医疗费、丧葬费等合理费用的人有权请求侵权人赔偿费用，但侵权人已支付该费用的除外。"则要完善许多，国家赔偿法上在处理死亡赔偿时也有参考和借鉴的必要。

3. 死亡赔偿金和丧葬费的计算

尽管国家赔偿法对死亡赔偿金和丧葬费标准未予明确的界定，但就现行法律规定的整体而言，应有藉由相关法律的规定而确定死亡赔偿金或者丧葬费的可能。换而言之，由于在一定意义上，应视国家赔偿法为民法（侵权责任法）特别法，为此，在国家赔偿法相关法律没有明确规定的情形下，以相关民事法律规定作为切入点是较为妥当的做法，此一方面和包括我国在内的大陆法国家之中国家赔偿制度的实务与学说发展轨迹相吻合，另一方面也和我国民法通则第一百二十一条和此前的《最高人民法院关于贯彻执行〈中华人民共和国行政诉讼法〉若干问题的意见（试行）》（1991）第一百一十四条[③]的旨趣相合。[④]

不过，就当下的法制而言，虽然民事法律规范也对人身损害赔偿金和死亡赔偿金的标准作了规定，但其所采标准和国家赔偿法不同：前者以"受诉

---

① 【德】迪特尔·梅迪库斯著：《德国债法总论》，杜景林、卢谌译，法律出版社2003年版，第500页。

② 【德】克雷斯蒂安·冯·巴尔著：《欧洲比较侵权行为法（下）》，焦美华译，法律出版社2001年版，第72页。

③ 已废止。

④ 也可比照《最高人民法院关于〈中华人民共和国国家赔偿法〉溯及力和人民法院赔偿委员会受案范围问题的批复》之"一"，法复［1995］1号。

法院所在地上一年度城镇居民人均可支配收入或者农村居民人均纯收入标准"为计算标准,而后者虽然未明确死亡赔偿金的计算标准,但对残疾赔偿金和死亡赔偿金总额的计算标准均采取"国家上年度职工平均工资"为计算标准。就此而言,并不能凭借民法相关规定而直接确定国家赔偿法上死亡赔偿金的额度;但这也并非意味着,民法上关于死亡赔偿金和丧葬费的规定对其标准的确定毫无参考价值。——换而言之,在这种情形下,丧葬费标准的确定就成了确定国家赔偿法上死亡赔偿金含义的关键。倘若丧葬费标准无法确定,则死亡赔偿金的含义也无法确定;反之,则可确定死亡赔偿金的含义。

就丧葬费而言,理论上一般认为存在如下几种赔偿方法:一是定额赔偿,即按地方制定统一的赔偿数额予以赔偿;二是弹性赔偿,即按地方制定赔偿费用的额度,由法官选择确定赔偿数额;三是实际赔偿,即按实际支出的费用赔偿,但对支出的标准有限制。[1] 从早期的赔偿立法来看,上述方法均有采用者,可以说是乱象横生。其中,1991 年《道路交通事故处理办法》[2]第三十七条第(七)项规定:"丧葬费:按照交通事故发生地的丧葬费标准支付。"同年《最高人民法院关于审理涉外海上人身伤亡案件损害赔偿的具体规定(试行)》[3]第四条"死亡赔偿范围和计算公式"第(四)项规定:"丧葬费。包括运尸、火化、骨灰盒和一期骨灰存放费等合理支出。但以死者生前六个月的收入总额为限。"1996 年《企业职工工伤保险试行办法》[4]第二十五条规定:"职工因工死亡,应按照以下规定发给丧葬补助金、供养亲属抚恤金、一次性工亡补助金:(一)丧葬补助金按省、自治区、直辖市上年度职工平均工资六个月的标准发给。……"2000 年《最高人民法院关于审理触电人身损害赔偿案件若干问题的解释》[5]第四条第一款第(七)项规定:"丧葬费:国家或者地方有关机关有规定的,依该规定;没有规定的,按照办理丧葬实际支出的合理费用计算。"2002 年《医疗事故处理条例》[6]第五十条第(七)项规定:"丧葬费:按照医疗事故发生地规定的丧葬费补助标准计算。"如果进一

---

[1] 王利明、杨立新著:《侵权行为法》,法律出版社 1996 年版,第 355 页;转引自杨立新主编:《侵权行为法案例教程》,知识产权出版社 2003 年版,第 306 页。

[2] 1991 年 9 月 22 日国务院令第 89 号。

[3] 1991 年 11 月 8 日最高人民法院审判委员会第 521 次会议通过。

[4] 劳部发(1996)266 号。

[5] 法释(2001)3 号,2000 年 11 月 13 日由最高人民法院审判委员会第 1137 次会议通过。

[6] 2002 年国务院令第 351 号;2002 年 2 月 20 日国务院第 55 次常务会议通过,2002 年 9 月 1 日起施行。

步考虑各地方关于丧葬费的规定,这种乱象将显得更加严重。[①] ——然而即便如此也不能认为丧葬费的确定没有标准可循,只是标准较乱。——不过,正是基于对这种法制混乱局面的认识,为维护国家法制的统一性和尊严[②],2003 年《最高人民法院关于审理人身损害赔偿案件适用法律若干问题的解释》第二十七条对丧葬费的标准(额度)作了统一规定,将丧葬费确定为:"按照受诉法院所在地上一年度职工月平均工资标准,以六个月总额计算。"[③]换而言之,在《最高人民法院关于审理人身损害赔偿案件适用法律若干问题的解释》于 2004 年 5 月 1 日施行时起,丧葬费标准以该解释的规定为准,所有与之不一致的丧葬费规定均应根据该解释第三十六条第二款无效之,在一定程度上结束了上述混乱,实现了法制的统一。于此,宜进一步指出的是,所谓的"受诉法院所在地上一年度职工月平均工资"系指政府统计部门公布的受诉法院所在地上一年度省、自治区、直辖市的职工月平均工资。[④] 丧葬费标准不因受害人职业、身份、工作、性别、年龄等情况有所不同,也不因受害人生活在城镇还是在农村而有所不同。[⑤]

相应地,伴随着《最高人民法院关于审理人身损害赔偿案件适用法律若干问题的解释》对丧葬费标准的统一,经由丧葬费而进一步确定国家赔偿法上的死亡赔偿金不仅是可能而且是确定的,其计算公式为:死亡赔偿金＝国家赔偿总额-国家上年度职工平均工资×20-受诉法院所在地上一年度省、自治区、直辖市的职工月平均工资×6。

(二)不符合平等原则的要求

宪法第三十三条第二款保障"中华人民共和国公民在法律面前一律平等"。这一原则保障所有公民平等地享有宪法和法律规定的权利,并规定

---

① 参见张新宝主编:《人身损害赔偿案件的法律适用——最高人民法院法释(2003)20 号解读》,中国法制出版社 2004 年版,第 370—372 页;黄松有主编:《最高人民法院人身损害赔偿司法解释的理解与适用》,人民法院出版社 2004 年版,第 340—342 页。

② 黄松有:《在〈最高人民法院关于审理人身损害赔偿案件适用法律若干问题的解释〉新闻发布会上的讲话》,《人民法院报》2003 年 12 月 30 日。

③ 张新宝主编:《人身损害赔偿案件的法律适用——最高人民法院法释(2003)20 号解读》,中国法制出版社 2004 年版,第 372 页。

④ 张新宝主编:《人身损害赔偿案件的法律适用——最高人民法院法释(2003)20 号解读》,中国法制出版社 2004 年版,第 370—372 页。黄松有主编:《最高人民法院人身损害赔偿司法解释的理解与适用》,人民法院出版社 2004 年版,第 344 页。

⑤ 黄松有主编:《最高人民法院人身损害赔偿司法解释的理解与适用》,人民法院出版社 2004 年版,第 345 页。

国家机关在适用法律时,对于任何公民的保护或者惩罚都应当是平等的,不应因人而异。一般认为国家赔偿法人身损害赔偿的规定相对民法上人身损害赔偿的规定更能体现宪法和法律平等保护精神[1],因为它所采用的是相对统一和固定的赔偿标准,并不因为受害人的职业、收入、年龄、地域、身份等因素而有差别。[2] 不过,这一主张显然是经不起推敲的,因为死亡赔偿金条款不仅可能导致纵向的不平等,也可能导致横向的不平等。具体理由如下:

1. 纵向的不确定性与不平等

虽然,无论是在实务上还是在理论上对"国家上年度职工年平均工资"之"上年度"的理解都存在一定分歧[3],然而,之后经《最高人民法院关于人民法院执行〈中华人民共和国国家赔偿法〉几个问题的解释》[4]之"六"第一款予以固定,系指:赔偿义务机关、复议机关或者人民法院赔偿委员会作出决定时的上年度;复议机关或者人民法院决定维持原赔偿决定,则按作出原赔偿决定时的上年度执行。这虽然在一定程度上解决了实务中因"上年度"一词的不明确性而存在的分歧。但如果将该款的后半句纳入考量,则也难谓该条款足够明确,因为其并未明确,在复议机关或者人民法院改变原赔偿决定的情形下是否应当采取新决定作成的时间作为确定"国家上年度职工平均工资"的标准时间;是否有进一步区分形式性改变和实质性改变的必要。

不过,即便退一步而搁置上述争议,第三十四条第一款的合宪性仍然存在相当的疑问,理由在于:根据该条规定,则赔偿标准和赔偿总额的确定可能因赔偿请求提出时间和赔偿决定作成时间不同而导致各种差异。换言之,完全可能出现如下情形:即在同一时间发生两起以上性质和结果皆相同案件,虽然同时提出赔偿请求,但由于有权机关作成的赔偿决定的时间不同而存在巨大差别,赔偿总额的差额可能高达数万甚至数十万,尤其是在各该

---

[1] 参见房绍坤、丁乐超、苗生明:《国家赔偿法原理与实务》,北京大学出版社1998年版,第230页;薛刚凌主编:《国家赔偿法》,中国政法大学出版社2011年版,第103页;沈岿著:《国家赔偿法:原理与案例》,北京大学出版社2010版,第442页。

[2] 许崇德主编:《中国宪法》,中国人民大学出版社2010年第4版,第315页。

[3] 李友信、金俊银:《李伟珍诉钦州市公安局以殴打暴力行为致其子梁永成死亡请求行政赔偿案》,载祝铭山主编:《行政赔偿诉讼》,中国法制出版社2004年第1版,第1—98页。

[4] 法发[1996]15号,1996年5月6日公布。

赔偿作成时的"国家职工上年度平均工资"存在较大幅度增长或者下滑的情形更是如此。此种差别难谓合理。

2. 横向不平等与内在不统一性

尽管从表面上看,国家赔偿法第三十四条第一款第(三)项第 1 句规定的赔偿总额在形式上是平等的。与《最高人民法院关于审理人身损害赔偿案件适用法律若干问题的解释》第二十九条"死亡赔偿金按照受诉法院所在地上一年度城镇居民人均可支配收入或者农村居民人均纯收入标准,按二十年计算。但六十周岁以上的,年龄每增加一岁减少一年;七十五周岁以上的,按五年计算"。中所隐含的(城乡)身份和地区差别从而导致"同命不同价"有所不同:在执法实践中,必须以国家统计局公布的"职工平均工资"为准,而不能以当地的经济生活发展水平下的地方统计数字为准,这在一定程度上体现了公平的价值,即不因身份和地域的不同而作出不合理的差别对待,故更能符合宪法第三十三条第三款的意旨,从而具有"平等的导向性和进步性"[①]。即学者所谓之"我国幅员辽阔,不同地区之间经济发展不平衡,而且不同的行业岗位之间收入差别也大……",国家赔偿法若不如此规定,"则将来可能出现这样的情况,同样的损害在不同地区得到不同数额的赔偿,这对受害人来说有欠公平。"[②]

不过,至于国家赔偿法第三十四条第一款所确定的死亡赔偿金是否真的合乎平等原则的要求,并非毫无疑问。这需要从下几个方面予以检讨:

即便将第三十四条第一款规定的死亡赔偿金和丧葬费作为整体不加细分而予考量,恐怕也难谓它比民法上人身损害赔偿制度更合乎平等原则的要求。就死亡赔偿金的设计理念而言,或采扶养丧失说、或采继承丧失说,于此,国家赔偿法和民法并无不同。虽然,对国家赔偿法上死亡赔偿金的性质学界的见解存在一定分歧,但是,考虑到第三十三条关于限制人身自由的赔偿和第三十四条第一款第(一)、(二)项关于侵害公民健康权的赔偿均以受害人劳动收入逸失为确定赔偿标准和额度的出发点,而继承丧失说也是以被害人余命劳动收入逸失而确定赔偿标准和额度的,并且国家赔偿

[①] 参见王晓滨著:《国家赔偿法实务指导》,中国法制出版社 2007 年版,第 258 页。

[②] 参见应松年主编:《国家赔偿法研究》,法律出版社 1995 年版,第 233 页;薛刚凌主编:《国家赔偿法》,中国政法大学出版社 2011 年版,第 103 页;沈岿著:《国家赔偿法:原理与案例》,北京大学出版社 2010 年版,第 442 页。

法第三十四条第一款第(三)项后半段①和第二款②对扶养费用已有专门规定,宜应认为国家赔偿法上之死亡赔偿金采继承丧失说。若这一主张成立,进一步检视第三十四条第一款第(三)项规定,则不免疑窦丛生:

首先,从继承丧失说出发,死亡赔偿金应以被害人遇害时实际收入水平作为计算标准和基础较为合理;不过,采行此种标准不免滋生其他问题。这是因为:由于需要对被害人受害时实际收入水平进行确认,这可能使得实务操作变得更加困难和繁琐,因而增加求偿人、国家赔偿义务机关及司法成本;并且现实生活中个人实际收入水平迥异,为此,个案中死亡赔偿金的标准和金额可能相去甚远。在人民收入两极分化严重的情形下,这将进一步凸显社会的不公平;此外,将生命价值与个人余命收入进行关联,在某种意义上损害了人的尊严,有将人"物化"(异化/客体化)的嫌疑——即便此种关联是不得已而为之的。相比之其他统一的死亡赔偿标准而言,在该标准下生命价值与个人余命收入关联度更高,因而人的尊严受到的损害、人被"物化"(异化/客体化)的嫌疑也越大。为此,多数国家在确定死亡赔偿金标准和基础时多采取统一标准。

其次,倘和民事法律规范一样将丧葬费排除在外,仅考虑死亡赔偿金,则不无疑问。只要根据前述的计算公式进行计算后加以比照,则可以发现,国家赔偿法中的死亡赔偿金虽然未区分城乡居民,从而造成身份上的歧视;但是由于丧葬费标准的确定取决于各省、自治区、直辖市的上年度职工月平均工资水平,从而在很大程度上取决于各省、自治区、直辖市的经济发达水平,即在通常情形下丧葬费的标准与各省、自治区、直辖市的经济发达水平成正比。这也就意味着,在那些上年度职工月平均工资较高的省、自治区、直辖市行政区域内——通常为经济发达地区——国家赔偿法中的死亡赔偿金水平要比那些上年度职工月平均工资较低的省、自治区、直辖市的行政区域内——通常为经济较不发达地区——的死亡赔偿金要低。这在一定程度上也可以说是存在着所谓的反向歧视。而此种区分显然并无合理根据。为此,应认为系争规定违反平等原则。

---

① 该段规定:"对死者生前扶养的无劳动能力的人,还应当支付生活费。"
② 该款规定:"前款第二项、第三项规定的生活费的发放标准,参照当地最低生活保障标准执行。被扶养的人是未成年人的,生活费给付至十八周岁止;其他无劳动能力的人,生活费给付至死亡时止。"

（三）违反比例原则

尽管我国宪法并未明文规定生命权,然而作为其他权利存在和实现的前提条件,生命权的重要性不言而喻。它保障人之肉体存在,即人之生理和物理意义上的存在。国家对人民之生命权保障负有义务。这不仅仅意味着国家负有不侵害生命权的消极义务,也包括国家"立法机关所采取的保护措施,应建立在谨慎的事实调查和合理的评估的基础上,并应当能够达成适当和有效的保障"。① 就作为防卫权之基本权而言,禁止保护不足原则与禁止过度侵害原则密切相关。所采取之针对基本权侵害者的保护性干预,应确保作为基本权之防卫功能的实现并满足受害人的保障需求,并给予最大程度的补偿。②

禁止保护不足原则与禁止过度侵害原则共同构成了德国法上比例原则的内涵。与禁止过度侵害原则（Übermaßverbot）相比,后者要求公权力干预人民自由权利不能过度,是上限,而禁止保护不足原则（Untermaßverbot）却是要求国家履行其保护义务的下限,即要求国家的保护措施应当有效,能够实现法律所要追求之目的,并合乎均衡性原则。③ ——该原则是在基本权保护义务教义的框架下发展起来的,其奠基人为德国法学界卡纳里斯（Canaris）。④ 他在1984年的私法学联合会（亚琛）上所作的题为"基本权与私法"（Grundrechte und Privatrecht）⑤的讲演中提出了这一原理。⑥ ——审查一个公权力行为是否违反禁止保护不足原则,须经如下三阶审查;或者说禁止保护不足原则包括三个子原则:1. 目的正当性原则;2. 妥当性原则;3. 有效性原则。下文将运用禁止保护不足原则检讨国家赔偿法第三十四条第一款第（三）项关于死亡赔偿金规定的合比例性。

1. 目的正当性原则

目的正当性原则,它要求首先确定系争规范的目的,而后对该目的是否

① BVerfGE 88,203(254).

② Isensee/Kirchhof(Hg.),Handbuch des Staatsrechts,Band Ⅸ,Allgemeine Grundrechtslehre,3 Aufl.,C. F. Müller,2011,S. 557,303ff.

③ Vgl. Jarass/Pieroth, Grundgesetz für die Bundesrepublik Deutschland: Kommentar, 9. Aufl., C. H. Beck,2007,S. 37.

④ Vgl. Josef Franz Lindner,Theorie der Grundrechtsdogmatik,Mohr Siebeck,2005,S. 513.

⑤ AcP 184(1984) 202.

⑥ Vgl. Claus-Wilhelm Canaris, Grundrechte und Privatrecht: eine Zwischenbilanz, Walter der Gruyter,1999,S. 9.

具有正当性进行审查:系争规范限制或者干预人民基本权服务于"特定公益目的",则认为其具有目的正当性;反之,则认为其目的不具有正当性。一般而言,侵权法上的赔偿以赔偿受害人为重要目标,但是,显然这并非赔偿的惟一目标,事后赔偿的目标通常还与抑制不法行为的目标相关。[①] 国家赔偿的目标也是如此。按照国家赔偿法第一条所明确宣告的目的,设定国家赔偿范围与标准应当服务于如下目的:一是保障公民生命权免受公权力侵害;二是在其受到的损害时,给予适当的救济;三是促进国家机关依法行使职权。[②] 就此而言,其无疑显然具有正当性。

2. 适当性原则

适当性原则,又称妥当性原则或者适合性原则。它要求国家为履行其保护义务而采取的措施应有助于基本权保护目的的达成。换言之,就第三十四条第一款第(三)项规定而言,其所设定的死亡赔偿金标准应有助于前述保障公民生命权免受公权力侵害;在公民的生命权受到国家机关及其工作人员职权行为的侵害时,它应能予受害人近亲属以适当的救济以及敦促国家机关及其工作人员依法行政。下面逐项展开讨论:

(1)正如此前所指出的,死亡赔偿金的设置本身是具有抑制性目标的,它所具有的威慑作用,尤其是国家赔偿法第三十一条关于追偿、行政以及刑事责任的规定:

赔偿义务机关赔偿后,应当向有下列情形之一的工作人员追偿部分或者全部赔偿费用:

(一)有本法第十七条第四项、第五项规定情形的;

(二)在处理案件中有贪污受贿,徇私舞弊,枉法裁判行为的。

对有前款规定情形的责任人员,有关机关应当依法给予处分;构成犯罪的,应当依法追究刑事责任。

若将两者合并进行解读,可以发现其对国家机关及其工作人员具有一定的威慑作用,而这能够促使行政机关及其工作人员依法行政,从而防止侵害公民合法权益和权利的结果的发生,也就能够更好地保障公民的生命安全。

---

① 【荷】威廉·范博姆、【荷】米夏埃尔·富尔主编:《在私法体系与公法体系之间的赔偿转移》,中国法制出版社 2012 年版,第 11 页。

② 国家赔偿法(2012 修订)第一条、第二条。

（2）虽然关于死亡赔偿金的性质存在理论上的争论，但就其实质效果而言，死亡赔偿金能够在一定程度上填补受害人的死亡给其近亲属带来的经济损失，并且死亡赔偿金本身也具有一定的抚慰功能，从而为受害人近亲属因此而遭受的精神损害提供一定的救济。

（3）死亡赔偿金除具有前述的威慑效果外，作为对被害人的"第二次救济"，它其实也表达了立法机关、行政复议机关或者司法机关对行政机关及其工作人员造成受害人死亡的职权行为的合法性的否定性评价，而在一定程度上，也能够促使行政机关及其工作人员在未来依法行政。

从以上来看，无疑死亡赔偿金有助于国家赔偿法立法目的的实现，为此，合乎适当性原则的要求。

3. 实效性原则

实效性原则要求，当仍存在着其他可用的、更好或者更有效的保护措施，但却是一个（对相对人、第三人甚或公共利益的干预）"强度同样小"的手段时，公权力若不采行则构成违反比例原则。就损害赔偿而言，受侵害法益价值、受侵害程度与赔偿标准和金额应成正比，换言之，受侵害法益价值越高，受侵害程度越严重，则赔偿标准和金额应越高，以便能够确实有效地实现法律保障人民生命权、对受害人或者其家属的救济以及监督行政机关依法行政的目的。由于就个人权利侵害而言，致人死亡无疑是最为严重的情形，[1]与之相应，其赔偿标准和金额理应最高；也惟有如此方能契合事理。但是，倘若对第三十四条第一款第（三）项关于死亡赔偿金的规定与第二款关于伤残赔偿金的规定进行比较，则不难发现，国家赔偿法在制度设计在一定程度上背离了上述原则。因为：

首先，应当注意的是，学界一般认为，根据前述两款规定，全部丧失劳动能力的，其赔偿标准与死亡赔偿金是一致的，都是国家上年度职工平均工资的 20 倍，二者都是以受害人的全部未来收入的损失为赔偿范围。不过，稍加留意就可以发现，其实不然，因为在死亡的情形下，上述赔偿费用中包括了死亡赔偿金和丧葬费两部分。其中丧葬费的标准为受诉法院所在地上一年度省、自治区、直辖市的职工月平均工资的 6 倍。就此而言，死亡赔偿金显然比全部丧失劳动能力情形下的残疾赔偿金要低，而这恐怕并不合理，难以实

---

① 胡充寒、周雄文主编：《中国国家赔偿法学》，中南工业大学出版社 1997 年版；胡锦光、余凌云主编：《国家赔偿法》，中国人民大学出版社 2008 年版，第 161 页。

现对死者家属的充分救济。

其次,即便目前并没有任何证据表明,侵害公民生命权的赔偿标准低于侵害公民健康权而导致完全丧失劳动能力的赔偿标准会导致如下不利后果,即,在某些情形下,基于国家赔偿金额多寡的考虑,国家机关及其工作人员可能改侵害健康权而侵害公民生命权;反之,也没有任何证据可以表明,一旦将提高侵害生命权的赔偿标准,使之高于侵害健康权的赔偿标准,将有效吓阻侵害公民生命权的行为。但是,就一般经验而言,这种担忧确实存在。尽管有些人主张在致人伤害的情形下,由于害怕承担较重的赔偿责任以及面对其他问题而进一步杀害受害人,无疑要面临刑事处罚,为此难谓法律的威慑力不足。不过,即便如此也难以防止侵权人为之铤而走险。更何况实践中的确有此类案件发生。就此而言,如今国家赔偿法的规定显然难以有效地保障人民生命安全。

最后,从目前的死亡赔偿金标准来看,赔偿标准过低已然是公认的问题,而这可能导致公权力机关对生命的漠视,为此,也难以确实有效地发挥其促进依法行政的功能。

综上,死亡赔偿金的设计未能满足比例原则之禁止保护不足原则的要求,虽然其目的旨在保障公民生命权免受公权力侵害,并在其受到的损害时,给予适当的救济以及促进国家机关及其工作人员依法行政,而且事实上也有助于上述问题的达成,但由于其赔偿标准显然低于完全丧失劳动能力情形下的残疾赔偿金,而且本身赔偿标准也过低,为此,并不能有效地保障公民的生命安全,在公民的生命安全受到侵害时,也不能给其近亲属以充分的救济,并且由于赔偿标准过低,也可能导致行政机关及其工作人员漠视公民生命而违法使用或者滥用职权。就此而言,其并不合乎比例原则应当予以完善或者修改。

结论

(一)重新界定死亡赔偿金,恢复受害人主体地位

若此前所指出的,关于死亡赔偿的性质,学界存在三种不同的观点,或者将之界定为精神抚慰金,或者采继承丧失说或者扶养丧失说将之界定为财产性的损害赔偿金,其实都是以侵权人—受害人的近亲属之间的关系为法律关系的核心,换而言之,法律所要保护的是作为第三人的受害人的近亲

属的权利,所以,如此是因为民法理论认为,自然人的权利能力始于出生、终于死亡,受害人因侵权行为死亡后,其作为民事法律主体的资格已经消灭,因此,死亡受害人不能以主体资格主张权利;享有损害请求权的,是间接受害人,即死者的近亲属。

这样一来,正如有的研究所指出的,必然会导致如下结果①：

生命权得不到任何尊重和救济而沦为裸权。死亡赔偿金被定性为死者近亲属的损害赔偿,与死者以及与生命权保障和救济没有任何联系。在这种规定之下,权利侵害与权利救济发生根本性断裂。人的生命固然是无价的,但这种无价应是非常尊贵的无价,绝不是不值钱的无价。倘若赔偿的不是命,则意味着命价其实为零。

但是,笔者这一批评其实尚未触及问题的核心。倘若进一步检讨,则可以发现上述三种学说,除忽略了受害人的生命的价值外,更有将受害人客体化的嫌疑。因为在侵权人—受害人的近亲属的关系中,侵权人之导致受害人的死亡仅是其损害受害人近亲属的精神安宁或者可期待利益的手段,在这样的架构中,受害人显然被当成一种手段而非目的。为此,在死亡赔偿的情形下,有必要恢复受害人的主体地位,从而凸显对其人性尊严和生命的尊重。也就是说应当重新界定赔偿金的性质,将之规定为对死者的赔偿,赋予死者本人以请求权。不过,为了避免将受害人的人格物化,我认为不应将死亡赔偿金界定为受害人可期待利益的丧失,而应界定为精神抚慰金或者精神损害赔偿金。

虽然,传统的理论认为,在受害人死亡的情形下,只有受害人的近亲属有精神损害赔偿请求权,不过,早在 1977 年,德国学者瓦尔特·耶利内克(Walter Jellinek)便提出,受害人因可归责于加害人的行为而在死亡之前遭受痛苦,并由此在死亡时享有对加害人的精神损害赔偿请求权的,其请求权转移给其继承人。在事实层面上,于死亡发生之前必然存在那么一个时点,在那一时刻死亡确定地将要发生,彼时生命侵害即可构成,生命丧失之精神损害赔偿请求权已经发生,并于死亡实际发生时成为继承的客体。这样,死者生命丧失之损害赔偿经由"死亡确定将要发生时点"的转接而被

---

① 叶名怡:《论死亡赔偿范围——以〈中华人民共和国侵权责任法〉第 16、17、22 条为分析重点》,《法商研究》2010 年第 5 期,第 15 页。

证成。① 换言之,精神抚慰金请求权包含死者和其近亲属自身的请求权。② 不过,就受害人的精神损害赔偿请求权而言,即便存在,从传统理论出发,恐怕也不能得到支持。通说认为,精神损害赔偿具有人身专属性,既不得让与也不得继承。不过,所谓专属性问题并非是不可逾越的障碍,奥地利在 1996 年司法转向之后已经克服这了一障碍,承认了前述立场③,即承认了受害人的精神损害赔偿请求权可转移给其近亲属。

此外,需要特别指出的是,以对受害人的精神损害赔偿构建死亡赔偿金还能解决我国现在人身损害赔偿法制中存在的矛盾问题,从而使得死亡赔偿金的请求权与受害人近亲属的精神损害赔偿请求权和被扶养人的抚养费请求权的关系得以协调。

(二)提高死亡赔偿金的标准

一般认为,各国所确定的赔偿标准可以归纳为三种,分别是惩罚性赔偿标准、补偿性赔偿标准和抚慰性赔偿标准。④ 在国家赔偿法起草当时,多数人由于考虑当时国家财政的负担能力和经济发展水平,同时考虑到国家机关及其工作人员的执法水平和司法水平的低下,故而采取抚慰性赔偿标准为其赔偿标准。⑤ 在这一标准之下,国家赔偿以生存保障为其原则,即仅以保障公民、法人和其他组织的生活和生存的需要为限。故而人民所能获得的国家赔偿金数额与其所遭受的实际损失相去甚远。⑥ 故而国家赔偿法的修改的首要问题之一,便是放弃抚慰性赔偿标准,而改采补偿性赔偿或者惩罚性赔偿标准。

只有改变当下这种抚慰性的赔偿制度,将国家赔偿标准提高到一定水平——如改采补偿性赔偿标准,以赔偿金填平、补齐受害人的实际损失;或

---

① 叶金强:《论侵害生命之损害赔偿责任——解释论的视角》,《环球法律评论》2011 年第 5 期,第 84 页。

② 【奥】伯恩哈德·A. 科赫、【奥】赫尔穆特·考茨欧主编:《比较法视野下的人身损害赔偿》,中国法制出版社 2012 年版,第 32 页。

③ 【奥】伯恩哈德·A. 科赫、【奥】赫尔穆特·考茨欧主编:《比较法视野下的人身损害赔偿》,中国法制出版社 2012 年版,第 32 页。

④ 房绍坤、毕可志编著:《国家赔偿法学》,北京大学出版社 2004 年版,第 296 页;马怀德主编:《完善国家赔偿立法基本问题》,北京大学出版社 2008 年版,第 319 页。

⑤ 参见刘嗣元、石佑启著:《国家赔偿法要论》,北京大学出版社 2005 年版,第 95 页。

⑥ 肖峋:《中华人民共和国国家赔偿法的理论与实用指南》,中国民主法制出版社 1994 年版,第 240 页;马怀德主编:《完善国家赔偿立法基本问题》,北京大学出版社 2008 年版,第 319—320 页。

者保留当下赔偿标准与"赔偿决定作成时上年度国家职工平均工资"之间的关系，但规定高于其 1—3 倍作为赔偿标准[①]——不过，需要注意的是此处"上年度"应作违法行为时上年度，如后果非即时发生，则应理解为损害后果发生时的上年度，因为它更能反映国家机关及其工作人员职务行为与损害后果之间的关系，而且更具有确定性和合乎平等原则的要求——才能够在一定程度上给予相对人的权利予以相对充分、有效的救济；也才能使国家赔偿法在一定意义上发挥威慑作用，促使行政机关及其工作人员在执法过程中更严格地遵照实体法和程序法的有关规定而行使职权，避免对公民权利的恣意和过度的侵害，并且一旦违法侵害了公民的合法权利之后，又能积极、主动地采取措施予以救济。

（三）完善近亲属的精神损害赔偿制度

2010 年修订国家赔偿法时，立法机关引入了精神损害赔偿，主要指由于所造成之受害人的死亡给其近亲属的精神安宁造成的伤害，虽然，学界对此予以肯定。不过，立法机关并未就精神损害赔偿的标准和适用作可操作性的规定，而是将问题留给了司法机关。尽管在民事侵权方面，精神损害赔偿已经有了丰富的实践，但总的来讲也不尽人意，尤其需要指出的是，其赔偿标准较低且具有较大的恣意性一直以来就颇受诟病。为此，未来有必要建立一套更为完善的国家赔偿之精神损害赔偿制度，并且适当地提高精神损害赔偿的标准——改变旧有的抚慰性赔偿标准的立场，从而更好地促进国家机关及其工作人员依法行政，更有效地保障公民的生命安全或者在其受到侵害的情形下，为其近亲属提供适当的救济，适当填补他们因此受到的损害。

（四）完善国家赔偿执行制度

当下国家赔偿执行制度的欠缺，也是造成国家赔偿法形同虚设的一大原因。所谓"徒法不足以自行"，更何况法律本身就未提供其执行的手段和方式。故而，建立并完善国家赔偿执行制度是当下国家赔偿法改革所面临的一项课题。只有建立妥当的执行制度，才能够实现国家赔偿法的立法目的。

就此而言，我认为：一方面应当给予人民法院以国家赔偿的强制执行权或者建立专门的机构、设立统一的国家赔偿账户，从而方便国家赔偿的执行；另外一方面则应设立类似滞纳金的惩罚性赔偿制度，对于拖延给付的情形，应当另外课以赔偿金，使赔偿义务机关向相对人支付额外的赔偿金。

[①] 马怀德主编：《完善国家赔偿立法基本问题》，北京大学出版社 2008 年版，第 319—320 页。

行政诉讼法司法解释第五十二条之评析

问题的提出

《最高人民法院关于执行〈中华人民共和国行政诉讼法〉若干问题的解释》(以下简称行政诉讼法司法解释)第五十二条规定:

"在诉讼过程中,有下列情形之一的,终结行政诉讼:

(一)原告死亡,没有近亲属或者近亲属放弃诉讼权利的;

(二)作为原告的法人或者其他组织终止后,其权利义务的承受人放弃诉讼权利的。

因本解释第五十一条第一款第(一)、(二)、(三)项原因中止诉讼满90日仍无人继续诉讼,裁定终结诉讼,但有特殊情况的除外。"

第五十一条第一款前三项则规定了:

"在诉讼过程中,有下列情形之一的,中止行政诉讼:

(一)原告死亡,须等待其近亲属表明是否参加诉讼的;

(二)原告丧失诉讼行为能力,尚未确定法定代理人的;

(三)作为一方当事人的行政机关、法人或者其他组织终止,尚未确定权利义务承受人的;

……。"

此规定了终结行政诉讼的几种情况。所谓"终结行政诉讼",指的是在行政诉讼过程中,因出现使行政诉讼不能继续进行且不能恢复的或者行政诉讼继续进行已经没有实际意义的情况下,法院裁定结束正在进行的行政诉讼程序。在行政诉讼终结的情况下,法院对当事人之间的争议因没有必要而没有作出实体处理。导致行政诉讼终结的情况有以下两类:(1)行政诉讼继续进行已经没有实际意义。(2)行政诉讼无法继续进行。如原告丧失诉讼行为能力、死亡或者终止,等待权利义务承受者决定是否继续诉讼满90天的。当事人不服终结诉讼的裁定,不得复议或者上诉。裁定一经送达即发生法律效力。行政诉讼终结后,当事人不得以同一事实和理由再行起诉。①

关于终结行政诉讼,截至目前,无论是理论界还是司法界的研究都很少,究其原因,主要是在实践过程中,因这一规定而导致行政诉讼终结的情况并不多见,所以其中隐含的问题亦未能得到应有的重视;另外一方面是因为我国行政诉讼法的理论和实践起步甚晚,目前还存在诸多缺漏。笔者以为,既然在行政诉讼法司法解释中对终结行政诉讼予以规定,那么其就可能对公民之权利义务产生影响,因此,实有研究的必要。

一、规定行政诉讼法司法解释第五十二条的积极意义

行政诉讼法司法解释是最高人民法院就审判机关在适用行政诉讼法的过程中如何具体运用行政诉讼法的问题所作的解释。② 其第五十二条所欲解决的是:审判机关在审理案件中遇到第五十二条规定之情形时,如何适用行政诉讼法之问题。一般认为在第五十二条规定的三种情况下,由于争议一方已经不复存在,进而使得争议之解决已成为不必要,或者说继续进行诉

---

① 参见胡锦光:《行政诉讼程序、证据、法律适用及涉外行政诉讼》,载张正钊主编:《行政法与行政诉讼法》,中国人民大学出版社 2004 年第 2 版,第 398—399 页。这里必须说明的一点是,胡锦光教授在列举中将撤诉亦列入终结诉讼之范围——"诉讼继续进行已经没有实际意义。如原告撤诉,法院同意,就可以终结诉讼"——就我国现行的行政诉讼制度而言,窃以为不然。司法解释第六十三条列举了人民法院行使裁定权的十五项内容,其中包括终结诉讼(第四项)和撤诉之准许与否(第十项),就此而言,二者之间并不存在着包含与被包含之关系,而是并列的两种情形,在形式上,具有同等之法律效力。

② 这里要注意的一点是,关于司法解释的效力问题,我国学界虽然默认现存之事实,但就理论上而言,最高人民法院司法解释当不具有普遍之约束力,仅就个案有指导作用,因为我国宪法仅将法律解释权授予全国人民代表大会之常务委员会(此一项亦存在争议,有的学者认为全国人民代表大会当然地享有法律解释权,有的学者则以为不然,因为宪法并未具文,且全国人民代表大会职司立法,其一旦对法律进行解释,则形成对法律之实质修改,故所行使的实为立法权),而未授予最高人民法院司法解释的权力。此外,立法法第二章第四节对此再次予以明示。但学者中亦有主张最高人民法院,乃至普通人民法院都有进行司法解释之权力,其理由如下:首先,法院在审理案件过程中,必须适用法律对案件作出判断,这本身便是一个解释的过程;其次,全国人大常委会于 1981 年 6 月 10 日通过的《全国人民代表大会常务委员会关于加强法律解释工作的决议》明确规定最高人民法院享有法律解释权,立法法通过之后并未予以废止,故最高人民法院当然地享有法律解释权。但这涉及到法律解释的规则问题,依解释规则,决议相对于立法法而言,为旧法,且为下位规范,在立法法已对法律解释权之归属作出明确规定时,显然应当适用立法法,据此最高人民法院不享有司法解释权。不过,另从宪法变迁的角度上来讲,就我国宪政的发展历史而言,似乎可以认为宪法规范已经发生变迁,最高人民法院进行司法解释不仅成为一个既定事实,而且业已成为我国法制的一个传统(或者习惯),由此可以认为最高人民法院享有司法解释权。总而言之,关于最高人民法院的司法解释权存在诸多争议,本文不欲理会此争议,作出某种选择性判断。本文之讨论仅基于这样的一个事实,即最高人民法院之规范性司法解释对人民法院审理案件具有普遍的约束力。

讼已经没有意义,故而应当终结行政诉讼;反之,若不终结诉讼,则可能造成取证困难、质证不能,从而使得案件久拖不决,一方面即有可能造成讼累,浪费国家司法资源,这无疑是不效益的,更何况其尚可能使得人们对司法权解决纠纷、保障公民权利的能力有所怀疑,进而有损于司法机关的权威;另一方面,则亦可能使得行政机关长期为此类案件所牵绊,从而浪费国家有限之行政资源,且有损行政机关的权威,不利于此后行政工作的展开;最后,法谚有云:"迟来的正义为非正义"。即使案件能最终得以解决,但由于行政相对人已经死亡,其能给予相对人的正义亦已微不足道。综上所论,则无疑应当及时终结诉讼。这既可节约司法资源,又可维护司法机关和行政机关的权威。

二、行政诉讼法司法解释第五十二条的缺失

即便司法解释第五十二条具有上述所谓的"优点",但是该条规定远非尽善尽美,其尚存在诸多问题。这主要基于如下几点理由:

(一)依行政诉讼法司法解释第五十二条终结诉讼,有纵容行政机关之嫌。

学者一般认为我国行政诉讼法第五十一条关于撤诉的规定已然表明了行政诉讼法律关系不同于民事法律关系这一立场。就民事诉讼而言,是以"当事人对立为其基本构造,所以一方欠缺时,诉讼就不得终止"①。因此,一般情况下,在民事诉讼中一旦原告撤诉,只要其不致损害国家、社会、集体和他人的合法利益,没有违反法律、法规的规定,法院通常予以准许;而行政诉讼则不然,行政诉讼法第五十一条规定:人民法院对行政案件宣告判决或者裁定前,原告申请撤诉的,或者被告改变其所作的具体行政行为,原告同意并申请撤诉的,是否准许须由法院裁定之。这是因为,行政诉讼一旦提起,法院不仅要解决当事人双方之纠纷,其亦同时负有对行政机关的行政行为的合法性进行审查,以促使其依法行政,这也是我国行政诉讼法立法目的之一,即行政诉讼法第一条"维护和监督行政机关依法行使行政职权"之谓。就此而言,在司法解释第五十二条所述情况之下,仅由于行政诉讼一方的地位已由死亡或者弃权而消灭,法院就放弃对被诉行政行为的合法性作出评价,那么,实际上也就未履行法院维护和监督行政机关依法行使行政职权的职责。就此而言,若行政行为本身合法,则终结行政诉讼确实具有前述各种好处,但是,似乎不应

---

① 【日】中村英朗著:《新民事诉讼法讲义》,陈刚、林剑锋、郭美松译,法律出版社 2001 年版,第51 页。

该忽视一点,在我国目前行政行为违法的情况大量存在①,若上述情况均终结行政诉讼,那么,就不免有纵容行政机关之嫌。

尤其值得注意的是,在我国的多数行政法律争议中,司法裁判具有最终性。在这种情况下,人民法院享有对系争案件最后的发言权。问题在于,如果我们仅仅强调系争案件多数的争议在于行政机关行为是否具有合法性或者合理性,依据分工或者分权原则,人民法院应当对于行政机关予以充分尊重,对行政机关的"行为"采取合法推定原则;然而,如果我们转换视角,强调司法的"人权保障"这一功能,那么,则我们对于行政机关的合法推定,则意味着我们对于人民是否违法所采取的裁判原则是"违法推定"。这无疑是与行政诉讼法的立法目的相违背的。而依司法解释第五十二条规定终结行政诉讼,恰恰符合此种情形。为此,似乎不宜终结行政诉讼。

(二)行政诉讼法司法解释第五十二条未必能够发挥节约司法成本的作用。

主张司法解释第五十二条能够节约司法成本,在一定意义上讲,其理由亦不能完全成立。虽然,我们不能否认,随着原告一方当事人地位的消灭或者放弃,行政诉讼纠纷亦在一定程度上得以解决,但是,不能因此就认为所有的问题都能迎刃而解。正如前面所提到的,行政诉讼法的立法目的之一,便是对行政机关依法行政进行监督,而法院对行政机关进行监督的一个方式,即对其行为的合法性②作出判断,而一旦行政诉讼至此终结,则不仅相对人权益得不到有效的救济和保障,行政行为的合法性亦未得以相应的判断。这就意味着,若该行政行为违法,则由于法院未能及时对此作出判断,行政机关在相同或者相类似情况下,仍可根据相同或相似理由、作出相同或者相似行政行为。③ 在此种情形下,前功尽弃,一切须重头开始,则司法

---

① 以 2004 年为例,全国地方各级人民法院全年共审结一审行政案件 92192 件,比 2003 年上升 4.7%。其中关系公民人身权益和经济利益的行政案件上升幅度较大。全年共审理涉及卫生、计划生育、土地、交通、工商、税务、海关、商检、财政及劳动和社会保障案件 38273 件,比 2003 年上升 18.79%。依法审理涉及城市房屋拆迁的行政案件,纠正违法强制拆迁行为,全年共审结此类案件 5478 件。此外,还审查办理非诉行政案件 110550 件,审结国家赔偿案件 3134 件。参见肖扬:《最高人民法院工作报告——2005 年 3 月 9 日在第十届全国人民代表大会第三次会议上》。

② 一般认为,明显不合理的行政行为亦当纳入违法行政行为范围,故在目前仅审查行政行为的合法性规定下,不另作详细之区分。

③ 我国行政诉讼法仅规定,一旦行政机关的具体行政行为被认定违法时,法院责成之重新作出行政行为时,行政机关不得依据相同的事实、理由作出相同的具体行政行为。

资源之浪费不言而喻。但是,若法院在司法解释第五十一条所述情况下得就行政行为的合法性进行判断,则一旦裁决行政行为违法,则行政诉讼法第五十五条"人民法院判决被告重新作出具体行政行为的,被告不得以同一事实和理由作出与原具体行政行为基本相同的具体行政行为"规定,在一定程度上对行政机关将来处理相似情况时起到类似英美法先例之作用,使得行政机关免于重蹈覆辙。另外,对于第三人而言,则可能因法院未能对此前行政行为的合法性作出最终判断而固执己见,认为行政行为违法,若有利可图,则不免追随原告,而此种情况下,争讼难免,无论是对于第三人、行政机关,或者是司法机关而言,都存在着资源浪费问题,也是主张本条解释可节约司法资源者自我矛盾之处。

(三)在特定情形下,依行政诉讼法司法解释第五十二条终结诉讼,可能既损害正义又损害行政机关的权威性。

原告一方死亡,或者其权利义务承受人放弃诉讼权利的,形式上虽则使得行政纠纷归于消灭,但是,被诉行政行为的影响并未随此恢复至被诉行政行为发生前的状态,若行政行为实质违法,则其对相对人的权利造成的损害则既成事实,此并不随着相对人的死亡或者诉讼行为能力的丧失、其权利义务承受人诉讼权利的放弃就归于消灭。与此同时,还应注意到,人们提起诉讼,往往不是因为实际上的利益,而是基于权利感情,对于不法行为,精神上更觉痛苦。[①] 就此而言,在可能的情况下,还是应当为其提供适当的救济和保障的,否则,则可能显失正义。反之,一旦行政行为合法,则由于行政诉讼终结,亦使得人们对行政机关行政行为的合法性持怀疑态度,以为行政机关不过因司法解释第五十二条规定的情况发生而侥幸逃过一劫,此则有损行政机关的权威。

(四)行政诉讼法司法解释第五十二条语义不清,不利于相对人权利的保护。

在第五十二条第二款并第五十一条第三项规定之情况下,可以终结行政诉讼,该规定在立法技术上存在一定问题。就其字面理解,该规定并未明确指出第五十一条第三项所指的"作为一方当事人的行政机关、法人或者其他组织"是作为原告一方当事人还是被告一方的当事人,因此,可以认为"这里所规定的'行政机关'既包括作为原告的行政机关,也包括作为被告的行

---

① 王泽鉴著:《民法总则》,中国政法大学出版社 2001 年版,第 4 页。

政机关"①。虽然有人主张：从一方面讲，我国行政诉讼法及其司法解释在界定行政诉讼主体时，仅有关于行政相对人或者原告的界定中出现将"法人或者其他组织"与其他主体并列的规定，如行政诉讼法第一、二、十一、十二、二十四、二十五、二十七、三十七、三十八、三十九、四十条等，而关于行政主体或者被告范围的界定则无此种情况，因此，似乎也可以推定这里所指的行政机关就是作为原告的行政机关，而不是作为被告的行政机关；另外，尽管从规定的终结诉讼的几种情形看，都是由于提起诉讼的一方的原因导致诉讼无法进行的情况下才终结诉讼的，因此，在这里也应当作狭义的理解，即作为原告的"行政机关"②。然而，此种解释并非没有疑问。在第一种情况下，尽管多种类似的规定在一定程度上可以说明问题，但是，法律对于上述条款均明确地规定了其作为行政相对人或者原告的地位，如，第一条明确将"公民、法人和其他组织"与"行政机关"并列，明确其各自在行政诉讼中的地位，第二条则明确了"公民、法人和其他组织"作为原告的地位，第十一条第一款实际上也明确了"公民、法人和其他组织"作为原告的地位，等等。因此，可以认为在法律条文未明确规定其在诉讼中的地位时，那么它指的既可能是原告也可能是被告。就第二种情况而言，虽然法律列举的其他几种情形均是因为原告一方的原因而终结行政诉讼的，但这也未排除因被告原因而终结行政诉讼的可能性。然而，若因被告一方的行政机关中止诉讼满90日尚未确定权利义务承受人，法院就裁定终结行政诉讼，就会导致原告的合法权益得不到法律的有效保护，这将在很大程度上损害法律和司法的正义性和公正性价值。③

就立法技术而言，相比之下，民事诉讼法第一百三十七条之规定先进许多。该条规定：

"有下列情形之一的，终结诉讼：

（一）原告死亡，没有继承人，或者继承人放弃诉讼权利的；

（二）被告死亡，没有遗产，也没有应当承担义务的人的；

（三）离婚案件一方当事人死亡的；

---

① 马永欣：《行政诉讼法司法解释讲座（二）》，载李国光主编：《行政执法与行政审判参考（总第 2 辑）》，法律出版社 2001 年版，第 127 页。

② 同上。

③ 同上。

(四)追索赡养费、抚养费、抚育费以及解除收养关系案件的一方当事人死亡的。"

该条所列举几种可终结诉讼之情况,规定比较明确,将诉讼终结之情况限制在一个相对狭窄的范围内,相比之下,更有利于公民、法人及其他组织合法权益之保护。

与此同时,还须注意的是,根据行政诉讼法第二十五条第五款"行政机关被撤销的,继续行使其职权的行政机关是被告"的规定明确了一点,即作为被告之行政机关因故终止的,以继续行使其职权的行政机关为被告继续进行诉讼,而依据行政诉讼法第四十八条之后半句规定,经两次合法传唤,被告无正当理由不到庭的,即可依法缺席判决。就此而言,亦不存在因此而终结诉讼问题。问题在于,如果该机关被终止之后,其拥有的职权亦随之消灭,是否即意味着应当终结诉讼?此处不无疑问。就目前行政诉讼法和行政诉讼法司法解释有关诉讼参加人的规定而言,无疑是的。然而,若比照国家赔偿法第七条第五款"赔偿义务机关被撤销的,继续行使其职权的行政机关为赔偿义务机关;没有继续行使其职权的行政机关的,撤销该赔偿义务机关的行政机关为赔偿义务机关"的规定,则可以发现,行政诉讼法司法解释其出台虽然晚于国家赔偿法,然而就其此项规定而言,在对相对人权利的保护力度方面,行政诉讼法则相去国家赔偿法甚远。另外,倘使在没有继续行使其职权的行政机关时,即以撤销该机关之机关为被告,那么亦可能引发一系列问题。在我国,长期以来,就有国务院不得当被告之传统,设若公民对于国务院直属某机构的行为不服,因而提起上诉,而在案件审理过程中,该机构突然因故被撤销,是否应以国务院为当然被告继续进行诉讼,或者立即终结诉讼。就前者而言,无疑缺乏可操作性;而就后者而言,则当事人权利又何以救济?须注意的是,即使在"有继续行使其职权之行政机关"的情况下亦可能出现此种情况,比如国务院收回某项权力。

(五)依行政诉讼法司法解释第五十二条规定终结诉讼可能侵害第三人的合法权益。

在第五十二条之下,一旦原告死亡或者丧失行为能力,且无近亲属,或者近亲属放弃诉讼权利,或者未确定法定代理人,则可依据司法解释之规定裁定终结诉讼。该规定所涉之诉讼参加人范围同行政诉讼法第二十四条第二款①之规定相一致。依照行政诉讼法司法解释第十一条第一款规定,所谓近亲属包括"配偶、父母、子女、兄弟姐妹、祖父母、外祖父母、孙子女、外孙子女和其他扶养、赡养关系的亲属"。笔者以为对第五十二条若采严格的字面解释,则其所涵盖的自然人主体范围,相对于其他法律规定而言,显然过于狭窄,不利于第三人权利保护②:设若 2004 年 1 月 1 日,乙(乙无近亲属)欠甲 150 万元,于是跟甲签订一房屋租赁合同,将自己有产权的一房屋(设乙除此房屋之外,别无其他财产)租给甲,租期 10 年,以租金偿还 50 万之债务。2005 年 4 月 1 日该房屋为行政机关丙征收强制拆除,仅予补偿 10 万,相对于当地补偿标准,明显过低。2005 年 6 月 20 日乙不服向管辖法院提起行政诉讼,要求按一般标准予以补偿,将补偿金提高到 35 万。2005 年 6 月 27 日法院受理此案,而乙却在审理过程中于 2005 年 8 月 20 日猝死。依照第五十二条第一款第一项规定,则法院应当裁定终结诉讼。如果甲在乙死亡之前既未单独就行政机关的行政行为提起诉讼,也未以第三人身份参加到案件中。由于对于行政行为,不能提起民事诉讼法上的临时处分,一旦超过诉讼期限,则不能对其效力提出疑问。③ 因此,就前述案件而言,在一般情况之下,此时对甲而言,显然三个月之诉讼时效早已届满④,已然丧失胜诉权,故人民法院可以以此拒绝其诉讼请求,不予受理。当然,可以认为,此结果为甲怠于行使其诉权所必须承担之不利结果。但是,对甲、乙、丙关系梳理之后(如下图),可以发现,甲除可因租赁合同利益遭受损害而作为乙诉丙案的有独立请求权的第三人外,亦可因其对乙享有债权之实现与乙诉丙案之结

---

① 行政诉讼法第二十四条第二款规定:"有权提起诉讼的公民死亡,其近亲属可以提起诉讼。"

② 此处须注意的是,国家赔偿法第六条"受害的公民死亡,其继承人和其他扶养关系的亲属有权要求赔偿"之规定亦存在这一问题。

③ 参见杨建顺:《关于行政行为理论与问题的研究》,《行政法学研究》1995 年第 3 期,第 7 页。

④ 有人据行政诉讼法司法解释第四十一条之规定,主张行政诉讼时效为两年,笔者以为此并无法从现有条文推导出。第四十一条规定,明确指出适用两年之诉讼时效的,其前提条件是行政机关作出具体行政行为时,未告知公民、法人或者其他组织起诉期限的,起诉期限才得从公民、法人或者其他组织知道或者应当知道诉权或者起诉期限之日起计算,且从知道或者应当知道之具体行政行为之内容之日起最长不得超过两年。另外,还须注意的是,第四十二条规定之最长之 20 年诉讼时效与 5 年时效,其亦有前提条件之限制,二者共同之条件:均须公民、法人或者其他组织不知道行政机关作出的具体行政行为内容。其起诉期限从知道或者应当知道具体行政行为内容之日起计算。对涉及不动产的具体行政行为,其诉讼时效不超过 20 年;其他具体行政行为的,不得超过 5 年。此两条规定均为特别规定,为行政诉讼法第三十九条所谓之"法律另有规定的除外"之情形,不能将其诉讼时效之规定延伸至行政诉讼法未作特别规定之一般情况,即一般情况下,依然适用第三十九条前半句之规定,其诉讼时效为三个月。

果存在一定利害关系之第三人①,即甲债权之实现与乙之房屋拆迁补偿之间存在非常紧密之联系。其境况与民事诉讼法上无独立请求权之第三人相似,但并不享有无独立请求权第三人之诉讼权利和义务,尤其值得注意的是,无独立请求权人须与案件有法律上利害关系,而此处之第三人仅有事实上利害关系而已。然而,即使甲作为"无独立请求权之第三人",依法理,其对于本诉讼的诉讼结果亦无任何发言权,且不能上诉。② 因此,甲的权利亦不能通过第三人制度得以救济。因此,在何种意义上,甲有权以利害关系人身份进行独立诉讼,关系重大。设若甲、乙、丙三者为平等主体,则根据民法之原理,在乙怠于行使其债权(因丙侵权产生的债权)时,甲可以己之名义行使代位权。③④ 在乙死亡的情况下,甲可根据继承法的规定代位取得相应债权,亦得

---

① 此处须注意的是,行政诉讼法第二十七条关于第三人之规定不同于民事诉讼法第五十六条之规定,前者未明文将第三人区分为有独立请求权和无独立请求权之第三人,后者,则在条文中予以明示,并对二者之诉讼作了相应规定。这是否意味着,在行政诉讼中,没有必要区分有独立请求权和无独立请求权之第三人? 就本条规定及行政诉讼法司法解释第二十四条规定来看,似乎是的。学者亦认为:"在行政诉讼中,第三人具有当事人的地位,从而享有与原、被告基本相同的权利义务。"(刘恒:《行政诉讼参加人》,载姜明安主编:《行政法与行政诉讼法》,北京大学出版社高等教育出版社1999年版,第341页。)"第三人基于与被诉具体行政行为有着直接的利害关系,以自己的名义,为维护自身的合法权益而参加诉讼,在诉讼中具有独立的地位。……第三人的诉讼地位,决定了其在诉讼中享有提供证据、进行辩论、委托他人代理诉讼、申请回避、提出上诉等诉讼权利"。(胡锦光:《第九章行政诉讼概述》,载张正钊主编:《行政法与行政诉讼法》,中国人民大学出版社2004年第2版,第387页。)就此而言,行政诉讼法中所谓之第三人与民事诉讼法之独立请求权人相似。此处所指第三人并非指行政诉讼法及其解释上规定之第三人,仅为原被告之外,其权益受本案结果影响之第三人,其并非行政法律关系的主体。
② 参见刘荣军:《多数当事人》,载江伟主编:《民事诉讼法》,高等教育出版社2004年第2版,第128页。
③ 民法上所谓"代位权,乃债权人为保全其债权,得以自己之名义,行使债务人权利之权能。其规范功能,系对于债务人消极怠于行使权利所行使之权能。其行使之方法,可以诉讼外或诉讼上之方式行使之"(林诚二著:《民法债编总论——体系化解说》,中国人民大学出版社2003年版,第406页)。其中,债务人怠于行使其权利,乃是债权人行使代位权的重要成立条件之一。学者普遍认为:"债务人虽对第三人享有财产权利,但其积极行使时,债权人的代位权不能成立。只有在债务人有权利能行使而怠于行使时,债权人的代位权才能成立。所谓能行使,是指债务人客观上可以对第三人行使权利。若债务人客观上不能行使,则债务人也不得代位行使。例如,债务人已受破产宣告,其对第三人的权利由清算人行使,债权人不得代位行使,也就不成立债权人的代位权。所谓债务人怠于行使,是指债务人应行使权利而不行使。至于债务人是否有过错,有无其他原因,是否经债权人催告,均在所不问。"(郭明瑞:《债的保全和担保》,载王利明主编:《民法》,中国人民大学出版社2007年第3版,第287页。)
④ 依据《中华人民共和国合同法》第七十三条第一款之规定,代位行使之债权须非"专属于债务人自身的除外"。依此,倘若原告遭受之损害具有人身专属性,则第三人不得代位行使求偿权,这似乎存在一定问题。设若乙(无任何继承人)欠甲40万,某日乙为丙开车所撞,依照一般标准应当赔偿伤残费等20万,而丙只愿意赔偿5万。由于本案所涉之内容具有人身专属性,甲依法属于不得行使代位求偿权。其实际结果是侵权人丙从中获益。依照史尚宽教授之见解(其讨论的是我国台湾"民法"第二百四十二条之但书条款,其与大陆类似)此之谓"专属权"并非系指"行使的专属权",此处亦然。

为之。但是在此案中,丙并非甲、乙之平等主体,其具有一定高权性,因此其与甲、乙之间所成立的是否民事之侵权关系亦有待于进一步探讨。但笔者以为,根据《中华人民共和国民法通则》第一百二十一条"国家机关或者国家机关工作人员在执行职务中,侵犯公民、法人的合法权益造成损害的,应当承担民事责任"的规定,可以认为丙与乙之间不仅成立行政法征收补偿关系,同时也成立民事侵权责任无疑,是二种法律关系之竞合。对于乙而言,应当可以选择其中更能保护其权益之一种诉讼形式进行诉讼。作为第三人的甲,在行政诉讼法及其司法解释未对此作出规定的情况下,应当可以援引此项规定,因为其更有利于公民、法人及其他组织权益的保护。①

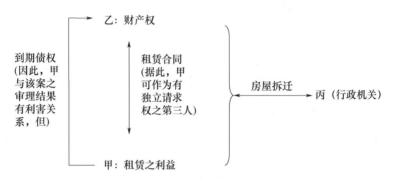

在公法、私法不作区分或者实行普通法之国家,由于法院对于一切案件均有管辖权,所以并不存在此类问题。但问题在于,在我国目前司法体制之下,民事诉讼、行政诉讼及刑事诉讼截然分离。故如何完成二者之间的衔接,自然不无问题。即在何种情况下可以援引民事诉讼法之规定?且二者之间究竟是否存在一般法与特别法之关系?如果存在,何者为一般法,何者

---

① 也有人认为,民法通则制定于 1986 年,当时尚未制定行政诉讼法与国家赔偿法,是故此一规定可以更好保护行政相对人之合法权益。然而,行政法律关系与民事法律关系相去甚远,故在 1989 年行政诉讼法通过之后,特别是 1994 年国家赔偿法制定之后,此条规定自当作废。无论是从特别法优于一般法,或者新法优于旧法之规则,均应排除该条款之适用。然而,笔者以为,在目前我国行政诉讼法尚未发展圆满成熟,特别是在司法机关对行政法律行为之审查容易遭受行政机关干涉(行政机关多不愿意承担行政诉讼败诉之责任,故对行政诉讼多有干涉)之情况下,为践行行政诉讼法保护公民、法人及其他组织合法权益之目的,不妨准用民法有关规定。与此同时,不妨提一下英国上议院西孟兹勋爵的观点,"(这一个)法律条文中根本没有这样的意思,即一经给予一种新的,可能是便宜和方便的救济;那么老的,也就是我们愿意称作国王陛下臣民在国王陛下法院寻求的不可让与的救济就被剥夺了"。(载(1960 年)AC260,第 286 页。转引自【英】丹宁勋爵著:《法律的训诫》,杨百揆等译,法律出版社 1999 年版,第 93 页。)笔者以为此种见解对于如何完善我国行政诉讼法有一定借鉴意义。

为特别法？此皆存在一定疑问。1982 年 3 月 8 日通过之《中华人民共和国民事诉讼法（试行）》①第三条第二款规定："法律规定由人民法院审理的行政案件,适用本法规定。"由于当时我国行政诉讼刚刚起步,尚无行政诉讼法,因此,准用民事诉讼法之规定对行政诉讼案件进行处理乃特定历史情况使然。二者为独立之法律部门,并不存在一般法与特别法之关系。1989 年行政诉讼法出台时,文本中并无准用民事诉讼法之规定,直至 1991 年 5 月 29 日最高人民法院审判委员会通过《最高人民法院关于贯彻执行〈中华人民共和国民事诉讼法〉若干问题的意见（试行）》,为弥补行政诉讼法之不足与缺漏,其第一百一十四条规定："人民法院审理行政案件,除依照行政诉讼法的规定外,对本规定没有规定的,可以参照民事诉讼的有关规定。"②在此民事诉讼法（试行）和行政诉讼法司法解释（试行）之下,虽然于理论上甚难为准用民事诉讼法之规定提供依据,但若采实证主义之法律观,则不存在丝毫问题。问题在于 2000 年 3 月 10 日行政诉讼法司法解释生效之后,在行政诉讼中,民事诉讼相关规定之地位有所下降,行政诉讼法司法解释第九十七条规定："人民法院审理行政案件,除依照行政诉讼法和本解释外,可以参照民事诉讼的有关规定"。在此情况下,就必须将行政诉讼与民事诉讼之衔接在理论上予以说明。尤其须注意的这种衔接不仅仅是程序上的衔接,其亦涉及实体法上法律关系性质之界定。（如下图）

在本案之中,甲对乙享有债权,且乙已逾期未履行其债务。在乙除该房屋之外别无财产,而该房屋现在又被征用之情况下,甲债权之实现颇赖征用房屋之补偿。在正常情况下,若乙向丙主张合理补偿之请求得到满足,则乙可以用补偿款偿还债务。但是,若乙与丙之间对于补偿之金额达成一致,则很可能进入行政复议（本文拟不讨论）或者行政诉讼。在乙未发生其他变故之时,可以由人民法院依法作出判决,由丙给乙予补偿,而乙可将该款用于清偿其到期债务。但若乙在案件审理过程中死亡,则其要求行政机关合理补偿之行政诉讼

---

① 已经失效。

② 此条规定之理解亦存在一定问题。就其字面意思作如下推测:人民法院在审理行政案件时,除适用行政诉讼法外,还可适用本规定;在本规定没有规定的情况下,可以适用民事诉讼的有关规定——包括民事诉讼法及其相关解释。如果将行政诉讼法司法解释（试行）的条文与行政诉讼法进行逐条比对,可以发现,行政诉讼法司法解释（试行）实际上是细化了的行政诉讼法,其实际上取代了行政诉讼法在审判中的地位。换句话说,该条规定,可以理解为,行政诉讼法及其解释没有规定,适用民事诉讼法及其相关规定。

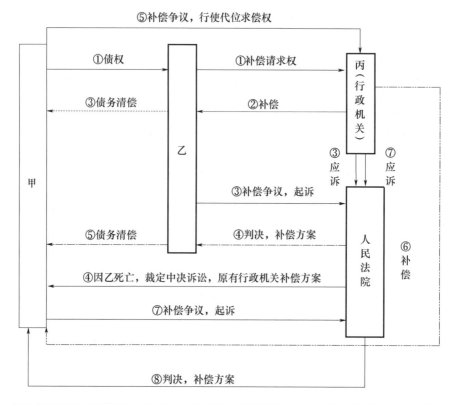

案亦因乙死亡而终结。此时,人民法院只能维持行政机关之补偿标准。依据继承法第三十三条之规定,该补偿金应当在优先清偿乙所欠之税款后,用于清偿其对甲之债务。此时,对于行政机关丙而言,由于乙之死亡,则其对乙明显过低之标准得以维持,此为行政机关节约了相应之财政开支。法谚有言:"任何人不得因自身之违法行为获益。"对于行政机关而言,亦然。因此,在目前行政诉讼法及其司法解释未能对此种情况予以规定的情况下,为保障公民、法人及其他组织之合法权益,可援引民法通则和民事诉讼的相关规定对此予以解决,但这并非承认乙丙之间之法律关系已由行政法律关系向民事法律关系发生转换。恰恰相反,此正是在行政诉讼法第一条立法目的规定之实现。

不过,此处尤须注意的是,在前述行政机关侵权案件下采用此种制度确有利于公民、法人及其他组织权利之保障,但是若将其扩展至行政处罚,是否会导致讼累,使得司法机关和行政机关均不堪重负,实需深思。笔者以为若此种处罚为人身自由之限制,自然不存在代位求偿之可能,否则,但若为财产之罚没,则应当区分情况加以考虑。在一般情况下,由于行政权具有一定之裁量性,因此,若非明显不合理,依现行行政诉讼法及其司法解释的规定,行政相对人且无提起行政诉讼之可能,遑论第三人。且如果在此种情况下允许第三人代为诉讼,无疑将使得社会关系日益复杂化,并且严重束缚行政机关之手脚,从而对行政目的之实现构成巨大之障碍。因此,在此种情况下,应当认为其属于行政机关自由裁量权之范畴,法院应当对行政机关予以充分尊重。但是若行政处罚明显不合理或者违法,在此种情况下不仅应当允许行政相对人提起行政诉讼,也应当允许第三人在特定情况下行使代位权,以维护其权益,因为当法律将行政权授予行政机关时,它这样做是基于相信——并以此为条件——行政机关将按照法律行使此项权力,并依照自然公正的要求行使正当的自由裁量权。如果行政机关破坏了这些条件——由于违背法律,或者由于按不相干的考虑行动,或者做出违反自然公正的事情——那他就僭越了自己的权力,因此应当受到司法审查。[①] 且根据我国宪法第四十一条规定,对于任何国家机关和国家工作人员的违法失职行为,有向有关国家机关提出申诉、控告或者检举的权利。对于公民的申诉、控告或者检举,有关国家机关必须查清事实、负责处理。[②] 且公民对于由于国家工作人员侵犯公民权利而导致之损失,有依照法律规定取得赔偿的的权利,因此,无疑法院应当予以受理并予以救济。

(六)行政诉讼法司法解释第五十二条无法涵盖"死亡推定"的情形。

即使不存在第三人的情况下,此条也可能产生其他问题。根据法律规定,"死亡"有两种:一为自然死亡,一为推定死亡。前者无须解释,后者则依据《中华人民共和国民法通则》第二十三条和民事诉讼法第一百六十七条第一款之规定,主要包括如下几种情况:

(一)下落不明满四年的;

(二)因意外事故下落不明,从事故发生之日起满二年的;

(三)因意外事故下落不明,经有关机关证明该公民不可能生存的。

对于此三者,利害关系人可向下落不明人住所地基层人民法院申请宣

---

① 【英】丹宁勋爵著:《法律的训诫》,杨百揆等译,法律出版社1999年版,第123页。

② 在目前情况下,法院常常以法律没有规定为由不予受理或者驳回公民之诉讼请求,而无视公民所遭受之损害,此孰与立法之目的相违背。法国1804年民法典第4条规定:"审判员借口没有法律或者法律不明确不完备而拒绝受理者,得依拒绝审判罪追诉之。"值得我们借鉴。另外,即使在现行制度下,也并未排除在法律没有规定或者规定不明确、不完备之情况下,公民获得救济之权利。宪法第四十一条第二款为此提供了依据。

告其死亡。前二者公告期间为 1 年,第三者为 3 个月。若在战争期间下落不明的,下落不明的时间从战争结束之日起。由此而引发之问题在于,如果在案件审理过程中,原告突然因意外事故下落不明,则依据行政诉讼法司法解释第五十一条第一款第七项之规定①,人民法院应当中止诉讼,并待中止诉讼原因消除后,恢复诉讼。② 但是,如果下落不明人此后并未能及时出现,并由其近亲属申请死亡宣告,经过法定程序之后,人民法院依法宣告其死亡。应当认为,人民法院宣告死亡之日起,则中止诉讼之原因已经消除,应当恢复诉讼程序,并根据第五十二条之规定进行处理。倘若此时,原告近亲属为个人之利益放弃诉讼权利的,那么则应当依法终结诉讼。那么,如果原告在终结诉讼之后出现,其当如何处理,自不无疑问。行政诉讼法及其司法解释并未就此类疑问开列明确之规定。此处,是否应当推翻原来终结行政诉讼之裁定,并将甲出现之前这一段时间纳入时效中断之范畴? 或者是承认终结诉讼之裁定,对原告恢复诉讼之请求以"时效届满"而否拒之? 参照民事诉讼法第一百六十九条"被宣告失踪、宣告死亡的公民重新出现,经本人或者利害关系人申请,人民法院应当作出新判决,撤销原判决"之规定,似乎应当采前者,撤销原终结诉讼之裁定并重新作出判决。不过,亦有主张可以适用行政诉讼法第六十二条有关申诉之规定者,认为可以通过申诉程序加以处理,或者也可以依据行政诉讼法第六十三条审判监督程序之规定,通过审判监督程序加以处理,此亦具有现实操作性。问题在于,在现行的错案追究制度下,原审法官将不得不承担不适当的法律责任——因为,之前所作出的终结行政诉讼之程序无疑是合乎行政诉讼法及其司法解释之规定的。总而言之,如此虽然原告之权利可得有效之保护,然将使得系争之行政法律关系长期处于不确定状态,对于行政权之权威性和稳定性则必将产生不利之影响,且由于时间久远,证据之取得将更加困难,也将使得审理更为不易,在"举证责任倒置"之下,无疑行政机关将处于极为不利之境地。此外,其亦涉及此前因裁定终结诉讼所产生之诸多后果之处理,此中关系原较单纯的民事诉讼更为复杂,因此其处理亦不无疑问;若采后者,则行政权之权威性和

---

① 第五十一条第一款第七项规定:"在诉讼过程中,有下列情形之一的,终结诉讼:……(七)其他应中止诉讼的情形。"

② 值得一提的是,当事人在案件审理期间下落不明的,若人民法院据此裁定中止诉讼,则将使得系争之行政法律关系长期处于不稳定状态。如何处理,亦是一大难题。

安定性虽可得以维持,但原告之权利则无法得以有效救济。且当注意的是原告是在期限中由于意外事故突然下落不明,依据有关法理,其起诉已然构成诉讼时效之中断,而其后,原告之下落不明则为意外事故所造成,此则构成诉讼时效之中止,故据一般理解,只有在阻却之因素排除后,方能开始计算诉讼时效。故在此情况下,诉讼时效或未届满,以时效届满否拒之,甚缺法律之依据。然而,我们追求正义之同时,"也必须重视法的安定性,因为它本身就是正义的一部分"①,因而,当如何就二者作出权衡,实在值得考量。

结语

如前所述,尽管司法解释第五十二条在节约司法成本和追求司法正义之间,在一定程度上,发挥了一定衡平作用,在一定程度上缓和二者之间的紧张关系。但是,由于该条规定本身的缺陷及法律框架体系本身存在的问题,使得该规定的适用本身亦存在诸多问题,难以在节约司法成本和追求司法正义之间寻求到更佳的衡平点,从而也就无法避免地向某一方倾斜。因而第五十二条之规定尚须进一步加以完善。

---

① 【德】古斯塔夫·拉德布鲁赫著:《法律智慧警句集》,舒国滢译,中国法制出版社 2001 年版,第 18 页。

第三部分 域外经验

合宜行为基准:美国最高法院
死刑合宪性审查的法理

问题的提出

死刑是人类古老的刑罚,几乎每个国家都有久远的死刑历史。为此,其存废问题一直以来都是全世界共同关注的一大话题。[①] 随着人类文明的不断发展,在二次世界大战后,已有不少国家走向积极废止死刑之路,尤其是20世纪80年代以后速度更快,几乎每年都有数个国家废止死刑。根据联合国经济与社会理事会关于死刑的第六个五年报告的统计,截至2005年年底,全世界已有76个国家及地区完全废除死刑,对普通罪废除死刑的国家及地区12个,保留死刑但事实上废除死刑国家36个,保留死刑的国家71个,其中自1994年以来没有处决记录的国家6个,自1994年以来停止判决死刑和停止处决的国家1个,通过恢复处决由事实上废除死刑国家恢复为保留死刑国家9个。这样,以不同方式在实质上废除死刑的国家及地区的总数已达124个,而保留并执行死刑的国家和地区仅为71个,废除死刑的国家及地区约占2/3。[②] 其中尤以欧洲国家一直走在世界先端,在欧洲理事会和欧盟的联合努力下,在1998年以前已经完全废止死刑,并亟思进一步鼓吹在全世界范围内废除死刑。

然而,值得注意的是,号称世界自由民主阵营之领导者的美国,在此潮流中,不仅未能与欧洲保持同步,甚至落后于南非,与刚果、伊朗等国并列。在2002年以前仍对智障者适用死刑;且是进入21世纪后,唯一处决18周岁以下未成年犯的国家,也是联合国成员国中唯一没有批准儿童权利公约的

---

① 最近几年我国学术界,尤其是刑法学界关于死刑问题的探讨可谓方兴未艾。

② 参见联合国经济及社会理事会:《死刑和保护死刑犯权利的保障措施的执行情况》,E/CN.15/2001/10;《国际人权公约现状:死刑问题》,E/CN.4/2004/86。

国家。不过,美国联邦最高法院 2003 年就 *Atkins v. Virginia* 案①及 2005 年就 *Roper v. Simmons* 案②所作判决,推翻了美国自 1989 年之 *Penry v. Lynaugh* 案和 *Stanford v. Kentucky* 案以来所形成的法律。③ 该二案判定对于智障者或者犯罪时已满 16 周岁但未满 18 周岁的未成年人适用死刑,均是"残酷且非常的"刑罚,违反了宪法第 8 修正案规定,故而违宪。这难使得人们进一步看到在美国废除死刑的希望。

与此同时,这些年我国法学界对于死刑存废问题的探讨也是甚嚣尘上,然而,其中多为刑法学者,宪法学者甚少参与其中。尽管,也有宪法学者主张透过宪法学上有关生命权之理论对死刑制度的合理性进行反思。④ 然而,如果就既有的国外有权法院就死刑合宪性问题所作决定进行考察,我们将发现,几乎没有哪一个国家的有权法院是以侵害生命权作为其判断死刑是否合宪的根据的,因为"生命权"这一概念的内涵与外延都十分难以界定,以此作出判断将甚为不易;为此,各国有权机关在就该问题作出判断时多避重就轻,以是否平等权、人性尊严,构成残酷且非常之刑罚,或者违反正当程序作为判断的法理,侧敲旁击以达到作出判断的目的。⑤ 美国联邦最高法院关于死刑合宪性的判决亦然。本文将围绕着美国联邦最高法院赖以判断死刑之合宪与否的且颇具争议的基准——"演化中的合宜行为基准"(the "Evolving Standard of Decency" Test)——展开探讨,以期其能为我国死刑存废之争议中提供一种参考的角度。

---

① *Atkins v. Virginia*,536 U. S. 304(2002).

② *Roper v. Simmons*,543 U. S. 551(2005).

③ Referred to Susan M. Raeker-Jordan,Parsing Personal Predilections:A Fresh Look at the Supreme Court's Cruel and Unusual Death Penalty Jurisprudence,58 *Me. L. Rev.* 100.

④ 持该种见解者以笔者的导师韩大元教授为代表。他在《中国宪法学应当关注生命权问题的研究》一文中指出:"生命权是人最为宝贵的权利,在一般情况下国家是不能限制或剥夺的,即使进行限制时也要严格地规定限制的形式与界限。目前,生命权的剥夺问题主要涉及到死刑制度的合宪性的判断,即剥夺生命权的死刑制度是否符合宪法精神,是否是一种唯一的限制生命权的形式。……我国死刑制度的合宪性基础是值得进一步论证的重要课题。目前,我国还不具备废除死刑的条件,但这一事实并不说明死刑制度具有道德和宪法基础。"(《深圳大学学报》2004 年第 4 期)

⑤ 比如南非宪法法院则认为在其适用存在地区差异,因而违反平等原则,故而违宪。笔者以为如果未来我国违宪审查制度能够得以完善,那么,有关死刑的合宪性争议必然围绕着其是否违反宪法上平等原则展开。我国香港、澳门特别行政区均已废除死刑。

一、演化中的合宜行为基准之提出及其发展

(一)演化中的合宜行为基准之提出

美国宪法第 8 修正案植根于英国的法律传统之上。其蕴含之原则可以追溯至 Magna Carta(《大宪章》),文字则是借用了英国 1688 年《权利宣言》和 1689 年《权利法案》的文字。在第 8 修正案批准后的早些时候,很少有其适用。直到 19 世纪之后,联邦最高法院始用之裁决纠纷,并阐释其涵义。[①] 在 19 世纪,美国联邦最高法院就受理两个关于死刑之合宪性争议的案件。[②] 其中第一个是 1879 年的 *Wilkerson v. Utah* 案,在本案中,联邦最高法院主张实行枪决并不构成"残酷且非常"之刑罚,故未违反宪法第 8 修正案。最高法院在判决中指出:"酷刑……以及其他过度残忍之刑罚,均禁止之。"然而该判决在承认宪法第 8 修正案的不确定的同时,却仅将所谓残酷且非常的刑罚的范围限于为历史所承认的那些酷刑,并拒绝根据当时的社会发展水平对该条款作出解释。[③] 为此,其判决认为在公共场合执行枪决并不构成残酷且非常的刑罚。12 年后,最高法院对于所谓残酷之标准有了更进一步的认识,在 *In re Kemmler* 案中,最高法院维持了电刑作为行刑方式的合宪性,但同时指出"如果刑罚中存在虐待",电刑并未加剧延长死亡的痛苦,故其并不违宪。然而,此二案既未根据当初制宪者的意图,也未就当时的理解对所谓的"残酷且非常"的内涵与外延予以界定。

稍后,在 1910 年审理 *Weems v. United States* 一案时,最高法院主张,"由于环境和目的变了,所以任务也发生了改变",故不能将历史解释作为解释第 8 修正案的唯一方法,同时也拒绝对其进行严格的历史解释。其结果是,最高法院采取了一种更为灵活的解释方法,以使第 8 修正案有更广泛

---

① Brian W. Varland, Marking the Progress of A Maturing Society: Reconsider the Constitutionality of Death Penalty Application in Light of Evolving Standards Decency, 28 *Hamline L. Rev.* 314.

② Alan I. Bigel, *Justices William J. Brennan, Jr. and Thurgood Marshall on Capital Punishment*, Lanham · New York · London University Press of America(1997), pp. 57-58. Brian W. Varland, Marking the Progress of A Maturing Society: Reconsider the Constitutionality of Death Penalty Application in Light of Evolving Standards Decency, 28 *Hamline L. Rev.* 314.

③ Brian W. Varland, Marking the Progress of A Maturing Society: Reconsider the Constitutionality of Death Penalty Application in Light of Evolving Standards Decency, 28 *Hamline L. Rev.* 314.

的适用范围,这为"演化中的合宜行为基准"提出创造了条件。① 最后,联邦最高法院作成决定,认定:对于篡改公共记录者课以 12 年的苦役,就其性质而言是非常且残酷的刑罚。

在 1958 年的 *Trop v. Dulles* 一案中,多数意见指出②:像"残酷且非常"这样宽泛的宪法条款应当由最高法院予以具体化。且其解释应当在美国所继承的英国法传统上展开。另外,又指出第 8 修正案所蕴涵的基本概念就是人性尊严。在国家行使刑罚权之同时,由第 8 修正案对其权力执行进行限制,使之符合当下的文明水准。罚金、拘禁以及死刑等之适用应当与犯罪行为的恶性相适应,采取传统刑罚之外的任何法外措施在宪法上都不无疑问。联邦最高法院虽然甚少有机会对于第 8 修正案的精确内容作出阐释,但是,在美国的民主体制之下,此并不奇怪。应当注意的是宪法第 8 修正案的含义并不明确,且其内涵与外延并非是一成不变的。为此,应当根据反映一个日渐成熟的社会的进步的"演化中的合宜行基准"来确定宪法第 8 修正案的含义。与此同时,联邦最高法院对当时 84 个国家的国籍法进行了考察,发现只有两个国家允许剥夺国籍(Denaturalization),即菲律宾和土耳其,两国将放逐(剥夺国籍)作为一种刑罚得到适用。在此种情况下可以认为,剥夺国籍乃是一种残酷而且非常的刑罚。然而,论证亦仅限于此,其对于所谓的"演化中的合宜行为基准"亦未作出更为明确的解释。

在 1962 年的 *Robinson v. California* 案③中,首席大法官 Warren 进一步指出,由于"残酷且非常的刑罚"条款并非一成不变的,所以,应当不断地根据人类所处时代的人类认知予以检验,进而确定其当下的含义。④

(二)演化中的合宜行为基准的发展

此后,联邦最高法院先后又审理了多个有关死刑之合宪性的争议,Furman v. Georgia(1972)、Gregg v. Georgia(1976)、Coker v. Georgia(1977)、Enmund v. Florida(1982)、Ford v. Wainwright(1986)、Penry v. Lynaugh(1989)、Stanford v. Kentucky(1989)等,并将由 Trop 案判决所发展出来的"演化中的

---

① Brian W. Varland, Marking the Progress of A Maturing Society: Reconsider the Constitutionality of Death Penalty Application in Light of Evolving Standards Decency, 28 *Hamline L. Rev.* 334.

② *Trop v. Dulles*, 356 U. S. 86(1958).

③ *Robinson v. California*, 370 U. S. 660,666(1962).

④ Garry D. Ledbetter, The International Norm: An Interpretation of The "Evolving Standards of Decency", 2 *San Diego Justice J.* 265.

合宜行为基准"作为裁判死刑是否合乎宪法第 8 修正案的重要基准之一。其间最高法院对于死刑之合宪性的态度也出现了较大的逆转：在 1968 年至 1976 年的近 10 年中，美国几乎完全停止了死刑的执行；但是在 Penry 案中，联邦最高法院维持了州修订后的死刑法案，从而使死刑"死灰复燃"，并呈急剧攀升之势。（如图①）

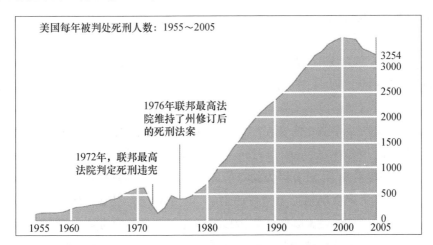

在 1972 年的 *Furman v. Georgia* 案②中，联邦最高法院发表了洋洋洒洒数万言的长文，判定 Georgia 和 Texas 的三个死刑案判决所依据的法律违宪。③ 并主张"当下如果有其他替代刑罚，那么，任何法院都不得对犯人课以死刑"。④ 其中多数意见中仅有 Brennan 和 Marshall 大法官认定死刑违反第 8 修正案。两位大法官均认为根据 *Trop* 案判决中提出的反映一个日渐成熟的社会的进步的"演化中的合宜行为基准"，死刑构成了对人性尊严的侵犯。其中 Brennan 大法官通过四个方面来确定这一刑罚是否侵害了人性尊严：1. 刑罚是否过于残酷以致于贬损人性尊严；2. 是否被恣意适用；3. 是否让当代社会感到尴尬；4. 是否"过度的"。Marshall 大法官则通过判断一个刑罚是否"过度的"以及其是否为当代社会所接受来决定该刑罚是否合宪。其他法官的判断主要针对的是其审判程序的合宪性问题，而非死刑本身的合宪

① Tracy L. Snell, *Capital Punishment*, 2005, December2006, NCJ215083, p. 2.

② *Furman v. Georgia*, 408 U. S. 238, 430(1972)(Marshall, J., concurring).

③ Daniel D. Polsby, The Death of Capital Punishment? Furman v. Georgia, 1972 *The Supreme Court Review* 1(1972).

④ Referred to Garry D. Ledbetter, The International Norm: An Interpretation of The "Evolving Standards of Decency", 2 *San Diego Justice J*. 265.

性问题。① 其中值得注意的是，Brennan 大法官和 Marshall 大法官在确定"演化中的合宜行为基准"的含义时所共同采取的两个步骤：一是通过陪审团制度②及对立法机关的立法的考察以确定"演化中的合宜行为基准"；二是联邦最高法院通过对行刑方式的比较，而非简单地分析某一系争具体方式的性质，来判断系争刑罚是否合乎演化中的合宜行为基准。③ 然而，值得注意的是，该案的多数意见是以 5∶4 的微弱优势形成的，并且更为糟糕的是，9 个大法官的意见均不一致，即这也影响了该判决的权威性和稳定性。

Furman 案判决 4 年后，联邦最高法院就 Gregg v. Geogia 案作出判决。由 Stewart、Powell、Stevens 等大法官组成的多数意见认为④：对某些犯罪课以死刑并非在所有的情况下都是违反宪法第 8 修正案的规定的；对于宪法第 8 修正案的解释应根据演化的合宜行为基准，以灵活的方式为之。宪法第 8 修正案仅禁止适用那些"过度的"（excessive）刑罚，因为其可能造成犯人不必要的、不可理喻的痛苦，或者因为其与所犯罪行的危害性过分不相称的。虽然立法机关不一定会制定过于严苛的刑罚，但由于没有相应的规定要求其将此类刑罚最严格地限于哪些重罪，为此，那些主张此类刑罚是"过度的"就不得不承担非常重的举证责任。死刑本身是制宪者所允许的一种刑罚，在过去的近两个世纪里，本院一直就主张对于谋杀罪课以死刑是合法的。由人民所选之代表所制定的法律措施在确定当代所承认的合宜行为水准上起着举足轻重的作用，那些认为依照此一基准应当认为宪法第 8 修正案要求全面禁止死刑之适用的主张，已为自 Furman 案以来的形势所击破，在这 4 年中，国会以及 35 个州的立法机关重新制定了死刑的法律。立法机关在制定法律时，并非不能将死刑作为对于可能的犯人的"报复"或者"威慑"而予设

① 以上参见 Capital Punishment After Furman,64 *The Criminal Law And Criminology* 281(1973).

② 这里指的是由陪审团在量刑阶段，对于采用死刑或者终身监禁作出选择。然而，最近 *Harvard Law Review* 上发表了一篇题为 *A Matter of Life and Death: The Effect of Life-Without-Parole Statues on Capital Punishment* 的文章，该文对终身监禁不得释放这一死刑替代刑罚作了一番法社会学分析，最后得出结论：在美国部分采取终身监禁不得释放作为死刑的替代刑罚的情况下，死刑判决的数量并未下降。然而与此同时，被判处终身监禁不得释放的犯人数量却急剧上升，而在采取这一替代刑罚之前，美国的终身监禁的服刑期大概只有 13 年左右。其推论认为在此前陪审团在是否采取死刑的情况是较为谨慎的。然而，在有了替代刑罚的情况下，陪审团却被说服，试图将那些重犯关一辈子，以免其重新危害社会。

③ Garry D. Ledbetter,The International Norm: An Interpretation of The "Evolving Standards of Decency", 2 *San Diego Justice J.* 265.

④ Gregg v. Geogia,428 U. S. 153(1976).

置法律,就此而言,我们不能认为 Georgia 州的立法判断是明显错误的。且对于谋杀罪适用死刑亦难谓与犯罪行为之危害性不相称。此外,在 Furman 案判决中,部分法官对于死刑可能被恣意甚至恶意适用的担心,并非无可避免的。基于以上推论,联邦最高法院驳回了 Gregg 请求认定对于强盗罪适用死刑违反宪法第 8 修正案的主张。

1977 年,在 Coker v. Georgia 案中,由 White 大法官执笔的多数意见认为①:第 8 修正案不仅禁止那些残忍的(barbaric)刑罚,同时也禁止那些相对于犯罪行为的危害性而言过度的刑罚。就此而言,如果一刑罚不能恰当达致其刑罚的合理目的,且给犯人增加不必要的生理和心理上的痛苦,或者刑罚与所犯罪行的恶性严重不相称,那么其则构成"过度的"从而违宪。就当时由州的立法和陪审团的态度所反映出来的公众对于此种刑罚的可接受性的观念的客观证据而言——只有 Georgia 一州还对强奸成年女性的犯罪课以死刑,包括 Georgia 州在内也只有三个州对于强奸幼童的犯罪课处死刑:而且即使在 Georgia 州,自 1973 年以来,陪审团再未对强奸犯课处死刑。尽管强奸罪是一重罪,应当课以重刑,但这并未构成对强奸犯适用死刑的理由,其毕竟不同于谋杀罪。死刑作为极刑、无法逆转的刑罚,其适用应当仅限于谋杀罪。联邦最高法院认定对强奸罪适用死刑是不合乎比例原则的不受犯人在实施强奸时的加重情节——抢劫——的影响,尽管抢劫罪本身便是一可课以死刑的重罪,但在陪审团本身认定对于犯人的抢劫罪行不当课以死刑的情况下,其亦不构成应当对其强奸罪课处死刑的加重情节。且 Georgia 州的法律规定,即使是故意杀人,在没有其他加重情节的情况下,亦不得对犯人课以死刑,这本身便表明,无论是否存在其他加重情节,只要强奸犯未杀害其被害人,那么,对于强奸犯适用死刑便是不合比例的。为此,最高法院认定对于强奸罪适用死刑乃是严重不合比例的、是过度的刑罚,故其作为残酷且非常的刑罚,应当根据宪法第 8 修正案予以禁止。

Powell 大法官在本案中发表了协同与部分反对意见,并进一步指出②:死刑的合宪性问题的解决,最终应当诉诸作为反映演化的社会合宜行为的客观证据,特别是立法机关制定的法律和陪审团在死刑案件中的反映。他指出多数意见已经恰当地对这些客观证据予以考察,其表明在现代社会的

① Coker v. Georgia,433 U. S. 584(1977).

② Coker v. Georgia,433 U. S. 584(1977).

观念中，对于强奸罪，在不存在其他极端残忍的罪行或者对被害人造成严重伤害的情况下适用死刑乃是过度的，不可容忍的。但应当注意的是，并非对所有的死刑课处死刑均是不当的。在其他恰当的情况下，也许多数意见会发现，陪审团和立法机关对于那些犯有令人发指的、对于被害人造成严重的持续性伤害的强奸行为的犯人会不约而同地课处死刑的。就此而言，Powell乃反对多数意见将所有的强奸罪都排除在死刑的适用范围之外。

1982 年，联邦最高法院审理了 Enmund v. Florida 案。在该项判决中，联邦最高法院的多数意见认为：在该案件中，当下立法机关、陪审团及检察官的见解在否决系争案件中的死刑判决起着举足轻重的作用。并指出，只有为数甚少的州——8 个州——允许对伴有谋杀的抢劫罪中的并未实施杀人行为亦无杀人意图的，亦无使用其他可能致人死亡的暴力行为的人课处死刑。且美国绝大多数的陪审员都拒绝对此类犯人课以死刑，有关的统计数字表明多数陪审员，或许还有检查官均认为对于此类犯人课处死刑乃是不合比例原则的。尽管抢劫是一个应当课以重型的重罪，但其尚未惨无人道，以致于只能课以死刑。[①] 由于死刑，乃是最重的且不可逆转的刑罚，所以对于那些抢劫过程中并"谋财而不害命"的课以死刑乃是构成了过度的刑罚。无论是死刑的威慑论或者报应论均不能构成对此类犯人课以死刑的理由。毫无疑问，死刑对于此类犯人，如被告，肯定不存在威慑的效果。至于作为一种报应，其是基于罪行的恶性，其惩罚的程度应与罪行相当。就此而言，对于此类犯人课以死刑是不当的。

1986 年，联邦最高法院审理了 *Ford v. Wainwright* 案。该案的上诉人 Alvin Bernard Ford 于 1974 年因犯有谋杀罪而被 Florida 州州法院判处死刑。当时，其乃为适格（具有行为能力）的当事人。然不久后，其行为异常，经心理医生检查之后，认为其精神紊乱。因此，其辩护人随之对 Florida 州一个规定有关犯人行为能力的立法提出挑战。根据法定的程序，州长任命了三个精神医生对上诉人进行检查。检查后，三个医生分别就犯人的行为能力问题作了诊断。尽管三个医生的诊断结果存在冲突之处，但总的认为 Ford 是具有行为能力的。为此，其辩护人试图向州长提供其他书面材料——其中包括三个精神科医生中的两位此前的诊断意见。但州长办公室拒绝告知辩护人是否会考虑其提交的材料。不久后，州长签发了死刑执行许可状，其中

---

① Gregg v. Georgia,428 U. S. 153,184(1976).

对此只字未提。后乃诉至联邦最高法院。在由 Marshall 大法官等人执笔的联邦最高法院多数意见指出，第 8 修正案禁止国家对于精神病人适用死刑。从死刑的威慑效力上看——此类刑罚具有报复目的，但就其对于精神病人的适用而言，无法达致此种目的。认为就当时而言，对于精神病人适用死刑是不人道的，且无逻辑上、道德上及实践上的合理性。死刑应当在保护犯人的权利以及保护社会的尊严之间寻求平衡。就此而言，Florida 州的这一规定是违反宪法第 8 修正案的。另外，Marshall、Brennan、Blackmun 及 Stevens 四位大法官，还进一步考察了各州对于精神病犯人适用死刑的现状，发现除 Florida 以外没有其他州对精神病犯人适用死刑。为此，亦主张根据演化中的合宜行为基准，判定系争法案违宪。

在 Penry v. Lynaugh 案中，联邦最高法院有四位大法官认为对于智障犯人判处死刑是违反演化中的合宜行为基准的，因此侵害了宪法第 8 修正案禁止"残酷且非常刑罚"条款，从而构成违宪。然而，由于 O'Connor 大法官在此案中采取了不同于既往的立场，投出了具有决定性的一票，致使此前关于死刑违宪的判决被推翻——尽管在此案中，下级法院的死刑判决为最高法院所推翻。由 O'Connor 大法官执笔的多数意见认为①：第 8 修正案禁止适用某类非常且残酷的刑罚。至少其禁止权利法案通过之时就有的那些残酷且非常的刑罚。然而，第 8 修正案的效力并不仅及于 1789 年时的那些普通法运作。它同样禁止那些违背"反映一不断成熟进步的社会的合宜行为基准"的那些行为。在确定何为"合宜行为基准"，我们应当审视我们的社会是如何看待某一具体刑罚的，这是我们所应当遵循的客观证据。而反映当代价值观的最为明显和可靠的证据就是我们国家立法机关所制定的法律。当然，我们也得对陪审团的审判行为作相应的考察。基于此，联邦最高法院最后认为对于智障者适用死刑并不构成宪法第 8 修正案的违反，因为美国人民并未就禁止对智障者适用死刑达成国民共识。

1989 年，联邦最高法院就 Stanford v. Kentucky 案作出判决。本案的上诉人 Stanford 是一个未成年犯人，其在犯罪时仅有 17 岁零 4 个月。其因犯有 A 级重罪而被课处死刑。随之，其提出对未成年人课处死刑违反宪法第 8 修正案的规定，构成残酷且非常的刑罚。然而在此案中，联邦最高法院的多数意见支持了州法院的判决。在其多数意见中，Scalia 大法官指出，对于犯罪时

---

① *Penry v. Lynaugh*, 492 U. S. 302 (1989).

已满 16 周岁未满 18 周岁的未成年人适用死刑不构成残酷且非常的刑罚,故其合乎宪法第 8 修正案的规定。Scalia 大法官认为判断某一刑罚是残酷且非常的刑罚,应当根据制定权利法案的原意或者演化中的合宜行为基准进行判断。就此而言,对于犯罪时已满 16 周岁未满 18 周岁的未成年人既不违反权利法案制定者的原意,因为普通法上只认定 14 周岁以下的人可对所犯重罪不负刑事责任。且此前,已有 281 个犯罪时未满 18 周岁的犯人被执行死刑,126 个未满 17 周岁的犯人被执行死刑。另外,联邦最高法院判定一种刑罚是否违反演化中的合宜行为基准,所依据的不是主观标准而是反映美国社会当下观念的客观标准。就此而言,联邦最高法院在考察联邦和州的相关法律之后,发现美国社会并未就取消对犯罪时已满 16 周岁未满 18 周岁的人课处死刑达成共识。因为有在 37 个允许死刑适用的州中,其中有 15 个州禁止对犯罪时未满 16 周岁的人适用死刑,12 个州禁止对犯罪时未满 17 周岁的人适用死刑,大部分都未禁止对犯罪时已满 16 周岁未满 18 周岁的人适用死刑。同时,陪审团在量刑阶段,对于是否对此类犯人课处死刑未显现任何犹豫。就此而言,难谓其违反演化中的合宜行为基准。其他几位大法官,还主张从比例原则的角度上进行考察,亦难谓在该案中判处 Stanford 死刑违反演化中的合宜行为基准。

(三)演化中的合宜行为基准的新发展

1. Atkins v. Virginia(2002)

2002 年 6 月 20 日,联邦最高法院就 Atkins v. Virginia 案作出判决。在该判决中,联邦最高法院推翻了 *Penry v. Lynaugh* 一案的判决,认定对于智障者适用死刑是违反宪法第 8 修正案的,从而构成"残酷且非常"的刑罚,应当予以禁止。由 Stevens 大法官执笔的多数意见认为[①]:如果某一刑罚对于所犯罪行过于不相称,那么即应当认为其是"过度的"。至于何者为"过度的"的刑罚,我们应当根据演化中的合宜行为基准进行判断。而依据演化中的合宜行为基准审查所课处的刑罚与犯罪行为的危害性是否相当,应当在最大程度地考量可得的客观证据之后才得作出判断。其中最为明确和可靠的客观证据便是由国家立法机关所制定的法律。除此之外,根据宪法规定,本院尚应对由全体公民及其立法者的决断是否合理作出自己的判断。基于此,本院首先对立法机关对精神智障者犯人课以死刑是否合乎比例原则作

---

① *Atkins v. Virginia* ,536 U. S. 304(2002).

出审查,继而考虑立法机关设立此种死刑是否合理。

多数意见还认为:Penry 案判决作出以后形势发生了很大变化,该案结论认为当时已有两个州的法令禁止此类死刑的执行,即使加上当时完全拒绝死刑的 14 个州,也不构成达成普遍共识的依据。此后,相当数量的州已经承认执行死刑并不是对精神智障犯罪者恰当的惩罚,并且类似的法令在其他州至少已经通过了议会两院中一院的通过。这些州的数量并不构成大多数,但是改变的趋势是一致的。考虑到打击犯罪的立法远比保护暴力性犯罪分子的立法更受欢迎,禁止对精神智障者执行死刑的大部分州(而且这些州完全没有立法以重新恢复此类死刑的执行)提供了充分的证据表明当前的社会认识到精神智障者的危险性要小于一般犯罪者。当人们注意到立法者在探讨这一问题时曾以压倒性多数投票支持禁止此类死刑,这种证据便更具有说服力了。一项关于该问题的独立评估表明本院没有理由不同意立法机关多数人的意见。医学上对精神智障者的定义不仅说明他们的智力机能低于平均水平,而且他们在适应能力上也存在极大的限制。精神智障者一般能够辨别是非并有接受审判的法定资格,但是,根据医学上的定义,他们理解和处理信息的能力、沟通的能力、从实践中认识错误并吸取教训的能力、逻辑推理的能力、控制冲动以及理解他人反映的能力都已经大为降低。这些能力的缺乏并不表明精神智障者可以免于刑事制裁,但表明他们的可受惩罚性降低了。鉴于精神智障者能力的缺乏,本院关于死刑判决的观点提供了支持立法机关多数意见的两种理由。首先,存在一个严重的问题,即支持死刑惩罚的两种理由——对极端犯罪的报应和威慑——是否适用于精神智障的犯罪人。就报应而言,恰当惩罚的严肃性取决于犯罪者的危险性。如果一般谋杀者的危险性不足以支持死刑判决的正当性,那么危险性更小的精神智障犯罪者更不应当被处以死刑这种形式的惩罚。就威慑性而言,在认知能力和行为能力上同等的削弱使精神智障的被告在道德上的受谴责性降低,这也使他们不可能处理死刑作为一种惩罚的信息,并在这一信息的基础上控制他们的行为。豁免精神智障者的死刑对非精神智障的犯罪者而言也不会降低死刑惩罚的威慑力。其次,精神智障的被告总体上面临被错误执行的特殊风险,因为在他们可能会无意识地承认他们未曾犯过的罪行,还因为他们给予辩护人有效帮助的能力降低,他们所收集的证据往往也显得较为逊色,同时他们的举止也可能使人毫无根据地产生他们对所犯的罪行缺乏悔意的印象。

2. Roper v. Simmons(2003)①

2003 年联邦最高法院就 Roper v. Simmons 案作出判决。对于此案,联邦最高法院依然存在着较大的分歧:其中 Kennedy 大法官代表联邦最高法院阐述了法院意见(多数意见),Stevens、Souter、Ginsburg 及 Breyer 三位大法官亦持该意见。但是 Stevens、Ginsburg 两位大法官同时还发表了一个协同意见;O'Connor 大法官单独发表了一份反对意见;Scalia 大法官、首席大法官 Rehnquist 以及 Thomas 大法官则联合发表了一份反对意见。

由 Stevens 大法官撰写的多数意见主要围绕着两个问题展开:(1)对于犯罪时已满16周岁但未满18周岁之未成年人适用死刑是否构成了"残酷而且非常"的刑罚,从而违反宪法增修条文第8条的规定;(2)对于犯罪时未满18周岁的未成年人适用死刑是否违反比例原则。

对于问题(1),该意见认为对于宪法增修条文所谓的"残酷而且非常的刑罚"的解释应当根据文本为之,同时考虑其历史、传统及先例,并适当地考虑其宪法设计的目的与功能。为了实施这一框架,联邦最高法院已经论证了并肯定了援用"能够反映日趋成熟的社会的进步之演化中的合宜行为基准"以决定所采之刑罚是何等不适当,以至于乃应肯定其为"残酷而且非常"之刑罚。在 1998 年之 Thompson v. Oklahoma 一案中,联邦最高法院之多数意见认为,对于犯罪时未满16周岁之未成年人适用死刑不合合宜行为基准。第二年,联邦最高法院以 5∶4 的多数再次诉诸合宜行为基准就 Stanford 一案作出判决,但认定由于宪法增修条文第8条及第14条并未禁止对于犯罪时已满16周岁但未满18周岁之未成年人适用死刑,因为当时有死刑的37个州中有22个州允许对犯罪时满16周岁之未成年人适用死刑,有25个州允许对犯罪时满17周岁之未成年人适用死刑,对于禁止对犯罪时已满16周岁但未满18周岁之未成年人适用死刑缺乏全国性共识。但是多数已经同时强烈地反对那些主张联邦最高法院应当就对于未成年人适用死刑之可否作出自己的判断的主张。同一天,联邦最高法院并就 Penry v. Lynaugh 案作成判决,主张宪法增修条文第8条并未授权将智障者作为一类型排除在死刑适用范围之外,因为只有两个州立法排除其适用。三年前,在 *Atkins* 案中,联邦最高法院主张自 Penry 一案以来,合宜行为基准已经发生变化,认为这时其

---

① *Roper v. Simmons*,543 U. S. 551(2005).

已表明对于智障者适用死刑乃是残酷且非常的刑罚。联邦最高法院指出，按照相关立法及州实践所体现出来的社会基准之客观尺度（objective indicia of society's standards），对于智障者适用死刑确实已经变得如此"非常"，所以认为全国已经就禁止此类死刑达成共识乃是适当的。联邦最高法院并回顾了 Standford 案前的先例所确立的归责，主张宪法有意让联邦最高法院就死刑之适用性问题作出自己的判断。在分析之后，其主张智障减轻一个人的有罪性（行为的可指责性），即使行为人有能力辨认正确与错误。正是由于智障犯人的此种残缺，使得无论是将死刑作为对其既犯罪行的一种报复或者作为一种以免其未来可能的犯罪均不具有足够的说服力。为此，联邦最高法院判定死刑对于所有的智障犯人均构成过度的刑罚。宪法第 8 修正案实体上禁止联邦权力机构剥夺此类犯人的生命。正如本院在 Atkins 案判决中对于自己在 Penry 案所裁决事项进行重新审查，本院乃决定对于 Stanford 案所裁事项予以重新审查。

所有的共识的客观证据——相关的立法和本院就此类纠纷所独立作出的判决——均表明对于犯罪时为未成年的犯人课以死刑是不合比例的。正如 Atkins 案，本案的全国共识的客观证据有：大多数州拒绝对犯罪时尚未成年的犯人课以死刑；尽管在部分刑法学的书上依然保留了这一部分内容，但是已经很少有其适用；持续地废除对未成年人课处死刑的趋势——均充分证明近日的社会认为未成年人，用 Atkins 案判决的话来讲，"整体上较普通罪犯的有罪性（可指责性）要低"[①]。二案的全国性共识的客观证据是相似的，在某些方面甚至是一样的。相比 Atkins 案而言：有 30 个州禁止对未成年人适用死刑，其中 12 个明文禁止，其他 18 个虽然保留了这一类死刑，但是通过其他法律的明文规定或者司法解释，也将未成年人排除在死刑的适用范围之外。并且在其他 20 个未正式禁止对未成年人适用死刑的州，未成年人死刑的执行也是微乎其微的。尽管，相比于 Atkins 案而言，在禁止对未成年人适用死刑的变革幅度或者步伐要小些，但不同的是，在废除对未成年犯人适用死刑上则是朝着同一方向稳步发展的。为此，变革步伐所以要小些，只能说明人们对于未成年人适用死刑乃是不当的较之对于智障者适用死刑乃是不当的更早、更广地取得共识。

禁止对犯罪时未满 18 周岁的犯人课处死刑乃是宪法第 8 修正案的规定。死刑之适用仅限于极小范围的一些极为严重的犯罪，其恶性使得应对

---

① Atkins v. Virginia，536 U. S. 316（2002）.

之课以死刑。犯罪时未满 18 周岁的犯人与成年犯人之间存在区别,为此不能将其归类于那些最为恶劣的犯人。这主要是因为未成年人心智尚未完全成熟,更容易受到外界的诱惑,且更为缺乏自我控制力。联邦最高法院多数意见认为,Thompson 案中多数意见认为这一特征构成禁止对于未满 16 周岁的未成年人适用死刑的理由,同样地,其亦应适用于 Roper 案。

最后,联邦最高法院并对国际上对犯罪时已满 16 周岁未满 18 周岁的人适用死刑的现状作了调查。其指出多数国家认为对于犯罪时未满 18 周岁的未成年人适用死刑是不合比例的,美国是世界仅存的一个对于犯罪时未满 18 周岁的犯人课处死刑的国家。对此,联邦最高法院明确指出,国外的判例对于其没有约束力,具有参考价值。

二、演化中的合宜行为基准之内涵

从以上演化中的合宜行为基准的产生与发展过程可以看出,其应当包括以下几个方面的内容:

(一)内容:社会共识

尽管联邦最高法院一直以来未对所谓的演化中的合宜行为基准给予明确严格的界定,但是就其先例而言,显然其指的是当下社会的一般道德,或者所谓的社会共识、社会观念。其内涵并不确定,需要各代人根据其所处社会环境而作出独立的判断。

(二)表现方式(客观证据)

联邦最高法院在其判决中反复强调其判断何者为当下的合宜行为基准所采取的标准是客观的,而非主观臆断。其主要考察的是联邦和州立法机关的立法以及陪审团在量刑阶段的反应:

1. 来自立法机关的客观证据

前述多数案件中,联邦最高法院都对各州和联邦机关对于某一类刑罚的立法现状进行考察,以确定系争刑罚是否合乎演化中的合宜行为基准。就其判断方法而言,只要多数州或者绝大多数州立法机关都禁止或者限制某一类刑罚,则认为这类刑罚可能是残酷且非常的,从而有违反宪法第 8 修正案的可能。

与此同时,联邦最高法院也通过将系争刑罚方式与其他刑罚方式进行比较,"举重以明轻,举轻以明重",进而确定此类刑罚是否合乎演化中的合宜行为基准。

2. 来自量刑陪审团的客观证据

这是联邦最高法院确定某类刑罚是否合乎演化中的合宜行为基准的另一个重要证据。这一证据主要是对陪审团在类似案件中作出的是否适用死刑的比率的统计的结果。这一结果在某种程度上反映了陪审团对于某一刑罚的适用是否适当的态度。

3. 来自公众的客观证据

随着现代科技和统计学的发展,除以上两种证据以外,联邦最高法院亦强调在必要的情况下,应就系争问题进行具有普遍代表性的问卷调查,以明确公众对于某一类刑罚是否适当的态度。

(三)比例原则

在联邦最高法院的判例中,比例原则的地位并不明确。有些法官将其作为一个独立的判断基准,而多数法官则倾向于将其作为论证某类刑罚是否合乎演化中的合宜行为的一个"子"标准。其内容主要包括以下几个方面:一是罪行的恶性与刑罚的轻重之间的比例是否恰当;二是对于此类罪行采取此种刑罚是否能确实达到立法的目的;三是在为实现该立法的诸多手段中,此种手段对于公民的权利的侵害应当最小。只要系争刑罚违反这三者之中的任何一项,都可能被判定违反演化中的合宜行为基准,而构成残酷且非常的刑罚,从而违反宪法第 8 修正案而无效。

三、关于演化中的合宜行为基准的论争

由于联邦最高法院频频适用演化中的合宜行为基准进行判断,且其所处理的案件一方面攸关公民的生命权,另一方面同时关涉立法权与司法权的分权制衡问题,故向受重视。尽管部分组织学者对于此一基准的提出欢欣鼓舞,但是对于其亦批评不断。其中主要的批评有:

(一)演化中的合宜行为基准可能侵害立法权,从而损害宪法上的分权制衡原则

Scalia 大法官在 Roper 案中即明确批评说,法院不能充当道德标准的制定者和判断者,这一角色应属立法机关。他指出在民主社会中,持续地反映民意并对之做出反应的是立法机关,而非司法机关。[1] 因为立法机关的代表

---

[1]　*Roper v. Simmons*, 543 U. S. 551(2005).

是由人民选出的,而法官则不是。就此而言,法院不应超越其权限,篡夺立法权,成为民意的决定者与判断者以决定当下社会的道德和价值标准。然而,基于演化中的合宜行为基准本身的不确定性,使得联邦最高法院本身扮演了一个社会道德和价值的判断者和决定者的角色。

(二)演化中的合宜行为基准可能侵害联邦主义原则

同时,有些学者也注意到,联邦最高法院在决定何者为当下的合宜行为基准时,将州的相关立法的现状作为一个重要的证据,以决定州法律或者联邦法律合宪性。然而,美国宪法明确地将部分权力保留给各州的立法机关或者其人民,其中刑事立法权及其执行权亦是其中的一项。然而,透过所谓的合宜行为基准,不仅联邦可以限制少数州的刑事政策,同时,多数州亦能决定少数州的刑事政策的合宪性,从而实质上侵害其宪法上固有的权限。①

(三)演化中的合宜行为基准之不确定性

正如此前所指出的,联邦最高法院从来未对所谓的合宜行为基准作出明确严格的限制。尽管其主张,对于当下的合宜行为基准的确定应当依据客观的证据而非主观的证据,但即使如此,其亦未能充分说明确定演化中的合宜行为基准的具体的指标。在这种情况下,用一个不确定性的基准——演化中的合宜行为基准——去确定宪法上一不确定的条款禁止"残酷且非常"的刑罚条款,使得法院具有较大的裁量权,可能作出恣意的解释。正如前首席大法官 Burger 在 Coke 案中发表了一份由 Rehnquist 大法官参加的反对意见所指出的②:在宪法可适用条款不明确,有较多的灵活余地,且在社会政策在条文适用中发挥重要作用的情形下,依据个人偏好对宪法进行解读的诱惑非常大。在此种情形下,很可能会或多或少地将个人对于政策的主观看法以客观证据的名义塞进"演化中的合宜行为基准"中。从而造成宪法本身的不确定性,损害宪法权威和稳定性。

(四)演化中的合宜行为基准缺乏文本上的根据

此外,更为重要的是,即使联邦最高法院在裁判中经常援引演化中的合宜行为基准,甚至作为其反对者的 Scalia 大法官亦有援用,但是演化中的合宜行为并非宪法上既有的概念。在 Roper 案中,Scalia 大法官在由其执笔与

---

① Tonja Jacobi ,The Subtle Unraveling of Federalism:the Illogical of Using State Legislation as Evidences of Evolving National Consensus,84 *N. C. L. Rev.* 1092(2006).

② Coker v. Georgia,433 U. S. 584(1977).

时任首席大法官的 Rehnquist 与 Thomas 大法官不同意见书即指出,所谓的演化中合宜行为基准是一个十分荒唐的概念,如果 Hamilton 时至今日还活着,那么最高法院的此一主张将令其瞠目结舌,因为:最高法院不是说其此前有关死刑是否合宪的判决错了,而是说这十五年来宪法变了;最高法院并非根据宪法第 8 修正案的原意,而是根据我们的国家目前所谓合宜行为观作出了其判决。① 为此,有学者主张,应当对联邦最高法院此种解释的野心进行适当的限制,尽管许多学者赞同 Charles Evans Hughes 所说的"我们在宪法之下,但法官所说的即是宪法"这样一种过激的观点。但是,更多的学者则主张,即使此种见解在某种程度上反映了普通法中法官造法的传统,但是这种造法依然是受到文本本身的限制的。John Hart Ely 则强调,无论一个人对于系争的法律条款有多讨厌,但是即使如此,法院亦无权适用一条非文本所有的规则。②

结语

总的而言,演化中的合宜行为基准作为确定残酷且非常的刑罚的基准,尤其是作为联邦最高法院审查某一类死刑的合宪性的基准,不仅攸关公民的基本权的实现,同时也攸关联邦主义与分权制衡原则的实现,为此,自其诞生以来就争论不断。无论是在实践上还是在理论上,演化中的合宜行为都存在许多尚未化解的难题。其研究和化解对于解决我国当下的死刑存废之争具有重要的参考价值和借鉴意义。然而,亦须注意的是,一种法律制度乃是深根于其传统和社会现实之上的,亦不能径直将其作为解决我国相关争论的手段,否则可能矫枉过正,乖道甚远。

---

① *Roper v. Simmons*, 543 U. S. 551(2005).

② John Hart Ely, *On Constitutional Ground*, Princeton University Press(1996), p. 280.

布洛克多夫案判决与集会自由

问题的提出

联邦宪法法院仅在极少数情况下会以典型判例的方式就基本权之整体或其在某些重要领域的适用给出解释之指南。就集会自由领域而言,联邦宪法法院 1985 年 5 月 14 日作成的布洛克多夫案裁定有着和吕特案判决一样重要的地位,[①]因为在该裁定中,联邦宪法法院第一次对《基本法》第 8 条规定的集会自由作了详细的讨论。[②] 鉴于该裁定以及集会自由基本权所具有的重要意义,下文拟从案件事实,集会自由的概念、发展史及保障基础,集会自由的保障范围,集会自由的干预及其阻却违宪事由等几个方面对布洛克多夫案作简单的讨论。

一、案件事实

较之火力发电和水力发电,原子能发电由于具有更高效能,能更好地满足国内能源需求,降低能源传输的损耗及其使用成本,从而更好地保存传统能源和降低对能源进口的依赖,而且通常而言,它更为安全、清洁,能够减少大气污染,故受到各国政府青睐。[③] 最早开发并使用原子能的国家是美国。早在第二次世界大战结束后第二年,时任美国总统的杜鲁门就签署了《1946 年原子能法》(the Atomic Energy Act of 1946),1951 年美国建成的世界上第一个原子能发电站投入使用。之后随着原子能技术的发展,尤其是

---

① *Mathias Hong*, "Die Versammlungsfreiheit in der Rechtssprechung des Bundesverfassungsgerichts", in Harmut Rensen/ Stefan Brink(Hrsg.), Linien der Rechtsordnung des Bundesverfassungsgerichts-erötert von den wissenschaftlichen Mitarbeitern, De Gruyter Recht,2009,S. 156.

② *Hermann Huba*, Die Versammlungsfreiheit- eine weites Feld für politische Entscheidung, JZ 43, 394(1988).

③ James T. Ramey,The Promise of Nuclear Energy,410 *Annals of the American Academy of Political and Social Science* 11(1973).

各国能源的缺口和需求的增加,原子能发电的发展虽非"扶摇直上",但总体上也十分迅猛。截至目前,根据国际原子能机构(International Atomic Energy Agency)统计,全世界约有 437 个原子能反应堆,其中德国境内有 9 个;[①] 2012 年原子能发电量占世界总发电量的 10.9%,就德国而言,其占全德国总发电量的 16%。[②] 不过,原子能发电本身除上述优点外,同时也存在一些缺点,其中包括核废料的处理难题和对反应堆周围造成的热污染,尤为重要的是,一旦发生核泄漏,后果不堪设想。尽管一般认为原子能发电具有较高的安全系数,但时至今日全世界业已发生了四次核泄漏事故:前苏联切尔诺贝利事故、英国温茨凯尔事故、美国三里岛事故以及日本福岛事故。尤其是 2011 年日本福岛事故发生以后,世界各国开始重新检讨本国原子能利用政策,包括日本和德国在内的部分国家关闭了部分原子能反应堆,另外一些国家也适时地中止了原子能发电厂建设工程或者规划。最为明显的是,在全世界范围内,也包括在德国国内,原子能发电量所占比例大幅下滑:2010 年原子能发电量占世界发电量的 12.9%,在德国其占全德国发电量的 22.6%;[③]而前述 2012 年的统计数值显然比这个要小许多。这至少在一定程度上表明,人们对原子能利用安全性的担忧实非"庸人自扰"。总而言之,从 1945 年美国在日本广岛和冲绳投下原子弹的那一刻开始,原子能的开发和利用便伴随着巨大争议,在德国也不例外。

德国(西德)反原子能运动始于上个世纪 70 年代,其中较早两次示威:一发生在巴登-符腾堡州维尔镇(Wyhl),一发生在石-荷州布洛克多夫镇。[④] 1973 年 11 月,石-荷州政府和德国西北电力公司(Nordwestdeutsche Kraftwerke)决定在维尔斯马赫农业区的布洛克多夫镇建设核电厂。[⑤] 反对者组成了下易北河环境保护公民协会(Bürgerinitiative Umweltschutz Unterelbe),并在易北河湿地和东岸等地区及汉堡市组建分会。该协会首先诉诸传统集会方式并试图通过行政诉讼解决问题。但是,出乎意料之外的

---

①　International Atomic Energy Agency(IAEA),http://www.iaea.org/PRIS/WorldStatistics/OperationalReactorsByCountry.aspx.(2014 年 9 月 25 日访问)。

②　IAEA,Key World Energy Statistics 2014,P.17.

③　IAEA,Key World Energy Statistics 2012,P.17.

④　Roger Karapin,*Protest Politics in Germany:Movements on the Left and the Right since 1960s*,The Pennsylvania State University Press(2007),p.117.

⑤　Roger Karapin(2007),p.119.

是,石-荷州政府秘密通过决定,决定向该计划颁发建设许可证并允许其于1976 年 10 月 26 日午夜以后开工。得知该消息后,示威者于 4 天后占领了建筑工地。在 1976 年 10 月末和 11 月的两次示威中警方动用了直升机和催泪瓦斯以驱逐示威人员。警方的行为使得社会民主党领袖以及部分联邦内阁成员转向支持反原子能运动,这使事态发生了重大变化——不过,这一变化未能持久——1977 年 2 月,行政法院中止了该工程的建设许可证。这使石-荷州的反原子能运动取得了短暂的胜利。不过,1981 年高等行政法院推翻了一审行政法院判决。于是石-荷州政府决定立即恢复建设。① 该消息一出,民众开始筹备大型示威。1981 年 2 月 23 日在未事先发出警告的情形下,斯坦堡县县长发布了一个一般命令,禁止于 1981 年 2 月 27 日至 1981 年3 月 1 日期间在建设工地以及威尔斯特马斯地区约 210 平方公里范围内举行反对该原子能发电厂的示威,并要求立即执行该命令。诉愿人随之向行政法院提起行政诉讼。一审行政法院虽然支持了其主张,部分撤销了该一般命令及其立即执行的决定;不过,高等行政法院在其 1981 年 2 月 28 日作成的裁定中变更了一审判决,全面恢复了系争命令及其立即执行决定的效力。同日,有 10 万人参加了在威尔斯特马斯地区举行的示威,规模空前,警方动用了将近 10000 人的警力和多种警械,试图阻止其中部分被县长禁止的示威。其间有 128 名警察及数量相当的示威者受伤。② 当天晚上,第 1 案和第 2 案诉愿人向联邦宪法法院提起宪法诉愿,其中关于示威禁令及其立即执行的命令和高等行政法院所作变更判决的合宪性问题成为争议焦点,也是之后联邦宪法法院审查的核心问题。1985 年 5 月 14 日联邦宪法法院作成布洛克多夫裁定。在该裁定中指出,系争一般命令及其立即执行的命令违宪。不过,由于该裁定针对并非在布洛克多夫建立原子能发电厂是否合宪的问题,故而尽管在各方面的反对之下,布洛克多夫原子能发电厂仍于1986 年建成并开始运行。③

---

① "Kernkraftwerk Brokdorf", http://de. wikipedia. org/wiki/Kernkraftwerk_Brokdorf. (2014 年 9 月 30 日访问)。

② "Kernkraftwerk Brokdorf", http://de. wikipedia. org/wiki/Kernkraftwerk_Brokdorf. (2014 年 9 月 30 日访问)。

③ "Kernkraftwerk Brokdorf", http://de. wikipedia. org/wiki/Kernkraftwerk_Brokdorf. (2014 年 9 月 30 日访问)。

二、集会自由的概念、发展史及保障基础

(一)集会自由的概念

所谓集会自由,系指组织或者参加公共集会或者活动的权利。其中所谓"集会"而言,系指 2 人或者 3 人以上[①]为共同的讨论或者意见表达而为的集会。[②] 集会自由所保障的集会,其判断有两个标准:一外部特征:就外部而言,其必须符合一定的最低人数要求,即必须有人群聚集;二内部特征,这些人必须存在内部的横向联系,即参与人彼此之间的联系。于此,系指参与人通常追求共同的目的。至于其目的是政治性抑或非政治性,可置而不论,尽管多数集会均追求一定政治目的。

(二)集会自由的发展史

集会自由属于传统基本权之一。它与意见形成和表达自由、结社自由一样,既是一种自由权,也是一种重要的民主权利。[③] 集会自由有着多个历史源流。一般认为,集会自由起源于 18 世纪的英国,在当时集会自由由于与请愿权被视为是个人给予群众集结的独立权利行使,其目的在于鼓励与影响公众与社会意见舆论的形成。因为有此传统,故美国于 1791 年即将此一权利纳入联邦宪法中。在法国大革命期间,"集会"作为一种针对保守国家的民主之人民意志对抗直接表达,扮演了重要的角色而受到了 1791 年宪法的保障。在德国,保罗宪法在其 161 条规定了集会自由,此外还在第 159 条规定了请愿自由、第 162 条规定了结社自由,其主要目的在于防止德国走向法国大革命。1849 年以后,德国关于集会自由的规定以当时修改后的普鲁士宪法为典型,主要包括限制封闭空间的集会,对集会实行审查制、禁止一定内容的集会。《魏玛宪法》第 123 条沿用了保罗宪法的规定,强调集会必须获得许可以及得以法律对集会自由进行限制。在纳粹德国和东德则无集会自由可言。[④] 除将非和平的、携带武器的集会排除在集会自由保障范围

---

① 关于集会之最低人数的限制,德国学界有不同的见解:舒尔策-菲力兹(Schulze-Fielitz)教授认为应为 2 人,克里斯托弗·古斯(Christoph Gusy)教授则认为应为 3 人,付罗文教授(Frowein)则认为应该为 3 人以上(不包括本数)。参阅 Fußnote 1, in Greifswald UlrikeLembke, Grundfälle zu Art. 8 GG, JuS 2005, 984.

② *Zippelius/Würtenberger*, Deutsches Staatsrecht, 32. Aufl., C. H. Beck, 2008, S. 294.

③ *Zippelius/Würtenberger*, a. a. O, S. 293.

④ *Friedhelm Hufen*, Staatsrecht II: Grundrechte, 2. Aufl., C. H. Beck, 2010, S. 500.

外，1949 年制定的联邦德国《基本法》则给予集会自由以最强有力的保障，而在德国统一之后，这一保障也及于原东德地区。

（三）集会自由的保障基础

宪法上保障之集会自由的根据在于自由集会：一方面，它具有促进"不受妨碍之人格发展"的功能；另一方面，通过行使集会自由而积极参与政治意见和政治意志的形成过程之权利是民主社会不可或缺的功能要素。[①] 作为一种交往权（Kommunikationsrecht），集会自由对民主秩序具有重要的构成性意义。于之，尤其是于示威权，自由民主制度的自由性和宽容性得到了直接表达。[②]

三、集会自由的保障范围

（一）事项保障范围

正如此前在集会自由概念所指出的，《基本法》第 8 条第 1 款所保障的集会，系指 2 个或者 3 个以上的个人为共同的讨论或者意见表达而为的集会。就此而言，一个活动必须同时满足外部特征和内部特征的要求，才能触发《基本法》第 8 条第 1 款集会自由基本权保障功能。就此而言，本案属于集会自由基本权的事项保障范围，理由在于：1. 系争示威符合集会概念外部特征的要求。早在游行之前，据相关预测，参与布洛克多夫的示威者人数空前之多，或有 5 万人参与该示威；而事实上参与人数高达 10 万人。就此而言，系争示威显然符合该外部要件；2. 系争示威也满足集会概念内部特征要求。通说认为，必须存在一个共同目的作为集会之内在联系，而该目的通常是为了形成公共意见或者参与该意见的形成。缺乏此一内在联系，则系争活动不属于《基本法》第 8 条第 1 款集会自由基本权保障范围。例如，联邦宪法法院在"音乐游行裁定"（Musikparaden）中便指出，无论是"爱的大游行"（Love Parade）抑或是作为其反游行的"性交大游行"（Fuckparade），尽管二者均有口号，并且游行结束前也有"讲演"，但它们在整个活动中仅居于次要位置，故而不能改变整个活动的性质。易言之，该两个游行均非旨在形成或者表达意见，故而只是纯粹的音乐活动，为此，不在《基本法》第 8 条第

---

① BVerfGE 69,315.

② *Alfred Katz*, Staatsrecht:Grundkurs im öffentlichen Recht,18. Aufl. ,C. F. Müller,S. 394.

1 款保障范围之列。① 与之相比,系争示威无疑有着非常明确的内在联系,反对在布洛克多夫建立原子能发电厂,故而也满足前述内在特征要求。

当然,需要指出的是,集会自由基本权保障范围也不仅保障前述集体活动,它首先是一项个人权利,旨在保障个人不受妨碍地组织和参加集会的权利,由此并延伸及于集会自由基本权主体对集会的地点、时间、行为和内容的自决权;②从另外一个方面看,它的保障及于集会整个过程,包括集会的准备(如集会邀请和宣传)。就本案而言,斯坦堡县县长在示威举行之前便就作出一般命令并其立即执行的决定,之后更是试图采取强制措施予以解散,无疑已经使得诉愿人前述示威权各项内容的行使受到限制,从而有触发《基本法》第 8 条第 1 款集会自由基本权的可能。

不过,值得一提的是,即便一项活动满足上述条件,也不能认为它就是受《基本法》第 8 条第 1 款集会自由基本权保障的"集会",因为根据该款规定,所谓集会自由的行使应以"和平和非携带武器"的方式为之,一般认为,这构成了集会自由的内在限制。据此可以将集会区分成受保障的集会和不受保障的集会;③换言之,只有和平且非武装的集会才是受《基本法》第 8 条第 1 款保障的集会,即,集会自由基本权仅保障和平和非携带武器的集会。其中:

1. "非携带武器(地)"集会。携带武器的或者武装的集会也不属于集会自由保障范围。就此处所指之武器而言,不仅包括传统意义上的武器,也包括所携带的可以用来伤人的工具,如棒球棒、酒瓶等。不过,所谓"消极的"武器,如伪装、防毒面具或者盔甲等不得视为武器,尽管其表面上看起来可能是非平的。④ 就本案而言,由于并不存在"携带武器"的争议,为此,无需进一步检讨。

2. "和平(地)"集会。所谓"和平(地)"集会,系指集会过程应是非暴力或者非煽动性的。与之相应,"非和平地"则指采取某些具有危险性,包括对人或物实施暴力的行为或者类似行为。不过,值得一提的是,此处并不能直接适用传统刑法意义上的暴力概念,因为其内涵过于宽泛,一旦予以直接适

---

① BVerfG 1 BvQ 28/01-Musikparaden.

② *Michael/Morlok*, Grundrecht, 2. Aufl., Nomos, 2010, S. 160.

③ *Jarass/Pieroth*, Grundgesetz für die Bundesrepublik Deutschland. Kommentar, 9. Aufl., C. H. Beck, 2007, S. 261-262.

④ *Friedhelm Hufen*, Staatsrecht Ⅱ: Grundrechte, 2. Aufl., C. H. Beck, 2010, S. 500.

用则可能将绝大多数的集会都排除在集会自由基本权的保障范围之外，就此而言，尚应考虑其迫切性。换言之，并非所有违法行为都必然使得集会成为非和平集会。①

需要注意的是，在认定集会是否和平集会时并不以存在现时暴力为要件；易言之，只要在集会举行之前能够直接预见在举行集会时可能发生暴力事件，就可以视相应集会为非和平集会。但是问题在于是否存在足够证据表明，集会时可能发生暴力事件。就本案而言，系争斯坦堡县县长在作成预防性一般命令及其立即执行的决定时考量的只是，所筹划的示威未经申报、参加人数空前且无负责的组织者或者领导人，新闻报道中所援引某些团体散发的传单中的带有暴力色彩的宣言，联邦和州政府关于此前几次示威中的经验，当地居民的担忧以及威尔斯特马斯区是否具有容纳如此大型示威的能力，由此认定诉愿人所筹划的示威是非和平的。联邦宪法法院对上述理由进行审查后认为，其上述理由或不成立，或误入歧途，考虑了不该考虑的因素，尤为重要的是，在认定一个集会是否非和平时，行政机关的预测必须以高度盖然性表明，组织者和其追随者试图诉诸暴力行为或者至少赞同其他人采取此类行为；而就本案而言，系争一般命令及其立即执行的作出显非建立在这样一个具有高度盖然性的预测基础之上的。② 故而当然也不能认为所筹划的大型示威是非和平的从而应予以禁止。

此外，本案还提出了一个非常重要的问题：倘若部分示威者决意诉诸暴力，是否会使得整个示威变成"非和平"示威。斯坦堡县县长显然持肯定意见，他认为潜在的扰乱者和暴徒，尤其是参与此前几次示威的暴力分子，也会将即将在布洛克多夫举行的示威变成暴力活动。与之相反，学者认为，就《基本法》第 8 条第 1 款的文义而言，它首先针对的是个人而非集会者之和。③ 而联邦宪法法院也认为，即便个别人或者少数人诉诸暴乱，只要无需担心示威会采取一种完全不和平的进程或者其组织者或追随者会追求或者至少赞同之，则和平之参与者仍然享有宪法向所有公民提供之保障。④ 更何况，如

---

① *Jarass/Pieroth*, Grundgesetz für Bundesrepublik Deutschland. Kohlhammer, 9. Aufl., C. H. Beck, 2007, S. 262.

② BVerfGE 69, 315.

③ *Jarass/Pieroth*, Grundgesetz für Bundesrepublik Deutschland. Kohlhammer, 9. Aufl., C. H. Beck, 2007, S. 263.

④ BVerfGE 69, 315.

果仅仅因为少数人诉诸暴力或者可能诉诸暴力就禁止整个示威,换言之,由此而言限制所有示威者受《基本法》第 8 条保障的基本权利行使,则基本上可以禁止所有大型示威,因为几乎所有大型示威都可能有部分不和平示威者。

就本案而言,基于以上见解可以发现,由于并无具有高度盖然性的证据表明诉愿人拟在系争时间在系争地点举行反对原子能发电厂的示威活动属于非和平的或者携带武器的集会,为此,其属于集会自由基本权事项保障范围。

(二)人的保障范围

一般认为,集会自由基本权的主体是《基本法》第 116 条意义上的所有德国人。由于《基本法》第 8 条第 1 款并未对基本权的行使附加包括基本权行为能力在内的其他限制,故其亦应适用于未成年人。不过,随着欧盟一体化进程的加快和人权保障观念的发展,在过去相当长一段时间内,关于集会自由基本权的主体范围是否应有扩张的问题也得到了一定程度讨论,米歇尔·扎赫斯(Michael Sachs)教授等认为,欧盟公民,即其他欧盟成员国公民,也是该项基本权的主体,至于欧盟成员国以外的人则仅得根据《基本法》第 2 条第 1 款而主张一般行为自由。[①]

本案之宪法诉愿人为德国人,为此,系属集会自由基本权之主体,得主张其集会自由基本权受到干预从而要求给予救济。

四、集会自由的干预

集会自由的干预系基本权侵害之一种。其中基本权干预系指,任何使得落入基本权保障范围的个人行为完全或者部分不能或者对之构成妨碍的公权力行为。[②] 据此,所谓集会自由的干预系指,使得落入《基本法》第 8 条集会自由基本权保障范围的个人行为完全或者部分不能或者对之构成妨碍的公权力行为。就本案而言,斯坦堡县县长依据《集会法》第 14 条和第 15 条的规定发布了一个禁止在 1981 年 2 月 27 日至 1981 年 3 月 1 日期间在建设工地以及威尔斯特马斯区约 210 平方公里举行反对该原子能发电厂的示威的一般令及立即执行该一般命令的决定。它们使得诉愿人在系争时间和区域内无法行使其集会自由基本权。而一审行政法院虽然部分撤销了

---

① *Greifswald UlrikeLembke*,JuS 2005,984.

② *Volker Epping*,Grundrechte,5. Aufl.,Springer,2012,S. 16.

该一般命令及其立即执行的决定,但由于在其基于警察在距离建筑工地
4.5 至 9 公里之间的所设置的封锁线范围而确认的禁止示威区以及所确认
的封锁线前、最宽可达 100 米的安全距离内维持了该一般命令及其立即执行
的决定的效力,故而在该范围内也限制了诉愿人的集会自由基本权的行使。
同样,由于高等行政法院在上诉程序中变更了一审行政法院的判决,使该一
般命令及其立即执行决定恢复至最初的范围,为此,就系争一般命令及其立
即执行的决定之适用于一审行政法院范围所确认的禁止示威区以外地区的
部分,高等行政法院的判决也构成了对诉愿人集会自由基本权的干预。

五、集会自由干预之阻却违宪事由

(一)限制

一方面,本案系争的是有权斯坦堡县县长预防性作出的一般命令及经
石-荷州高等行政法院确认的立即执行该一般命令的决定。由于该一般命令
及其立即执行的决定为负担行政行为,为此,必须有授权的根据,即必须满
足法律保留原则的要求;另一方面,《基本法》第 8 条第 1 款构成了包括封闭
空间和开放空间在内的集会自由行使内在限制,即集会必须以"和平和非武
装"的方式为之,否则不受集会自由的保障;此外第 2 款规定,对开放空间的
集会得以法律或者根据法律予以限制。就此而言,《基本法》对集会自由的
行使设有简单的法律保留。而基于该法律保留的授权,《集会法》与刑法典
和民法典之损害赔偿规范等一些法律对开放空间下集会自由的行使和限制
予以细化,其中《集会法》的作用最为重要。[①] 就本案而言,系争一般命令及
其立即执行的决定系以《集会法》第 14 条和第 15 条第 1 项为依据作出的。
因此需要进一步检讨《集会法》上述规定是否合乎法律保留原则要求。具体
展开如下:

1.《集会法》第 14 条并第 15 条。

《集会法》第 14 条第 1 款规定了开放空间集会的申报义务,第 2 款并规
定开放空间的集会应有组织者或负责人。就第 1 款规定而言,所以课以集会
者以申报义务,旨在尽可能保障示威免受干扰,同时保障他人和社会的利
益;另外,它也要求当局提供协助以充分实现集会目标。就大型示威而
言,如果组织者和当局之间能较早进行对话,评估相互的承受能力并在考量

---

① *Friedhelm Hufen*, Staatsrecht II: Grundrechte, 2. Aufl. , C. H. Beck, 2010, S. 508.

各方利益后进行合作,在一定程度上有助于防止稍后出现冲突,进而确保大型示威顺利进行。而之所以第 2 款规定,在进行集会申报时应说明对集会负责的组织者或者领导,是因为:一方面《集会法》试图通过德国结社法和集会法的专制历史来厘清自身涵义,并倾向于采用按照等级方式组织、有严格的纪律并置于一定组织者领导之下的传统集会类型;另一方面或许因为此种方式的集会更易于控制——在某些情形下,甚至可以追究组织者或者领导的刑事责任,从而确保集会和平进行,不至于严重危及公共安全和秩序以及具有同等重要价值的第三人利益。第 15 条之规定集会的解散和禁止要件及其法律后果,目的同样也在于维护公共安全和秩序以及具有同等重要价值的第三人利益免受非和平、暴力的行为直接威胁和侵害。就此而言,应当认为上述规定具有正当性。

然而,问题在于:《集会法》第 15 条规定的禁止、解散或者附加负担是否未履行第 14 条规定的申报义务之当然后果?《基本法》第 8 条第 1 款保障德国人未经申报和许可而为和平、非携带武器的集会,即,经过申报和未经申报的集会都受集会自由基本权的保障;同时,它并未对集会的组织形式和结构予以限制。为此倘若依照其字面含义而适用和解释《集会法》第 15 条第 2 款规定,则未经申报的突发示威和本案中所涉的大型示威均可能在解散之列。于此,应当认为《集会法》第 14 条并第 15 条的规定不当限缩了集会自由基本权保障范围。更不要说申报可能是政府一般命令的妨碍而未能遂行的,并且"欠缺对整体负责的申报者只会导致如下结果,一旦发生骚乱,和突发示威一样,只要行政机关已经尽力做了其所该做的,则为履行其程序义务——例如也可以提出公平合作的建议——以促进一个和平构想的示威的实施,则可以降低有权行政机关进行干预的门槛"。① 于此,或许可以认为,立法机关在通过《集会法》具体化《基本法》第 8 条规定时违反了超越了立法权限而不当地限缩了基本权保障。

不过,出于对立法者之宪法具体化优先权的尊重,联邦宪法法院并未直接宣告系争《集会法》规定违宪,而是进一步考量对之作合宪性解释的可能。正如它所指出的,在解释根据《基本法》第 8 条第 2 款而为之限制时应考量第 8 条第 1 款的根本意义而为之。② 换言之,在适用《集会法》第 8 条第 2 款

① BVerfGE 69,315.
② BVerfGE 87,399/407.

规定的对集会自由基本权行使的限制时，应充分考虑集会自由基本权的重要意义。据此，就《集会法》第 14 条和第 15 条关于在开放空间组织集会的申报义务及其解散和禁止条件的规定的合宪性问题，联邦宪法法院强调指出：

首先，开放空间下的集会和游行如未经申报，有权机关"得"（kann）根据《集会法》在第 15 条第 2 款规定以解散。就其语义而言，解散和禁止显然并非有权行政机关的法定义务，毋宁是行政机关鉴于集会自由一般具有重要意义，为此在附加其他干涉要件的前提下，才合乎义务予以行使的授权；未经申报以及因此而造成信息欠缺只是使这种干预变得更加容易。[①] 于此，难谓《集会法》规定违宪。

其次，它还指出，可以对上述条款作合宪性解释，即只要其解释和适用遵循下列条件，也应认为其合乎宪法：申报义务不应干预突发性示威，且一般情形下不得以违反该义务为由而解散或禁止之；仅在为保护同等价值的法益，同时严格遵循比例原则且根据可知情形能够预知该法益会受到直接危害的情形下，始得解散或者禁止之。

2. 一般命令及其立即执行决定与《集会法》第 15 条第 1 款。

系争一般命令及其立即执行决定禁止在 1981 年 2 月 27 日至 1981 年 3 月 1 日期间在建设工地以及威尔斯特马斯区约 210 平方公里举行任何反对该原子能发电厂的示威，系针对特定事项但不特定对象，即针对多个组织者并同时禁止多个游行的命令，而《集会法》第 15 条第 1 款只包括了对禁止具体示威的授权，故其缺乏法律依据。[②] 不过，倘若将当时的事实情况纳入考虑，在系争的一个较短时间内在系争地区并没有发生其他可预见的示威或者类似的活动的可能性，为此，宜应认为其系针对筹划中的经申报或者未经申报的示威（即所谓一次性事件）而作出的。于此而言，应认为其合乎《集会法》第 15 条第 1 款的规定。

（二）限制的限制

鉴于集会自由所具有的高位阶性，尤其是考虑到它对个人人格发展和形成以及自由民主秩序的重要意义，对集会自由权的限制应受到更严格的限制。就此而言，仅在为维护公共秩序和安全以及保护同等重要的第三人利益并严格遵守比例原则的情形下才可以对集会自由基本权予以限制。易

---

① BVerfGE 69,315.

② BVerfGE 69,315.

言之,系争一般命令及其立即执行的决定及高等行政法院的决定必须能够
经受住四阶层的比例原则的检验。

具体展开如下:

1. 目的正当性原则。其要求,系争法律或者公权力行为所追求的目的
应是正当的,即,非为宪法禁止的。就本案而言,斯坦堡县县长所以作成系
争一般命令及其立即执行的决定的目的在于保护公共安全和秩序以及第三
人的利益,使之免受源于即将举行的大型示威的直接威胁。就此而言,难谓
系争一般命令及其立即执行不具有目的正当性。同理,也应认为系争之高
等行政法院的判决及第 2 案诉愿人所指摘之行政法院的判决也具有目的正
当性。

2. 适当性原则,又称妥适性原则或者妥当性原则,其要求限制人民权利
的措施必须能够达到所预期的目的。由于系争一般禁止命令及其立即执行
的决定,禁止在系争时间内在系争地区举行任何的反对原子能发电厂的示
威;不言而喻,当然能够由此而实现上述保护公共安全和秩序以及第三人的
利益之目的。

3. 必要性原则,又称最小侵害原则。根据该原则,仅在不存在其他同等
有效、但不限制基本权或者其对基本权限制明显较小的手段时,才得认为旨
在达致系争目的手段是必要的。① 在本案中,就系争一般命令及其立即执行
是否合乎必要性原则的要求而言,需要区分如下两种情形进行考虑:

(1)一般命令及其立即执行决定之适用于行政法院所确认的禁止示威
区的情形。行政法院根据警方在距离建筑工地 4.5 至 9 公里之间所设置的
封锁线范围而设置了禁止示威区,在此范围内维持了系争县长的一般命令
及其立即执行,此外,并指定封锁线前最宽可达 100 米的范围为安全距离。
就禁止系争时间内在该区域范围内示威而言,高等行政法院、第 1 案宪法诉
愿人均未予以指摘,唯第 2 案诉愿人认为其范围仍嫌过宽,有违反比例原则
的嫌疑,其主张无论如何应将禁止示威区限于"建筑工地周围 2 公里以
内",方才符合比例原则的要求。不过,联邦宪法法院认为:首先,从当时可
认知的情况看,示威者很可能会对建筑工地,尤其是建筑工地围栏实施暴力
事件。换言之,在此范围内存在一定具有高度盖然性的危险预测,这也为之

① *Eberhard Grabitz*, Der Grundcatz der Verfassungsmäßigkeit in der Rechtsordnung des Bundesverfassungsgerichts AöR 568,573(1998).

后在建筑工地发生的暴力行为所验证；其次，示威者的情绪可能会随着其与系争建筑工地之间的距离的缩短而变得更加激化，进而变得非常危险，就此而言，也可能需要更大间距；再次，诉愿人没有提供相应证据表明，示威者一方已经作出努力以防止这种危险的发展趋势，并通过和行政机关的沟通措施和引导参与者和平示威及孤立暴力行为者，从而提高了行政机关干预的门槛；最后，正如联邦宪法法院所指出，就禁止示威区的范围（封锁线）的确定而言，警方有判断余地的权限，应予以尊重。换言之，在这里存在一个具有高度盖然性的预测表明在该禁止示威区内的示威很可能会变成暴力的、非和平，会对公共安全和秩序以及具有同等重要价值的第三人利益构成严重的直接威胁，从而使得其他任何更为缓和的手段都不敷所用，系争一般命令及其立即执行因而是合乎必要原则要求的手段。

然而，这里也存在另外一种解释可能：由于前述具有高度盖然性的预测存在，从而可以视即将举行的示威为非和平、不受保护的行为，因而不在集会自由基本权保障范围之内，应予以禁止；与此同时，行政机关也享有更为广泛的裁量和判断空间。据此，系争一般命令及其立即执行也合乎必要性原则的要求。

另外，值得一提的是，由于第 1 案诉愿人并未就此提出宪法诉愿，甚至对此提出指摘的第 2 案诉愿人也只是指摘行政法院所确认禁止示威区的范围过宽，并未从根本上对一般禁令及其立即执行的合宪性提出指摘，故而联邦宪法法院也未将此作为审查重点，审查强度较之审查系争命令及其立即执行决定在此范围外的适用时也更为宽缓。细究之，或许更为重要的原因在于，禁止在该范围内举行示威不至于影响示威的功能和目的实现，这与禁止在威尔斯特马斯区示威则不同。易言之，行政法院所确认的禁止示威区只是对示威地点的适当限制，其效果不至于构成禁止诉愿人行使其集会自由基本权，而禁止在威尔斯特马斯区示威，在某种意义上则相当于禁止示威或者剥夺了诉愿人的集会自由基本权，毋宁是更为严重的侵害，故而应受到比例原则更为严格的审查。

（2）一般命令及其立即执行决定之适用于禁止示威区以外地区的情形。如前所述，虽然行政法院部分撤销了斯坦堡县县长的一般命令及立即适用的决定，将其适用限缩于一个较小的禁止示威区范围内；不过，高等行政法院变更了这一判决，使其适用范围恢复至斯坦堡县县长一般命令所确定威尔斯特马斯区近210平方公里范围内的区域。为此,在承认一般命令及其立即执行决定在行政法院所确认的禁止示威区范围内合乎必要性原则的前提下,则有必要进一步讨论在该禁止示威区以外,该一般命令及其立即执行决定是否合乎必要性原则的要求?首先,需要指出的是,和前述"1."不同,就系争区域而言,根据可认知的情况,不存在一定具有高度盖然性的预测表明在该区域范围内会发生骚乱或者暴力事件,以致整个示威成为非和平、暴力的,从而使得禁止整个示威成为最后选择手段。其次,基于上述理由,只有在满足下列条件的情形下,即,比较缓和的手段——经由与和平之示威者合作而阻止危险——已经失败,或者此类合作由于示威者方面所主张的理由根本是不可能的,才得禁止整个示威。而就本案而言:首先,优先考虑同示威者进行协商和合作,对示威附加某些条件,从而促使组织者引导参与者以和平方式行为并孤立暴力人士,从而避免出现冲突,确保示威的和平进行,然而,当局显然并无此意愿;其次,在同样为最后手段的预先禁止和事后解散中,基于本案事实情况考虑,毋宁也优先考虑事后解散。这是因为由于根据事实情况作出的预测并不能表明示威对公共安全和秩序以及具有同等重要价值的第三人利益的直接威胁的发生具有高度盖然性,另外,鉴于有关大型示威之和平进行的重要认知是稍后获得,而且也可以期待布洛克多夫示威之倡议者为保障示威之和平进行做更多努力,为此,在这种情形下应根据实践和谐原则,在一定范围内容忍不和平行为,并确保和平示威者基本权的行使;即,仅在示威满足解散之事实要件时才得以解散。为此,在该区域范围内,不能认为系争一般命令及其立即执行合乎必要性原则的要求。更何况本案中还存在程序法上的问题,高等行政法院变更了一审判决而使之不利于诉愿人。

除以上两种情形下,在本案中,高等行政法院还提出了另外一种措施:鉴于所计划的示威区域的空地、道路以及小村庄不具有容纳大型示威的能力,为此,可以在其他更适合的场地——如联邦共和国全境内的大体育场或者其他适合大型活动的场所——举行。此种建议是否是一种较之示威禁令更为缓和的合理、可行的手段,似乎也有必要加以讨论。正如联邦宪法法院在其裁定理由中所指出的,将一个具有地区关联性的示威迁移到体育场的想法,忽略了一审行政法院业已强调的示威动机和示威地点之间的关联性。而且就其效果而言,该措施无异于禁止示威,故而也不合乎必要性原则要求。

（三）相称性原则，又译均衡性原则，为狭义之比例原则。它要求对人民权利的侵害之侵害程度与所欲达到的目的之间，必须处于一种合理且适度的关系，此项原则主要着重于权衡"受限制之法益"与"受保护之法益"，期待能达到利益和谐的目的，也称合理性原则、衡量性原则或期待可能性原则。就本案而言，最后需要探讨的是，在行政法院所确认的禁止示威区范围内，一般命令及其立即执行决定是否具合乎均衡性原则的要求。就此而言，它一方面能够维护公共安全和秩序以及具有同等重要性的第三人利益免受来自示威的直接威胁或者将示威对其的影响降至最小，另一方面它同时允许诉愿人在系争建筑工地附近举行示威、表达其意见，确保集会自由基本权价值的实现。就此而言，应认为其符合相称性原则要求。

结语

综上所述，由于集会自由基本权对个人人格的发展以及自由民主制度而言，有着根本重要性，只有严格遵守比例原则前提下，为了保护公共安全和秩序以及具有同等重要价值的第三人利益，才得对集会自由基本权予以限制。不过，《基本法》本身也对集会自由基本权设置了内在限制，唯有"和平"地和"非武装"地进行集会才属于集会自由基本权保障范围，由于这些概念以及经《集会法》依照法律保留原则予以具体化后，作为限制集会自由基本权之要件的"公共安全和秩序"等概念均具有较大不确定性，为此，应对之进行严格的解释，俾使集会自由基本权的内涵不致于被掏空。于此，应尽可能根据实践和谐的原则，在一定范围内容忍不和平行为，并确保和平示威者基本权的行使。从而确保所要保障之公共安全和秩序以及第三人之法益和所可能限制之集会自由基本权达致平衡。